U0738375

The Comparative Study
About the Counties' Developments of
Zhejiang Province

# 浙江省县域发展比较研究

占张明 等著

ZHEJIANG UNIVERSITY PRESS
浙江大学出版社

**图书在版编目（CIP）数据**

浙江省县域发展比较研究 / 占张明等著. —杭州：浙江大学出版社，2014.12
ISBN 978-7-308-14177-2

Ⅰ.①浙… Ⅱ.①占… Ⅲ.①县级经济—经济发展—对比研究—浙江省 Ⅳ.①F127.55

中国版本图书馆 CIP 数据核字（2014）第 295873 号

**浙江省县域发展比较研究**
占张明　等著

| | |
|---|---|
| **责任编辑** | 樊晓燕 |
| **封面设计** | 春天书装 |
| **出版发行** | 浙江大学出版社 |
| | （杭州市天目山路 148 号　邮政编码 310007） |
| | （网址：http://www.zjupress.com） |
| **排　　版** | 杭州中大图文设计有限公司 |
| **印　　刷** | 杭州日报报业集团盛元印务有限公司 |
| **开　　本** | 710mm×1000mm　1/16 |
| **印　　张** | 16.75 |
| **字　　数** | 274 千 |
| **版 印 次** | 2014 年 12 月第 1 版　2014 年 12 月第 1 次印刷 |
| **书　　号** | ISBN 978-7-308-14177-2 |
| **定　　价** | 49.00 元 |



浙江大学出版社发行部联系方式：0571－88925591；http://zjdxcbs.tmall.com

# 序 言

改革开放前，由于受当时“全国一盘棋”和“政治挂帅”的影响，县域发展及其战略谋划主要是中央政府的事情。20 世纪 80 年代以来，随着中央政府的简政放权和地区综合实力的增强，省市县（区、市）党委、政府对当地经济社会发展的自主决策力越来越强。改革开放后，浙江省县域经济发展势头迅猛，取得了令人瞩目的成就，县域在经济社会发展中的作用越来越大，已成为浙江发展的重要引擎。可以这么认为，亚洲的崛起得益于“四小龙”，广东的发展造就了“四小虎”，而浙江之所以能走在全国的前列则是由于培育了一批实力雄厚的“县”。

县域经济社会的建设发展历来就是治理县政、安邦定国的根本之策。走中国特色社会主义道路，一个基础性的工程就是要把县域建设好、发展好。余杭区历届领导班子带领全区人民，认真落实上级党委、政府的决策部署，坚持以改革总揽全局，以经济建设为中心，以改革红利释放发展潜力，不断开创发展新局面，经济社会发展势头良好，综合实力不断增强，城乡面貌日益改善，人民生活水平显著提高，取得了一个又一个辉煌的成就。为此，很有必要对余杭区域经济社会发展总体经验探索进行梳理，并与浙江省其他兄弟县市（区）进行比较，找出自身发展的短板，加快跨越发展步伐。正是基于这一动因，促使了《浙江省县域发展比较研究》一书的出版问世。

《浙江省县域发展比较研究》一书几经砥砺，即将付梓，这无疑是值得庆贺的事。在这写几句交代全书背景、框架、亮点的话是必不可少的，并以此代序。

本书是由杭州市委党校余杭区分校牵头，联合了临安、桐庐、诸暨、柯桥等县（市、区）党校的教师，集多年学术理论与调查研究而形成的科研成果。该书从区域宏观政策方面入手，回顾与总结了浙江相对发达的区域经济社会发展实践，深入分析了当前浙江省县域发展所处的历史阶段，在借鉴国内外县域发展经验的基础上，对今后一段时期浙江县域发展的政策制定、发展走向、路径提升进行了研判与预测，对经济社会建设相关领域的发展提出了具体的对策建议。

通读全书，我有几点比较深刻的印象。一是密切联系实际。本书将对余杭区委、区政府研究制定“十三五”经济社会发展规划起到较好的参谋作用。成果中的一些重要观点和政策措施建议为有关部门制定全面建设小康社会、提前基本实现现代化的战略目标起到了重要的决策参考作用。二是涵盖面广。本书在研究内容上几乎涵盖了浙江县域发展的各个方面，特别是余杭区的发展实践，思路清晰，观点鲜明，内容框架之间相互衔接，构成了一个完整的理论体系。三是研究内容新颖。书中既有定性结论，又有定量分析，有理有据，娓娓道来，整篇讲得比较具体全面，构建了浙江省县域发展比较的基本框架，对余杭区与其他区域的经济社会政策进行了全面的比较研究，把理论研究与实践总结、把区内情况和区外经验很好地结合起来，为余杭区当地乃至全国、全省进一步制定区域发展战略提供了很好的借鉴及依据。综上所述，本书的研究成果有一定的理论深度和较强的应用价值，是一项优秀的研究成果。借此机会，也期待作者们能够继续保持良好的学术精神状态，争取出版更多的优秀科研精品，为余杭区委、区政府多提出一些具有前瞻性、战略性、针对性的政策建议。

本书的研究结果表明，导致浙江省县域发展政策与结果差异的原因是复杂的、多样的，而且仍处于不断变化洗牌的过程中。这里既有整体与局部的关系，也有长远目标与短期利益的矛盾，还有理性与情感、内因与外因等诸多方面的因素。正确认识县域发展问题的复杂性，对当地党委政府的科学决策具有十分重要的意义。我们在为余杭区域发展取得好成绩不断喝彩的时候，必须保持清醒的头脑，认真总结过去30多年改革发展所取得的巨大成就和经验教训，分析各项改革、政策措施的利弊得失，唯有如此，才能更好地完成“经济转型升级、城乡统筹发展、社会管理创新”三大历史重任，建设和谐幸福的美丽余杭。

中共杭州市余杭区委常委、组织部部长
中共杭州市委党校余杭区分校第一校长 李志龙

2014年12月

# 目 录

## 第三篇　县域社会篇

# 引　言

## 一、问题的缘起

县是中国沿袭历史最长久、保留最为完整的行政单元，也是中国最基础、最关键的行政区域。目前我国县级行政单位包括县、地级市(以上)设的区、县级市、自治县、旗、自治旗等。本书所定义的“县域”是指县、县级市、自治县、地级市(以上)的辖区行政单元。由于县域是我国经济、社会、政治、文化、生态、党建等功能建设中最为关键的环节，因此在全面建设小康社会的进程中，在落实科学发展观的实践过程中，县域是协调区域经济社会发展最直接的实践平台。我国县域经济社会发展在整个国家改革开放中占有特殊重要的地位，它是国家经济发展和社会稳定的重要基础与必要条件，是实现城乡统筹发展构想的重要平台。改革开放 30 多年来，沿海区域、内陆区域、县域不断地探索出一些具有区域自身特色的发展路子，形成了探索中国特色社会主义区域发展道路的各类区域发展模式。

2012 年党的十八大报告提出，“到 2020 年把我国全面建成小康社会”，而在全面建成小康社会的过程中，城乡及区域之间的贫富差距和区域间的经济差距问题始终是党和政府面临的最艰巨任务。在这样的时代背景中，浙江省作为我国的经济强省，在经济社会发展过程中，内部经济社会差异过大的问题一直颇受关注，而且随着整体发展水平的提高，不平衡发展有进一

【作者简介】占张明，杭州市委党校余杭区分校校长；陈华杰，杭州市委党校余杭区分校科研科科长，讲师。

步扩大的趋势。要解决浙江省县域经济社会发展差异和不协调问题，一方面要正视县域发展差异在一定时间内存在的必要性，另一方面又要考虑县域差异过大所造成的社会危机，因此需要合理控制县域经济社会差异的度，防止县域发展成极端的两极分化和贫富不均。

改革开放30多年来，浙江县域经济社会综合发展迅速，取得了令人瞩目的成就，作用越来越大。新时期，如何改革扩大县域发展权限，加快县域经济社会发展步伐，壮大县域综合实力，对于繁荣全国、全省的各项事业，推动整体实力持续健康发展，具有十分重要的现实意义。正是基于这一迫切要求，本书从经济、社会、文化等方面进行比较研究，探索近年来浙江省县域发展的政策措施，总结县域发展的一般政策经验规律，力求提出具有针对性、前瞻性的对策建议。

## 二、国内外研究现状

### 1. 关于县域发展的理论

(1)中国县域治理发展渊源及其当代发展

"县"是我国古老的行政单元，起源于春秋，流行于战国，稳定于秦汉。它也是我国最稳定的行政层次，历朝沿革，撤并分合，唯有县这一行政层级历经两千多年依旧传承，故才有"郡县治则天下安"之说。截至2011年年底，全国有县级行政区划分单位2860个，其中县和自治县有1594个，县级市有381个，市辖区有830个、旗和自治旗有52个，特区和林区有3个[①]。县域面积占国土总面积的94%，县域人口占全国总人口的70.24%。我国县域的基础条件差异性非常大，在面积上，有的有几万平方公里，有的才几百平方公里；在地形上，有的是高原山区、丘陵，也有的是平原、海岛；在人口上，有的超过200万人，有的只有1多万人；在资源禀赋上，有的富集石油、煤炭、天然气、金属等多种资源，有的自然资源却非常稀少；在产业上，有的以工业为主，有的以农业为主，也有的以三产服务业为主；在发展水平上，有的相对发达，有的相对落后[②]。县域的这种巨大差异性要求政府在战略决

① 国家统计局. 中国统计年鉴[M]. 北京：中国统计出版社，2012.

② 参考：刘福刚. 中国县域经济在新内涵中步入科学发展新时代[DB/OL]. 新华网，2009-07-26.

策上必须实事求是，区别对待，依照本地实际来确定发展方向及目标。县域经济在整个国民经济体系中的基础性地位，及其发展状况优劣直接决定了整个国民经济和社会发展的趋势与实效。

就县域发展模式的特征来说，专家学者主要有以下几种的分类①：一是资源依赖型。其特点是通过开采本区域内丰富的自然资源，以此带动相关行业的发展，拉动全县经济社会的发展。这种模式往往能在短时间出成效，政府往往容易采取和接受这种立竿见影的模式。但这一模式主要依靠的是自然资源禀赋，技术含量较低，属于粗放型发展方式，与可持续发展和科学发展的要求相违背。二是地理区位优势型。此种发展模式的特点是注重发挥地理区位优势的作用，利用周边大城市辐射带动作用，或者交通优势，通过为大城市提供辅助配套支持，从周边的发展中分享成果。这种模式与资源依赖型发展模式有相同的地方也有相异的地方，相同的是有“靠山吃山、靠水吃水”的味道，不同的是两者的经济模式、科技含量、生态效益等方面差距较大。三是民营经济型。该发展模式的特点是发挥本区域的人文及从商传统、商业氛围，经过政府的政策扶持而形成和发展起来的以民营经济为主的县域经济发展模式。四是比较优势型。这一模式发展根据地理区位、历史人文、特定资源、产业优势等地域特色，注重发挥比较优势，注重环境的优化，注重创新要素资源的集聚提升，突出重点产业，部署适合产业发展的政策，构建具有区域特色的比较优势。五是外向经济型。这一模式主要是坚持以国际市场为导向，以出口创汇为主要目标，以利用外资为主要经济增长点，通过与国际市场的出口交换发展本区域经济。这五种发展模式对于区域发展战略模式的选择具有重要启示和借鉴意义。

我国历来注重县治，无论是传统社会中的“政不下县”，还是近代强调地方自治的新县域治理改革，抑或是当代县域的政党治理模式，县级政权都拥有比较完整的国家行政管理功能。在当前我国的政权结构中，县级政权起到承上启下、连接城乡的重要作用，对政令的畅通、政权的运转起着非常重要的作用。新时期、新形势下实现基层社会治理有序化的重点，在于切实关注县域层级的社会治理，做到“县域善治”。县作为我国基本的行政单元和经济社会文化单元，是我国政治生活、经济生活、社会生活、文化生活等方面

① 观点参考：姜涛.县域科学发展综合评价指标体系研究——以山东省商河县为例[D].天津大学，2010.

的支撑点，处于承上启下的关键地位，具有举足轻重的作用。对于县域发展，理论界目前主要是从区域经济学、发展经济学的角度来进行研究。对县域发展的研究主要有三种理论，即区域比较优势理论、区域结构优化理论和区域市场运作理论。全面建设小康社会，实现中国特色社会主义现代化，最艰巨、最繁重、最关键的任务在县域发展问题上。从行政管理层次的经济交流、科技传导、政令贯通、信息传播、人口流动、社会影响来看，县域起着承上启下的作用。从经济发展、政治稳定、生态环境、人文教养、民俗教化等角度看，县域是整个国家的基础。

我国的农业、农村、农民，基本上都在县里，解决“三农”问题最终的落脚点主要在县以下的基层政府。加强县域发展战略的研究，是建设中国特色社会主义的题中应有之义。良好的县域发展状况不仅对国民经济发展，而且对社会安定、政权稳固都有重要作用。县域是实现“五个统筹”，特别是统筹经济社会发展，统筹城乡发展和统筹区域发展的一个基本的工作平台。只有县域经济社会发展起来了，城镇化进程才能真正加快，才有可能从根本上解决农村剩余劳动力的出路和农民增产不增收这两大难题。因此，县域发展是全面建设小康社会、推进和谐社会建设、加快中国特色社会主义现代化历史进程的必然之路。

(2)国外县域发展概况研究

县域发展并不是中国特有的经济社会现象，“县”作为一级行政管理组织或派出机构，在世界一些国家也普遍存在[①]。但是，由于在人文、历史、民族、地理因素以及社会制度等方面不同的国家之间存在较大差异，其县级行政组织及其在地方上所发挥的作用也有很大差异。在研究中国或浙江省县域发展的过程中，我们有必要对发达国家的县制以及其功能进行分析，借鉴其成功经验，为改善中国或浙江的县域治理，完善县级政府服务社会发展功能奠定理论基础与实践借鉴[②]。一个国家选择什么样的发展模式，要受其国内社会政治制度、自然资源情况、文化历史传统和产业发展程度等与发展相关因素的影响。西方发达国家比较典型的县域治理模式主要有以下

① 周代县大于郡，秦以后县属于郡，今为一级行政区划，隶属于地区、自治州、直辖市之下。日本行政区划中的县，相当于中国的省。

② 本节涉及德国、美国、英国县域治理模式的部分内容参考：林峰. 中国特色县域经济发展模式研究——兼以河南省县域经济发展模式为例[D]. 浙江大学，2006.

几种：

• 德国

20 世纪 70 年代，联邦德国进行了广泛的县级行政区划和管理体制改革，并按照现代行政管理科学化的需要重新划定县的区域范围。目前，在东西合并前的原联邦德国地区设置了 237 个县，每个县的人口大致在 10 万到 25 万之间，面积在 500 到 1500 平方公里之间，县辖区范围内设乡(镇)。在原民主德国地区，在专区以下设置了 191 个县，县以下分设乡。德国的县在性质和功能上具有双重功能：一方面，县是一级地方行政单位，它所辖的地区构成国家行政机关领导下的一个区，由于它的作用使国家的主权功能得以伸展到县的范围及全体居民；另一方面，县具有部分自治的性质，县和乡镇在不损害周围更大范围内居民利益的情况下，同样都是公民实行自治管理的服务性机构。也就是说，县作为一级地方政权，根据宪法赋予的权利，在其职责权限内，对所辖区域行使一定的管理权。

• 英国

19 世纪初，英国在农村区域中设置了 52 个郡，大致相当于中国的县，每个郡的郡长均由中央政府任命，而其地方行政事务的实际权力却掌握在治安法官手中。1888 年英国颁布了“地方政府法”，1894 年又颁布了“区和教区议会法”，对地方行政管理区划做出了调整，并在农村地区的郡也设立了民选的议会，负责管理郡域内的地方管理事务。目前，在英格兰和威尔士地区共设置了 58 个行政郡、83 个郡级市和 259 个非郡级市，而在苏格兰和北爱尔兰地区则不设郡的建制，只设置比郡的地域小得多的区。英国郡(县)政府的职能大体可以划分为以下五大类：安全保护职能、基本建设职能、为居民提供服务的职能、文化娱乐职能、商业税收职能等，这些基本涵盖了治理的方方面面。

• 美国

以前，美国基本上是沿用英国英格兰和威尔士地区的地方管理机制。美国建国初期的 13 个州都设有县的建制，但各州在地方管理体制的建设方面享有很大的自主权，州议会有权通过专门法令以设置、撤销或合并县的建制，因而，在县的设置方面始终没有适用于全国的统一标准。目前，在美国的 50 个州中，46 个州实行县级建制，共设有 3050 个县。各县的国土面积和常住人口差异很大。比如，最大的县的面积达到 2 万多平方英里，最小的县只有25平方英里。人口最多的县达到400多万人，最小的县甚至只有几百居民。各州所辖县的数量也差别很大，有的州管辖几个县，有的管辖几百个县(特拉华州只有3个县，而得克萨斯州则辖有254个县)。在美国，县只是州所辖的行政区域单位，与城市、乡镇的地位不同，因为它不是本地区居民实行自治的法人团体，不具有法人资格，仅仅是州政府的代理机构，州政府对县政府有相当的控制权。

当前，中国县域发展正进入快速通道时期，县域发展的现代化进程正在逐步加快，在此情况下，积极借鉴或嫁接发达国家县级政府的运行机制和经验，完善中国县域政府的经济社会管理功能，维护社会主义市场经济秩序，对增强中国县域经济社会功能具有重要的现实意义。当然，立足点应放在国内，正如邓小平所说："中国的事情要按照中国的情况来办，要依靠中国人自己的力量来办。独立自主，自力更生，无论过去、现在和将来，都是我们的立足点。"

(3)中国及浙江省县域发展模式类型研究

王青云在《县域经济发展的理论与实践》一书中，对改革开放以来我国县域经济的发展作了初步的总结，认为我国县域经济的发展模式主要有苏南模式、温州模式、珠江模式、济源模式、晋城模式、义乌模式、农安模式等。谢自奋、凌耀初在《中国县域经济发展的理论与实践》一书中，把我国县域经济发展模式概括为五种模式：一是以上海—苏南的县域经济发展为代表的"城郊发展型县域经济发展模式"；二是以山东寿光、四川简阳为代表的"协调型县域经济发展模式"；三是以珠江三角洲、闽南金三角地区、浙江甬绍地区为代表的"外资开拓型县域经济发展模式"；四是以山西河曲、陕西米脂为代表的"组织起动型县域经济发展模式"；五是以温州地区乐清、欧海、永嘉为代表的"市场先导型县域经济发展模式"①。至于浙江省的县域发展模式，综合相关专家学者的观点，主要有以下几种具体的模式：

- 萧山模式——产业发展工业化

萧山以创新驱动为引擎，以大平台为支撑，加快转变发展方式，以城市转型推动经济社会转型，加快结构调整，着力转型升级，切实增强企业的核心竞争力，走出了一条科技含量高、经济效益好、资源消耗低、环境污染少、

① 参考：高波．县域发展的经济文化一体化模式研究——以贵阳市白云区为例[D]．浙江大学，2005．

人力资源优势得到充分发挥的新型工业化发展路子。其发展特点：一是工业发展水平全省居前。传统产业加快转型，纺织化纤、汽车及零部件等主导行业的工艺及装备达世界先进水平，成为全球最大的化纤产业基地；有机颜料、印染助剂、密封胶、羽绒及制品、钢构网架等产品产量均居全国第一，工业规模优势明显。2013 年，全区销售产值超亿元的企业有 694 家，超 10 亿元的企业有 62 家，超 50 亿元的企业有 10 家，超百亿元的企业有 3 家，规模以上工业总产值占全区工业的比重达 90.2%。4 家企业上榜"2013 中国企业 500 强"；20 家企业入围"2013 年中国民营企业 500 强"，占浙江省的 14.4%、杭州市的 37.74%①。二是集聚集约水平全省领先。推进工业集聚集约发展，实施大企业、大集团培育计划，鼓励企业通过技术资本合作、兼并重组等形式做大做强。三是科技创新全省示范。加大企业自主创新力度，加大企业信息化改造力度，设立每年 1000 万元的信息化发展专项资金，重点支持通信、软件、集成电路设计、即时通信等产业领域的技术创新，加快技术创新服务平台建设。

• 义乌模式——专业市场国际化

义乌深入实施"国际商贸名城"战略，充分利用国际、国内两个市场，大力转变外贸发展方式，以贸易国际化、便利化为目标，推进国际贸易综合改革，走出了一条由全国性小商品交易向全球性小商品贸易转变的富有义乌特色的贸易国际化之路。义乌小商品城成交额连续 20 多年居全国各大专业市场榜首，被联合国、世界银行等权威机构誉为全球最大的小商品批发市场。拥有三个国家级展会，义博会规模居全国经贸类展会第二，建成全国规模最大的小商品进口商品馆，共引进 81 个国家和地区、4.5 万种境外商品；与 219 个国家和地区开展贸易往来，常驻义乌的外国企业代表机构 3029 家，占全省 50%，境外客商 44.4 万人次；外商投资合伙企业 516 户，占全国七成以上，市场外向度超 60%，市场带动生产就业 1000 多万人，贸易服务辐射能力全球最强。大力推进国家级国际贸易综合改革试点，着力创新有利于贸易国际化、便利化的体制机制，成为全国首批外事审批权试点、全国首个设有四大国有商业银行二级分行、全国首个可管辖涉外民商等案件、全

① 来源：2013 年萧山区工业和信息化工作十大亮点[DB/OL]. http://www.xetz.gov.cn/gb/0201/29374.htm.

国首个有临时开放航空口岸的县市[①]。

• 温岭模式——农业经营规模化

温岭在工业化、城市化加快推进的同时，以市场为导向、效益为目标，大力推进农业规模化经营，培育农业龙头企业和现代农业经营主体，加快发展农业专业合作组织，强化农业科技创新和品牌建设，鼓励引导工商资本进入农业领域，引导农户将承包土地向农业龙头企业和种养能手集中，走出了一条区域化布局、组织化经营、社会化服务和品牌化发展的现代农业发展之路，规模农业与科技水平全省领先。积极推进农业科技创新，加大财政对农业科技的投入，设立农业科技成果转化专项经费，产业化、规模化、组织化的程度走在前列。积极鼓励引导工商资本投资农业，大力扶持农业龙头企业，培育特色农业专业合作社，并率先推进标准化、品牌化建设。截至 2011 年年底，共创办农业龙头企业 100 余家，其中年产值超亿元企业 20 家；创办农民专业合作社 389 家，拥有省百强农民专业合作社 5 家，省示范性合作社 17 家，年销售额超亿元的 6 家。近年来，还荣获了“中国果蔗之乡”、“中国大棚西瓜之乡”、“中国高橙之乡”和“中国大棚葡萄之乡”等荣誉称号。

• 安吉模式——经济发展生态化

安吉强化生态保护不动摇、发展生态经济不放松、建设“中国美丽乡村”不懈怠，大力发展生态农业、生态工业和生态旅游业，成功打造“美丽乡村”、“中国大竹海”、“黄浦江源”、“安吉白茶”等生态品牌。2013 年，安吉全县植被覆盖率 75%，森林覆盖率 71%，是国家首个生态县、全国生态文明建设试点县、全国文明县城、国家卫生县城、国家园林县城和国家可持续发展实验区，是全国联合国人居奖唯一获得县。在全国率先建立美丽乡村建设标准化体系，成为“中国美丽乡村国家标准化示范县”，2013 年全县累计建成“中国美丽乡村”179 个村，其中 164 个精品村、12 个重点村和 3 个特色村。12 个乡镇美丽乡村全覆盖，全县美丽乡村创建覆盖率达 95.7%，并启动了 8 个“中国美丽乡村”精品示范村的创建。

此外，还有企业规模化的鄞州模式：鄞州优化企业成长环境，推动企业扩张提升，培育形成了一大批企业航空母舰，走出了一条规模企业集群发

---

① 参考：省发改委研究室. 浙江省县域经济发展十大模式[DB/OL]. http://www.zjdpc.gov.cn/art/2013/5/20/art_231_538815.html,2013-05-20.

展、中小企业良性互动、创新能力快速提升、竞争实力日益增强的发展路子，规模企业数量全省领先。城乡一体化的嘉善模式：嘉善大力实施城乡统筹发展战略，把城市与农村作为一个有机统一体，走出了一条规划建设一体化、政策制度一致化、公共服务均等化、要素配置市场化、农民生活市民化的统筹城乡发展之路。海洋开发的玉环模式：玉环充分发挥海岛资源优势，率先推进全岛股份化，大力实施城乡统筹的全岛新型城市化战略，加快发展海洋渔业、海洋制造业、港航物流业等海洋产业，走出了一条以岛兴县、以港兴城、海陆联动的海洋经济发展路子。

(4)县域发展指标体系研究

建立科学的县域评价体系，对引导和促进县域发展有着重要的意义。由于受传统发展理论和观点的影响，过去的测度评价体系也是单纯地对经济发展的测度与评价，这种导向把县域发展引入了“GDP 至上或唯一”的误区，引发了诸多社会问题的产生。随着社会的变迁，一些机构和研究者对县域发展的测度与评价体系不断进行研究和改进，但是与对国家和省、市的研究相比，对县域发展综合评价体系的研究目前还不多。而且，这些评价体系的框架结构、指标设置、权重比例和评价方法，往往太简单，不够科学全面，难以全面、客观地反映县域发展的综合状况，也不能较好地起到引导县域发展的有效作用。从现有文献研究来看，国际、国内建立的评价指标体系比较多，这些指标体系各有特色。然而，从构建科学的县域发展评价指标体系的视角来看，这些指标体系很多还存在一些不足之处。

目前，国内县域发展相关指标体系在学界主要有以下几种：

- 中国县(市)社会经济综合发展指数

它由“农村经济综合实力百强县”的评价演变而来的。早前的“农村经济综合实力百强县”评选是于 1991 年开始，由国家统计局提出的，而后断断续续地进行。直到 2000 年名称改为“中国县(市)社会经济综合发展指数”，这一指数主要包括了发展水平、发展活力和发展潜力 3 个一级指标。

- 中国县域经济基本竞争力评价体系

它是由中郡县域经济研究所于 2000 年构建的。这个评价体系包括两级指标，一级指标有 3 个，二级指标有 12 个，数据主要来源于政府工作报告、统计公报、统计年鉴等公开资料。但这个评价体系指标较少，尤其是偏重于经济方面的指标，而社会发展、民主法治、人民生活、生态环境等方面的指标较少。

• 中科院现代化指标体系

中国科学院现代化评价研究组于2001年提出了“二元叠加现代化”的观点，认为我国当前经济社会发展的特点，既是工业化时代，又是信息化时代，两个时代同时到来，两个时代的目标要同时实现，由此构建了适合二元叠加现代化时代的中科院现代化指标体系。

• 中科院可持续发展指标体系

中国科学院首席科学家牛文元带领的可持续发展战略研究组于1999年研究构建了中科院可持续发展指标体系，指标体系结合了可持续发展的基本内涵与中国的具体实际，在结构上构建了五个层级，分别为：总体能力层、支持系统层、发展状态层、指标变量层、基础要素层。

国外相关研究的指标体系有以下几种：

• “英格尔斯”现代化指标体系

它的原始文本依据是美国斯坦福大学社会学教授英格尔斯1983年在北京大学社会学系所做的一次讲演。这个指标体系由人均国民生产总值、服务业产值占国内生产总值比例、在校大学生占适龄人口比例、农业劳动力占总劳动力比例、农业产值占国内生产总值比例、成人识字率、平均预期寿命、死亡率、每名医生服务的人数、人口自然增长率、城市人口占总人口比例等11项判定指标组成。

• 瑞士竞争力指标体系

它是瑞士洛桑国际管理开发学院于20世纪80年代末提出的。这个体系由三级指标构成，其中一级指标4个(经济表现、企业效率、基础设施、政府效率)；二级指标20个(国内经济、国际贸易、国际投资、就业、生产率与效益、劳动力市场、财政金融、管理实践、态度和价值；基础设施、技术基础、科学基础、健康与环境、教育、商业立法、竞争与规则、社会结构、财政、财政政策、组织结构)；三级指标共有314个。

• 美国城市生活质量指标体系

它由美世人力资源咨询公司每年定期发布，这些指标是运用美国城市生活质量指标体系对全球主要城市进行评价并排名。

不同的评价指标体系，有着不同的针对对象和评价范围。现有评价指标体系针对县域的比较少，国外虽然有许多好的评价指标体系，但是缺少针对县域或类似县域的评价指标体系；有些评价体系地方特点太浓，难以通用评价；有些通用评价的指标体系因只具专业特色难以评价整体。

**2.** 浙江省县域发展的特色、亮点与经验

改革开放以来，历届省委省政府高度重视县域发展，鼓励大胆创新，创造了各具特色的发展模式，县域经济快速壮大提升，取得了令人瞩目的成就。县域在浙江发展中的作用越来越大，发展水平走在全国前列，为浙江的科学发展、转型发展积累了宝贵经验，已成为浙江经济社会整体实现良性发展的重要支柱。

过去，浙江是个“一多三少”的省份，人口多，地少(人均半亩耕地)、矿产资源少、国家投入少，而且工业根基比较薄弱，经济发展严重滞后。然而，改革开放以来，浙江经济发展令人瞩目：浙江经济的增长速度连续十余年高于全国平均水平，人均 GDP 保持全国省区第一，城镇居民收入全国第一，全国社会经济发展百强县(市)中，浙江占比多次居全国首位。浙江经济为什么会发生如此巨大的变化？其经验在哪里？这自然引起了人们的关注。

生机勃勃的县域经济是浙江持续快速发展的最重要的基础和动力源泉。随着浙江经济社会综合实力的显著增强，县域综合发展指数也名列全国前茅。但从省内比较来看，县域经济发展差异明显，即经济强县和欠发达弱县之间差距较大。在改革开放大潮中，浙江人素来具有“白天当老板，晚上睡地板”的艰苦创业精神，因为他们知道“天下没有免费的午餐”，要获取社会财富，必须付出应有的劳动。我国著名的经济学家高尚全在实地考察后，是这样评价浙江人的商业精神的：“千辛万苦去创业，千方百计来经营，千家万户抓生产，千山万水找市场，千头万绪抓根本。”这也是对浙江精神的生动概括和写照。纵观三十多年浙江省县域发展的经验实践，可以概括为以下经验和特征：

(1)大力发展民营经济，私营企业成为县域发展的主要驱动力

浙江县域经济率先打破“唯成分论”，放手发展个体私营企业，培育充满生机和活力的市场竞争主体，使个体私营经济在短时期内实现从小到大、从弱到强的目标，继而走向全国、全世界，成为推动县域经济发展的重要引擎。民营经济创业者从最小的、最不起眼的小商品生产开始起步，最后渗透到各行各业，并出现了一些龙头企业。在发展过程中，各地积极探索股份合作制

和股份制等市场经济组织形式。有关资料统计显示，近年来，浙江省 500 万产值以上规模企业中，民营经济比重已接近 90%，部分地区甚至超过这一比例。推进浙江经济社会快速增长的市场主体不是政府，而是企业和农户，政府在其中起了积极的引导作用。政府保护民营经济产权，大力发展个体、私营经济，努力培育新兴的市场主体；加大乡镇企业的产权制度改革力度，推行投资主体多元化，让民间参与更多的投资；推行国有企业的机制创新，通过转换市场主体的经营机制，使其转换成为生机勃勃的竞争主体。正是有了政府的这一系列引导，才有今天浙江民营经济的蓬勃生机。

(2)构建专业化市场的强大引擎，推动县域经济社会事业快速发展

浙江经济之所以能够快速发展，除民营经济起到重要作用外，另一个重要原因，就是建立了较为发达的专业化市场运作模式和遍布全国、走向世界的市场营销网络。在大多数浙江人看来，职业没有高低贵贱之分，能否赚钱才是最重要的，这种重商的地域文化是历史积淀而成的。据不完全统计，浙江常年在外跑市场的专业人士有 1000 万人之多，占全省人口近四分之一。尤其在温州，号称“三个 100 万”：100 万人从事国际贸易，100 万人从事国内贸易，100 万人从事本地生产。浙江“建一个市场、活一方经济、富一方农民”的做法，早已成为浙江发展县域经济的重要经验。20 世纪 80 年代开始，涌现出了浙江义乌中国小商品城、绍兴柯桥轻纺城、永康市科技五金城、余姚市中国塑料城等国内国际知名的专业市场。无论是市场数量还是市场规模都呈迅猛发展态势，继而发展成各种各类的大型综合类或专业化市场，形成了以消费品市场为中心、专业市场为特色、要素市场相配套的市场体系。专业市场的发展不仅搞活了产品的流通，反过来又成为促进企业发展的重要力量。同时，市场的发展也带动了其他行业，如饮食业、旅店宾馆业、运输业、电信业、娱乐业等行业的发展，从而极大地增强了县域经济的市场竞争力。

(3)率先实行市场化改革，为县域经济的发展提供了机制和体制上的保障

发展县域经济不仅要重视发挥政府的调控、引导和推动作用，更要发挥市场这只看不见手的资源整合作用。在市场经济条件下，市场这只手的作用发挥得越充分越合理，经济就能发展得更快、更好、更强、更持久。要发挥市场的力量，直接取决于市场机制的完善程度以及健全的市场体系，缺乏有效的市场机制将难以达到目的。从这个意义上讲，市场体系及其运行机制

的建立和完善，是建立、完善社会主义市场经济体制的核心，是实行市场化改革的目标要求。浙江省按照“能放都放”的原则，除人事权外，把省、市两级政府经济管理权限的所有权都下放给县。权限下放，打破了计划经济时代很多经济权限按行政层次划分的束缚，有利于政策、制度执行的规范化，有利于优化投资软环境，促进了政府职能转变。因此，县域经济的市场化程度甚至远远高于大中城市，从而为县域经济的发展提供了机制和体制上的优势。此外，浙江省实行“省管县”体制，除计划单列市宁波外，浙江其他县的财政直接由省管理，预算内的县财政直接与省财政结算，只有预算外的各种“费”与市结算。这样，有效避免了市对县财政的截留，使县域财政收入占全省的比例大大增加，有效改善了欠发达地区的财政状况，促进了全省县域经济的持续健康发展。

(4)打造空间聚集型产业发展模式，有效推动县域经济持续增长

浙江的经济常常被称为“块状经济”(又称产业集群)，它最初由著名的社会学家费孝通提出。改革开放以来，浙江省块状经济规模不断扩张、质量稳步提高、创新能力显著增强、产业层次加快升级，成为县域经济加快发展的有力引擎。据浙江省委政策研究室的调查统计(2013)，全省已经有 82 个县(市、区)形成了块状经济产业集群区。其中，块状经济产值占工业总产值比重超过 50%的有 45 个县(市、区)，有 5 个县(市、区)块状经济的比重达到了 90%以上[①]。浙江块状经济产业集群度之高，在全国是少有的。例如，诸暨大唐(2011)生产各类袜子 82 亿双，实现工业总产值 235 亿元、销售收入 214 亿元和利润 17 亿元，产量占了全国的 65%、全球的三分之一，是名副其实的“中国袜业之乡”、“国际袜都”、“中国袜子名镇”[②]。嵊州的领带产业群，素有“中国领带城”的美誉，现有领带企业 1300 多家，年产领带 3 亿多条[③]。此外，永嘉桥头镇被誉为“世界纽扣之都”，长兴县被中国电池工业协会授予“中国绿色动力能源中心”，桐庐被称为“中国制笔之乡”，绍兴成为中国最大的轻纺城，而海宁皮革、永康五金、柳市低压电器都有突出的业绩。

---

① 来源：赵旭，张昆，施翼. 联盟标准助块状经济“突围”[N]. 浙江日报，2013-02-25.

② 来源：孙前冬，程高赢. 诸暨大唐：手摇袜机摇出的“国际袜都”[DB/OL]. 浙江在线，2012-08-07.

③ 来源：浙江省质量技术监督局. 嵊州市多管齐下促进领带产业“二次创业”[DB/OL]. 新华网，2013-10-18.

20世纪90年代以后，浙江把小城镇建设与专业市场、乡镇工业园区建设有机结合起来，形成专业化分工、社会化协作的企业群和特色产业集聚区，这已成为浙江省工业化、市场化水平的一个品牌。但不可否认，区域内企业规模偏小、品牌缺失、粗放经营和竞争无序等问题仍在制约着浙江省众多块状经济向真正意义上的产业集群转型的进程。

(5)推进城乡统筹发展，加快形成城乡经济社会发展一体化格局

2013年浙江全省GDP总量达37568亿元，居全国第4位。在城乡统筹发展方面也走在了全国的前列，城乡经济发展均衡度明显好于全国，除衢州、丽水两市和温州、金华、台州的部分山区县经济社会发展总体水平相对落后外，其余各地综合发展水平基本上都处于较为均衡发达的阶段。浙江省全国百强县数量较多，近几年在参加全国测评的61个县(市、区)(包括萧山、余杭、鄞州)中，基本上有25～30个左右能够进入全国百强县的行列。农村全面小康建设进程位居各省区第一。根据浙江省统计局公布的数据，2011年浙江省全面小康社会实现程度为96.9%，到2015年将全面实现小康。早在21世纪初，浙江就在全国率先全面实施了农村低保政策，2004年全省就有50多万农民每人每月拿到116元的保障金，从而确保农村无饥寒民。2003年以来，浙江又率先在全国开展了为失地农民建立社会保障工作，全省有140万被征地农民纳入社会保障，并开展了农村新型合作医疗制度试点。浙江省发改委2013年年底发布的《浙江省2012年统筹城乡发展水平评价报告》指出：2012年全省61个按一级财政体制结算的县(市、区)统筹城乡发展水平整体提升。绍兴县、余杭区等9个(市、区)率先进入全面融合阶段，长兴县、平湖市等30个县(市)全面进入整体协调阶段，江山市、云和县等22个县(市)仍处于基本统筹阶段，全省统筹城乡发展水平向全面融合迈进了一大步。浙江省统计局有关数据显示：2013年浙江省城镇居民人均可支配收入37851元，农村居民人均纯收入16106元，分别为全国的1.4倍和1.8倍，城镇居民人均可支配收入连续13年列上海、北京后，居全国31个省(市、区)第三位、省区首位，农村居民人均纯收入连续29年居全国各省区首位。

(6)发挥综合治理优势，扎实推进具有浙江特色的社会治理体系和治理能力现代化

浙江省基层县域党委、政府按照中央和省委加强和创新社会管理的决策部署，以深化平安浙江、法治浙江建设为载体，不断完善维护群众权益机

制、社会矛盾纠纷调解机制、突发事件应急管理机制、社会治安防控机制和流动人口服务管理机制，逐渐建立了适应现代化要求、具有浙江特点的现代社会治理体系。完善和落实“网格化管理、组团式服务”基层社会治理新模式，从网格划分、平台搭建、团队组建等环节入手，把网格划分好、把团队组建好、把机制运行好，第一时间化解矛盾，第一时间服务群众。提高实有人口服务管理水平，特别是实现流动人口服务管理的人性化、常态化、精准化，推进全省人口基础信息库和共享交换平台建设，推动流动人口工作由防范控制型向服务管理型转变。积极回应流动人口在就业服务、社会保障、社会救助、子女就学、居住环境等方面的需求和期盼，完善相关配套政策，逐步实现基本公共服务由户籍人口向常住人口扩展。探索对特殊人群实行特殊关爱的有效办法，着力解决他们在就业、生活、家庭等方面的实际困难，为其顺利融入社会创造条件。2012 年，浙江全省所有乡镇(街道)和 98.1%的村、98.3%的社区已推行“网格化管理、组团式服务”，共建立网格 30.4 万个，组建服务团队 9.6 万支，覆盖企业和基层单位 21.7 万家。在诸多创新工作经验中，值得一提的是“枫桥经验”。“枫桥经验”①是浙江基层综治工作的典范，也是化解基层矛盾的典型经验。

### 3. 浙江省的“扩权强县”、“扩权强镇”改革

(1)省管县体制(“扩权强县”)的浙江模式

“省管县”的财政和人事体制，作为浙江地方政府管理体制创新的最重要成果之一，是解读浙江县域发展的一个重要窗口，一直以来，此举受到了国内外专家学者的赞许。在经济发展面临迫切的转型升级压力之际，积极推进“市县分治”，进一步深化省管县行政体制改革，已经成为浙江再造体制机制新优势的重要突破口②。

---

① 20 世纪 60 年代初，诸暨枫桥的干部群众在社会主义教育运动中创造了“依靠和发动群众，坚持矛盾不上交，就地解决，实现捕人少、治安好”的经验，毛泽东亲笔批示“要各地仿效，经过试点，推广去做”。“枫桥经验”由此诞生。在此后 40 多年的时间里，尽管中国大地上经历着翻天覆地的变化，我国基层矛盾的性质特点发生了历史性的深刻变化，但在不同的历史时期，“枫桥经验”依然能与时俱进，创造出化解社会矛盾的不同方法。在不同的历史时期，“枫桥经验”以其独特的魅力吸引了从中央到各地基层政府的高度关注。

② 参考：何显明. 省管县体制与浙江模式的生成机制及其创新[J]. 浙江社会科学，2009 年(11).

1982年中共中央发出51号文件，提出实行市领导县体制。这以后，浙江虽在名义上实行市领导县的体制，但除宁波市以外，其他市的县（市）财政和党政一把手直接由省管理。借助几轮扩权改革，浙江有效配置资源，带动经济快速发展，形成自身特色的县域发展模式。在历次国家统计局公布的"全国百强县"排行榜上，浙江的上榜县（市、区）数量多次位居全国第一（基本上数量在25～30个）①。1992年，浙江省出台了扩大萧山、余杭、鄞县等13个市（县）部分经济管理权限的政策，主要包括扩大固定资产投资项目审批权、外商投资项目审批权等4项。1997年，同意萧山、余杭试行享受地级市一部分经济管理权限，主要有固定资产投资审批管理等10余项权限。2002年，浙江进一步扩大和完善20个经济强县（市）的经济管理权限，将313项原本属于地级市的经济管理权限下放给这些县市，几乎涵盖了省、市两级政府经济管理权限的方方面面。2006年，浙江再次出台文件，开展扩大义乌市经济社会管理权限改革试点工作，赋予义乌市与设区市同等的经济社会管理权限（除规划管理、重要资源配置、重大社会事务管理等经济社会管理事项外）；这次扩权的只有义乌市一家，基本上具备了地级市政府所具有的权限。从2008年年底开始，浙江的县域改革进入了一个新的发展阶段，开始尝试着从强县扩权迈向了扩权强县，呈现出放权对象普惠化、放权内容规范化的新特征，标志着浙江的省管县体制改革已经从"政策性激励向体制性创新转变"②。

实践证明，实行"省管县"，从经济管理及组织人事切入，逐渐向县级政府下放经济管理权，推行省管县的财政改革，激活了浙江县域经济自身的内在活力。但是，不可否认，浙江省过去高速的经济增长和近几年出现的发展难题都与浙江的县政扩权有密切关系。浙江的县域发展为县域居民带来了巨大的致富机会和广阔的发展空间，进而地方政府的财政收入也随之得到迅速的增长。这种强县发展模式实现了藏富于民的战略目标，不但有利于县域居民过上幸福康乐的生活，最终也有利于政府自身财政收入的持续增

① 从2000年开始，国家统计局根据全国2000多个县域的社会经济统计资料，从发展水平、发展活力、发展潜力三个方面对县域社会经济综合发展情况进行测算，按综合发展指数得分高低排名，公布前100位县（市、区）名单。

② 何显明."强县扩权"到"扩权强县"：浙江"省管县"改革的演进逻辑[J].中共浙江省委党校学报，2009(3).

长。从某种意义上来说，财政实行省管县体制有效保证了县级财权的相对独立性，为浙江的强县发展提供了长效的机制保证及物质条件，促进了县域经济社会的良性发展。但是，我们也不应该忽视，近几年来浙江经济的发展遭遇到了不少棘手的难题，如低水平模仿和同质化竞争现象严重，产业升级困难，企业外迁现象逐年增加，中心城市的聚集能力和辐射能力不足等。恐怕这些问题现象的出现，需要我们对省管县体制进行反思，重新调整省管县的发展思路。

(2)强镇扩权(扩权强镇)的浙江模式

实际上，这些年的浙江，在扩大县域地方管理权限的同时，乡镇管理体制改革也逐步提上日程。“看得见的管不着，管得着的看不见”，当时很多基层领导这样描述浙江乡镇的存在矛盾。涉及环保、违章违建、安全生产、食品安全等问题，镇里都无权查处，只能上报相关上一级主管部门。此外，乡镇没有独立财权，社会保障、城镇规划、项目审批、行政处罚等问题，乡镇也无法独立解决。

针对这些问题，2006 年，绍兴县在全省率先实施了强镇扩权和扩权强镇相结合的改革。全县选取了 5 个镇进行“扩权强镇”的改革试验，将县级的部分管理职能下放，赋予乡镇管理者更多的自主权。2007 年，先后增补柯岩街道和湖塘街道为新型街道，2008 年，又在兰亭进行试点，增加扩权事项，加大扩权力度，促进乡镇管理转型。绍兴县扩权强镇的做法主要包括授予一些乡镇(街道)以开发区管理职能，实行开发区管理模式，将部分县级部门在镇域内的管理职权，全部或部分委托其进行直接行使，并按照“精简、统一、效能”的原则，将乡镇(街道)内设机构“四办两中心”调整为“五办一局两中心”，增强了城镇建设管理、社会事业和保障和城镇综合执法及新农村建设等有关职能，合理提高乡镇(街道)的财政分成比例，促进城镇各项社会事业发展进步。

2007 年 5 月，浙江选定首批 141 个省级中心镇，按照“依法下放、能放就放”的原则，赋予中心镇部分县级经济社会管理权限，涉及财政、规费、资金扶持、土地、社会管理、户籍等 10 个方面，此举简称为“强镇扩权”。2010 年年底，浙江省从 200 个中心镇中选取了 27 个，开始了第一轮小城市培育，包括杭州余杭区塘栖镇、诸暨市店口镇等，这些乡镇普遍面积大、人口多、产业强、资源丰富，多数具有建成小城市的潜质。2014 年 4 月，浙江第二轮的小城市培育试点扩围，新试点名单包括建德市乾潭镇等 9 个中心镇和淳安县千岛湖镇等7个县城，共16个，并将有望被赋予与县级政府基本相同的经济社会管理权限，在建设专项资金、财力分配倾斜、建设用地、信贷、人才等方面获得支持。

思想解放程度往往可以决定发展的速度。浙江省扩权强镇，是乡镇经济社会发展到一定阶段，区域内产业、人口、资本、设施等资源要素需要从乡镇向小城市（城镇）转型的客观要求。浙江省审时度势，适时引导乡镇发展趋势，通过赋予部分乡镇（中心镇）更大的发展自主权，释放乡镇的发展潜力和活力，充分调动其积极性，成为辐射、带动周边乡村发展的区域中心，实现了乡镇的跨越发展，形成了统筹城乡发展新的重要平台。

## 参考文献

[1] 贾丽娟，汪学军．“长三角”地区县域经济发展经验及启示[J]．农业经济问题，2007(6).

[2] 省发改委研究室．浙江省县域经济发展十大模式[DB/OL]. http://www.zjdpc.gov.cn/art/2013/5/20/art_231_538815.html，2013-05-20.

[3] “强县扩权”浙江先试先强[DB/OL]. http://www.time-weekly.com/story/2009-07-14/

[4] 马斌，徐越倩．省管县体制变迁的浙江模式：渐进改革与制度路径[J]．理论与改革，2010(01).

[5] 冯家臻，王建康．浙江现象对县域经济发展的启示[J]．陕西综合经济，2004(2).

[6] 李金珊，叶托．县域经济发展的激励结构及其代价——透视浙江县政扩权的新视角[J]．浙江大学学报(人文社会科学版)，2010(1).

[7] 谢庆奎．扩权强镇背景下权力规制创新的演进与省思——评《扩权强镇与权力规制创新研究——以绍兴市为例》[J]．中国行政管理，2012(6).

[8] 高波．县域发展的经济文化一体化模式研究——以贵阳市白云区为例[D]．浙江大学，2005.

[9] 潘星．县域发展评价指标体系优化研究[D]．武汉科技大学，2005.

[10] 罗新阳．强镇扩权：发达地区城乡一体化建设的突破口——对浙江省绍兴县强镇扩权的跟踪调研[J]．厦门特区党校学报，2010(1).

[11] 丁鹏．浙江省县域经济差异演变及其协调发展研究[D]．浙江大学，2013.

# Chapter

# 01 县域战略篇

# 余杭、萧山、鄞州区域发展比较研究[①]

**内容提要** 浙江省历来注重县治，特别是改革开放以来，浙江省县域经济社会发展迅速，取得了令人瞩目的成就，发展水平位列全国前茅，已成为浙江经济的重要支柱。但在一些县区（市）的发展中也面临诸多困难和问题，发展优势没有得到充分发挥。为此，本文选取浙江省县域发展中处于文化地域相似、经济相对发达的余杭、萧山、鄞州三地进行实证比较，通过全面、系统、深入的调研和思考，探索发现县域经济社会发展中的差距与问题，为当地党委、政府决策提供参考依据。

**关键词** 实证比较；比较评价；区域发展战略

以余杭区第十三次党代会胜利召开为标志，余杭又走到了一个新的、重要的发展起点。为了更好地把握发展定位，选择发展路径，实现扬长避短、跨越发展，本文选取与余杭地域文化相似、经济相对发达的萧山、鄞州进行比较研究，为区委区政府提供决策参考。

## 一、三地区域发展现状实证比较

遵循可比性原则，本文选取经济实力、城乡发展、社会建设三大方面进

---

【作者简介】占张明，杭州市委党校余杭区分校校长；单凯，杭州市委党校余杭区分校办公室主任，讲师；罗生标，杭州市委党校余杭区分校副校长；陈华杰，杭州市委党校余杭区分校科研科科长，讲师；薛李林，杭州市委党校余杭区分校主任科员，高级讲师；郑亚萍，杭州市委党校余杭区分校主任科员。

① 本课题得到了余杭区委政研室、区统计局，以及萧山、鄞州区委政研室等部门的大力支持和帮助。获得 2012 年浙江省党校系统“浙江发展与现代化”理论研讨会二等奖。

行实证比较。

**1.** 经济实力

(1)经济发展

• 经济总量

2007—2011 年 5 年间，三地的 GDP 平均增幅大致相当，2011 年萧山 GDP 总量位居全省各县区首位，鄞州第二，余杭第六。从绝对值差距看，余杭 2011 年 GDP 总量相当于 2006 年的萧山①，人均 GDP 约落后于萧山、鄞州两年(见图 1 和图 2)。

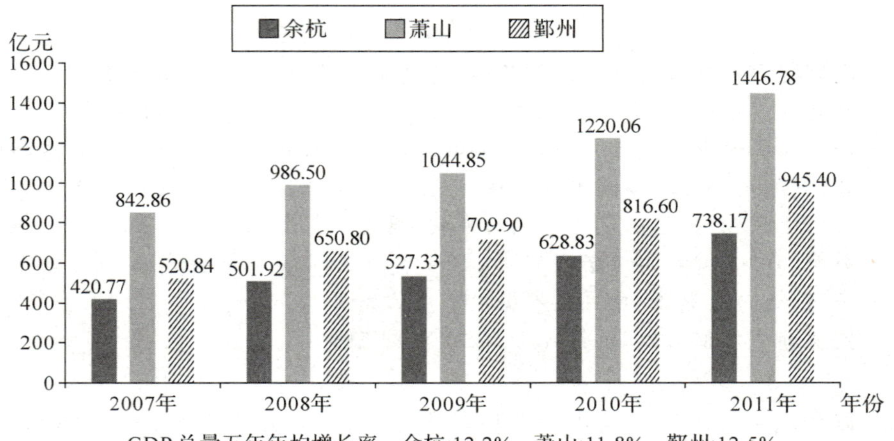


图 1　余杭、萧山、鄞州 2007—2011 年 GDP 总量

• 三产结构

过去 5 年，余杭农业占 GDP 比重为三地最高，绝对值最低。萧山、鄞州工业主导地位相对突出，均为 60%以上，余杭相差近 10 个百分点。2011 年第三产业占比和增长速度余杭均为三地之首，而现代服务业增加值，萧山最高(全省第一)，鄞州次之，余杭最低(见图 3)。

---

① 萧山 2006 年生产总值(GDP)699.81 亿元，2011 年余杭 738.17 亿元，如按可比价格计算，2011 年余杭尚不及 2006 年的萧山。

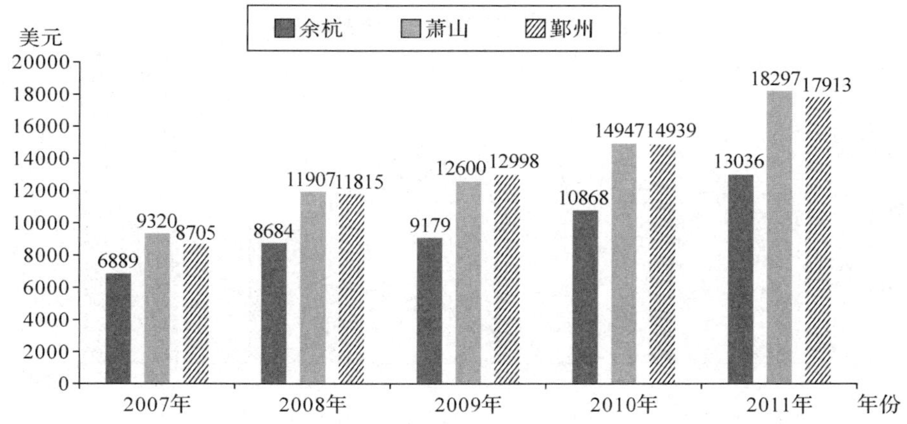


图 2 余杭、萧山、鄞州 2007—2011 年人均 GDP

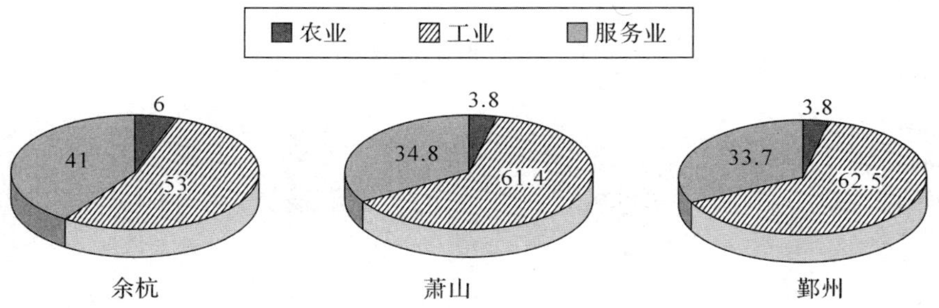


图 3 余杭、萧山、鄞州 2011 年三产结构

• 财政收入

在财政收入方面，萧山、鄞州近 5 年总体情况相当。2011 年全省县市(区)财政总收入萧山排名第一，鄞州第二；地方财政收入，萧山排名第二，鄞州第一。余杭财政总收入及地方财政收入均为三地最低，但增长幅度最高(见图 4)。

(2)产业建设

• 产业集聚

萧山已形成化纤纺织、羽绒、钢结构、汽车零部件等 10 余个中国产业基地，规上工业产值遥遥领先，为鄞州的 2.5 倍、余杭的 3.5 倍左右(见图 5)。鄞州已逐步形成装备制造、电子信息、新材料、商贸商务、文化创意、旅游休闲等产业优势，且已建成一定规模的城市商务区。余杭产业集聚相对较弱，

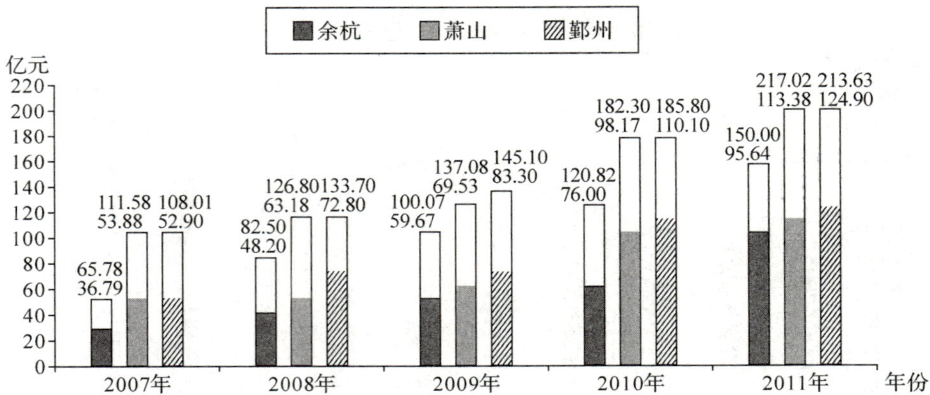


财政总收入五年年均增长率：余杭 24.5%，萧山 20.9%，鄞州 23.1%

图 4　余杭、萧山、鄞州 2007—2011 年财政总收入及地方财政收入

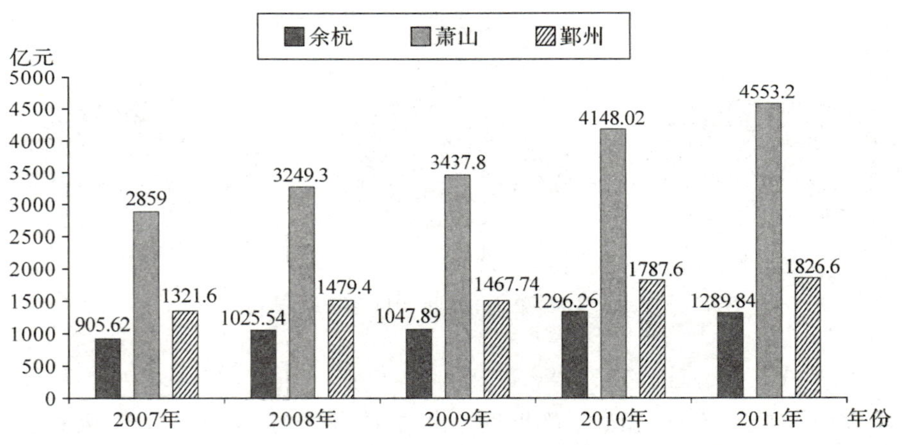


规模以上工业产值五年年均增长率：余杭 15.4%，萧山 18.0%，鄞州 15.2%

图 5　余杭、萧山、鄞州 2007—2011 年规模以上工业产业产值

块状经济不突出，主要局限于纺织、建材、机械、食品加工等领域，生物医药、装备制造、文化创意、电子商务等新兴产业集聚正在形成中。

• 产业平台

萧山拥有 1 个国家级开发区，在建 2 个国家级开发区，目前全力打造

“一心三区七新城”[①]。鄞州拥有明州、鄞州、望春3个省级工业园区(均被列为宁波市十大工业产业园区),19个乡镇级工业园区和鄞州投资创业中心、滨海投资创业中心两大“创业中心”。余杭正在统筹规划“三区八园”建设,着力构建“四城一基地”现代产业发展格局。

• 企业发展

2011年,余杭除中国民营企业500强数量高于鄞州外,在上市企业数、主营业务收入超10亿元企业、中国(省)名牌数等方面与其他两地差距明显(见表1)。

**表1　余杭、萧山、鄞州2011年企业规模比较**

| 区域 | 2011年上市企业(家) | 2011年中国民营企业500强(家) | 2011年中国名牌(省名牌)(件) | 2011年规模以上企业工业产值(亿元) |
|---|---|---|---|---|
| 余杭 | 5 | 5 | 3(36) | 1289.8 |
| 萧山 | 24 | 18 | 22(97) | 4553.2 |
| 鄞州 | 13 | 3 | 17(81) | 1826.6 |

(3)投资环境

• 对外经济关系

近5年,外贸依存度(自营出口占GDP比重)鄞州为三地之首。余杭实际利用外资年均增长率为32.9%,增长率全省第一,萧山为11.5%,鄞州出现3.3%的负增长。然而,余杭进出口总额及出口总额均不及萧山、鄞州的一半,进口总额占比更低(见表2)。

**表2　余杭、萧山、鄞州2011年对外经济比较**

| 区域 | 2011年实际利用外资(亿美元) | 2011年进出口总额(亿美元) | 2011年出口总额(亿美元) | 2011年进口总额(亿美元) | 进口占进出口总额比例 | 2011年外贸依存度 |
|---|---|---|---|---|---|---|
| 余杭 | 6.08 | 48.29 | 43.22 | 5.07 | 10.5% | 37.8% |
| 萧山 | 8.08 | 143.27 | 89.84 | 53.43 | 38% | 40.1% |
| 鄞州 | 3.81 | 127.6 | 95.8 | 31.8 | 24.9% | 65.5% |

① “一心三区七新城”:萧山中心城区、大江东产业集聚区、浦阳江生态经济区、航坞山经济区、钱江世纪城、湘湖新城、江东新城、临江新城、空港新城、瓜沥新城、临浦新城。

• 软硬件基础

三地均拥有健全的交通体系，萧山、鄞州同时拥有机场、海港。在政府行政审批方面，三地均已建立区行政服务中心、网上行政审批系统，并全面推行阳光政务。2008年开始，萧山、余杭对投资本地企业实施免费行政审批代办服务，鄞州则自1996年始即对外资企业进行一条龙式的审批服务。

• 创新环境

萧山高新技术企业产值处于强势地位，而鄞州科技经费支出水平为三地之首。同时鄞州把专利列为镇乡(街道)工作目标管理考核和科学发展竞赛的重要指标之一，2011年鄞州专利申请和授权数蝉联全省第一，是目前全省首个年度专利授权量超万件的县(市、区)。近几年，余杭加快创新环境建设，2011年获得全国县市科技进步考核先进集体荣誉，连续两年获得党政领导科技进步目标责任制考核省、市优秀(见表3)。

**表3　余杭、萧山、鄞州2011年创新环境比较**

| 区域 | 2011年专利授权(件) | 2011年科技经费支出(万元) | 2011年高新技术企业产值(新产品产值)(亿元) | 2011年国家高新技术企业(家) | 2010年R&D经费占GDP比重(%) |
|---|---|---|---|---|---|
| 余杭 | 3880 | 29810 | 389.04(308.49) | 157 | 1.64 |
| 萧山 | 4068 | 33784 | 714.74(988.04) | 187 | 2.15 |
| 鄞州 | 12563 | 46112 | 390.7(478.9) | 196 | 2.10 |

• 固定资产投资

近5年，萧山在累计固定资产投资总量上超出其他两地，其中房地产开发投资绝对值和占比均最小。余杭、鄞州这两项数据均大致相当(见图6)。

### 2. 城乡发展

(1)城市化水平

余杭、萧山、鄞州国土总面积分别为1228、1420.22、1346平方公里，建成区面积萧山、鄞州相当，余杭约为萧山、鄞州的一半，城市化率分别为62%、66%、68%。萧山、鄞州的城市化水平自20世纪末开始上升较快，余杭2007年前后城市化水平呈现飞跃式发展趋势(见图7)。

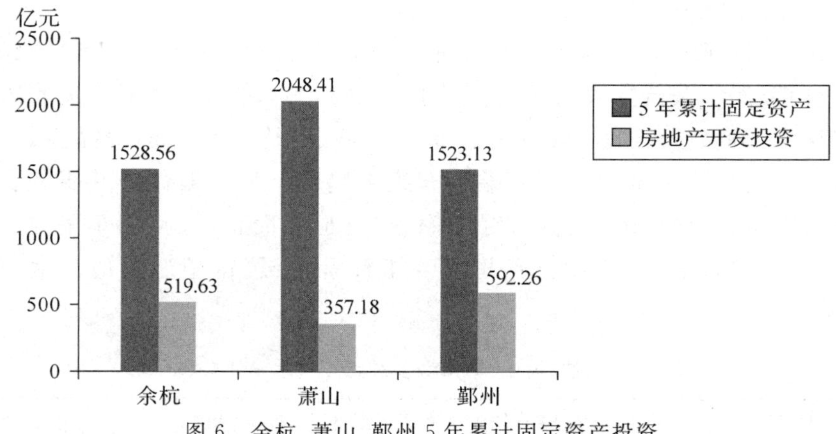

图6 余杭、萧山、鄞州5年累计固定资产投资

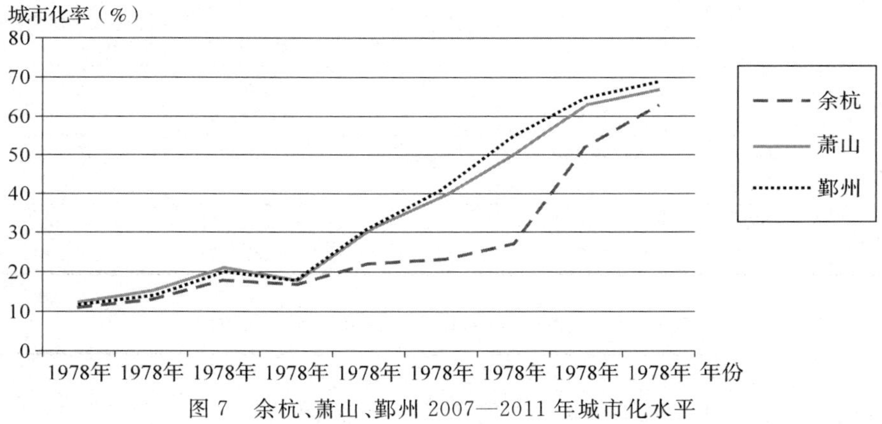

图7 余杭、萧山、鄞州2007—2011年城市化水平

(2)人口集聚

萧山、鄞州城市总体集中程度较高，萧山户籍人口和外来人口均为三地之首。余杭非农人口占比最高，城市集聚人口的活跃程度低于萧山、鄞州(见表4)。

**表4 余杭、萧山、鄞州城市集聚人口比较**

| 区域 | 户籍人口(万) | 非农业人口(万) | 外来人口(登记在册)(万) |
|---|---|---|---|
| 余杭 | 87.67 | 46.39 | 66.88 |
| 萧山 | 122.87 | 50.65 | 93.91 |
| 鄞州 | 82.21 | 28.17 | 77.56 |

(3)城乡统筹

2010 年,鄞州城乡统筹发展水平位居浙江省第一(连续四年),余杭第二、萧山第四。余杭除农村居民人均住房面积外,城乡居民可支配收入、城乡人均生活消费性支出、城乡居民储蓄余额(人均)、社会消费品零售总额(人均)等指标低于萧山、鄞州,差距有拉大趋势。从一般性公共服务支出、社会用电量、建成区面积、城市绿化率、实有道路面积、公路通车里程、公路客运量、公路货运量、高速公路里程等指标看,余杭也稍逊其他两地(见表5、表6)。

**表 5 余杭、萧山、鄞州城乡统筹发展水平比较(1)**

| 区域 | 城镇居民人均可支配收入(人均生活消费性支出)/元 | 农村居民人均纯收入(人均生活消费性支出)/元 | 城乡居民储蓄余额(亿元)(人均存款余额)/元 | 社会消费品零售总额(亿元)(人均消费品零售)/元 | 城镇居民人均住房面积(农村)/平方米 |
|---|---|---|---|---|---|
| 余杭 | 32473<br>(21962) | 17951<br>(14995) | 538.88<br>(61467) | 210.08<br>(23962) | 32.8<br>(73.9) |
| 萧山 | 36278<br>(22556) | 18398<br>(15381) | 901.54<br>(73371) | 336.98<br>(27426) | 40.12<br>(78) |
| 鄞州 | 36734<br>(23937) | 18631<br>(11851) | 611<br>(74331) | 269.59<br>(32797) | 33.83<br>(47.4) |

**表 6 余杭、萧山、鄞州城乡统筹发展水平比较(2)**

| 区域 | 一般性公共服务支出/万元 | 社会用电量(工业用电)/亿千瓦时 | 建成区面积/平方公里 | 建成区道路面积/平方米 | 建成区绿化面积/公顷 | 公路通车里程(高速)/公里 |
|---|---|---|---|---|---|---|
| 余杭 | 109806 | 66.31<br>(46.91) | 44.54 | 665.62 | 1629 | 2179.26<br>(88) |
| 萧山 | 121134 | 174.77<br>(148.33) | 77 | 568.15 | 2935 | 2295.57<br>(75) |
| 鄞州 | 139027 | 69.34<br>(50.82) | 80 | 296 | 1058 | 1870<br>(118) |

### 3. 社会建设

(1)民生事业

余杭在杭州七县(市、区)生活品质评价指标体系和全面建设小康社会实现程度综合测评中名列第一。萧山着力发展教育、医疗卫生、体育、广电等各项社会事业，加速公共服务均等化发展。鄞州在全省率先实施城乡十二年免费教育、老年人及残疾人生活补助、城乡低保并轨等政策，学前教育走在全国前列。从失业率、教育支出、医疗机构、国家“千人计划”等指标看，余杭在居民就业、高端人才、基本医疗保险三个方面占优，其他指标与萧山、鄞州相比尚有一定差距(见表7)。

**表7 余杭、萧山、鄞州民生事业比较**

| 区域 | 失业率(%) | 教育支出(万元) | 每千人医生数(人) | 医疗机构(家) | 卫生技术人员(人) | 执业医师(人) | 居民基本医疗保险参保率(%) | 国家“千人计划”(人) |
|---|---|---|---|---|---|---|---|---|
| 余杭 | 2.92 | 174421 | 2.22 | 333 | 4614 | 1564 | 99.7 | 9 |
| 萧山 | 3.05 | 221791 | 2.58 | 725 | 9105 | 3160 | 96.2 | 3 |
| 鄞州 | 3.1 | 202573 | 3.16 | 482 | 6744 | 2132 | 98.48 | 1 |

(2)文化建设

余杭文化建设的成就主要表现在文物考古工作、非物质文化遗产保护等方面，被评为“全国文物工作先进区”。萧山充分发挥“政府主导、企业支持、市场运作、群众参与”模式的作用，不断完善公共文化服务体系，推进基本公共文化服务均等化，各类文化基础设施明显提高。鄞州公共文化服务建设全省独树一帜，为全国唯一一个县(市)区级国家公共文化服务体系创建示范区(见表8)。

**表8 余杭、萧山、鄞州文化建设比较**

| 区域 | 2011年剧场、影剧院数(个) | 2011年公共图书馆图书总藏量(千册) | 2011年文化强镇(个) | 2011年省级文化示范村(社区)(个) | 2011年市级文化示范村(社区)(个) |
|---|---|---|---|---|---|
| 余杭 | 5 | 571 | 1 | 3 | 2 |
| 萧山 | — | 956 | 2 | 4 | 7 |
| 鄞州 | 12 | 1019.7 | 1 | 0 | 25(宁波标准) |

(3)法治水平

余杭、萧山、鄞州都处于浙江城市化发展前沿，法治水平大致相当，各有各的特色做法与成功经验。余杭在中国内地首创“法治指数”，被评为首批

"全国法治县(市、区)创建活动先进单位",并获得"全国平安建设先进区"、"全国村务公开民主管理示范单位"等荣誉称号。萧山深入发展和谐劳动关系,制定出台全国首个《企业和谐劳动关系(试行)标准》,积极构建大调解、大防控体系,连续六年荣获浙江省"平安区"称号。鄞州着力构建社会治安打、防、控一体化系统,加大外来人口管理服务力度,实现省平安区创建和省社会治安综合治理"六连冠",连续两次荣获省委省政府颁发的"平安鼎"。

## 二、三地区域发展状况比较评价

虽然在改革开放初期,三地基本处于同一起跑线上,如今也位于浙江省区域发展第一方阵内,同处于以城市化、工业化两轮驱动为模式、以投资拉动型为特征的工业化中后期[①](见表 9)。但经过 30 年的发展竞争,余杭落后于萧山、鄞州已是不争的事实。

**表 9　余杭、萧山、鄞州 2011 年发展状况比较**

| 地　区 | 人均 GDP(美元) | 城市化率(%) | 霍夫曼系数 |
|---|---|---|---|
| 余杭 | 2069 | 62 | 0.9501 |
| 萧山 | 2904 | 66 | 0.9501[②] |
| 鄞州 | 2843 | 68 | 1.03 |

### 1. 三地区域发展具体差距

在经济实力方面,萧山在经济总量的绝对值上进一步扩大领先优势,第二产业一枝独秀,本土龙头企业、规模以上工业、开发区建设均处于领跑地位,地方财政收入占财政总收入比重最低。鄞州外向型经济依存度最大,第二产业占比最高但总量不及萧山,规模企业与余杭相当,与萧山差距明显;在高新企业发展和科技创新投入方面独具特色。余杭区经济总量绝对值最低,5 年来增长率最低,第三产业占比最高但总量最低,土地财政占财政总

① 由钱纳里分类和霍夫曼系数计算所得。其中人均 GDP 反映国民收入,城市化率反映人口聚集程度,霍夫曼系数≈1 表示从工业内部结构上看,三地处于重化工业化中的高加工度产业主导阶段。

② 因各区县统计数据的缺乏,此处萧山、余杭数值由杭州市的轻重工业数据计算所得。

收入比重最高，过于倚重房地产等行业，特别是重出口轻进口，用于产业转型升级的机械装备、管理技术、高新产品进口比例及绝对值为三地最低，已暴露出实体经济不强、产业升级落后的弊端。

在城乡发展方面，5 年来，三地城市化率增长迅速。萧山城市户籍人口和外来人口总数均居三地之首，这在一定程度上反映出萧山较为发达的经济基础。鄞州城乡统筹发展水平三地最高，但农业人口绝对值和总人口占比均居三地之首。余杭近 5 年城市化率增长率最高但城市化水平为三地最低，地区间人口集聚发展不平衡，公共设施和公共服务供给不均等。

在社会建设方面，三地各有特色。余杭在民生事业整体水平上与萧山、鄞州相比存在一定的差距，且人均收入增长率低于财政收入增长率，相对忽视文化建设，除以“千人计划”为代表的高端人才引进等少数几个领域外，对当地文化的传播和教育的投入均落后于其他两地。

### 2. 影响三地区域发展快慢的资源禀赋结构差异

资源禀赋是区域发展的重要基础，资源禀赋的结构决定了区域发展的结构和模式。为此，本文从自然环境、人文环境和政策环境来分析影响三地区域发展的因素。

(1)自然环境及其评价

三地均位于浙江省东北部区块，毗邻主城区①，平原面积占比较大，自古农业发达，工业发展具有较好的土地基础(见表 10)。

**表 10 余杭、萧山、鄞州自然环境比较**

| 地　区 | 总面积(平方公里) | 平原面积(总面积占比)(平方公里) | 机　场 | 海　港 | 高　铁 |
|---|---|---|---|---|---|
| 余杭 | 1228 | 862(70.1%) | 无 | 无 | 有(2009 年) |
| 萧山 | 1420.22 | 937(66%) | 萧山机场 | 出海码头 | 有(2012 年) |
| 鄞州 | 1346 | 528.54(39.2%) | 宁波机场 | 象山湾港区鄞州段临近北仑港 | 有(2012 年) |

① 主城区城市化进程对市郊区县有正、负影响。主城区的辐射必然会带来沿主城区带附近地区发展的正影响；同时也存在着与市郊区县争夺发展资源等负影响。

萧山以钱塘江为界，靠绍望杭。20世纪50、60年代围垦造田运动使萧山版图向外拓展三分之一。1996年萧山沿钱塘江三镇(72.02平方公里)被划归杭州市。同年获准建设杭州萧山国际机场，使萧山成为浙江空域地理中心，这为目前萧山推进空港经济建设打下了坚实基础。拥有钱塘江出海口又为萧山海洋经济发展提供了条件。

相比之下，鄞州一直面临有县无城的尴尬局面，这导致其城市建设和第三产业发展长期落后。1994年后规划建设中心城区，建成三开发区环绕中心城区——15分钟交通圈的经济地理态势。在2002年撤县建区后，鄞州被直接纳入到宁波城市化进程中，并成为宁波新的城市中心之一。而宁波机场的建成、杭甬高铁的通车以及毗邻象山港、北仑港的优势，为鄞州的腾飞奠定了良好的基础。

余杭的地理环境与鄞州较为类似，也是三面环绕主城区。与鄞州不同的是，余杭区域面积与主城区相比为2∶1。其683平方公里的区域面积决定着杭州老城区需更长时间消化自我空间[①]。1996年，余杭区属下沙、九堡、三墩(共181平方公里)划归杭州市区，与以农用地为主的萧山三镇不同，此三地均为相对发达的工业区块或城镇建成区块，势必严重影响到余杭今后的城市化和工业化进程，也使余杭在随后沿杭州市区的地区基础设施投入上显得缩手缩脚。另一方面，近年来，余杭沿杭州主城区带城市化进程已呈现配套市区发展态势，物流业、房地产业以及未来的商贸中心等则是杭州市带给余杭的正影响。

中心城区临平偏于东北一角的区位制约了其对余杭其他地区的经济辐射。余杭大部分镇街尚在绕城高速圈之外，在2008年建成的沪杭高铁余杭站，仅临平副城地区享受到便利，高铁优势尚不明显。

(2)人文环境及其评价

三地同属吴越历史文化圈。其中余杭属于杭嘉湖亚文化圈，萧山、鄞州则属于宁绍亚文化圈[②](在这一亚文化圈内，具有2011年浙江县域经济前十强中的9位，除余杭外)。

萧山自古具有“喜奔竞，善商贾”的民风特点。新中国成立以来，当地政

---

① 相比之下，鄞州面积约为宁波市区的6.5倍。宁波市中心城区较小的面积(215平方公里，2006年)决定其城市发展会相对较早地向鄞州扩展。

② 根据明代地理学家王士性的浙江文化区域研究。

府特别注重对萧山精神的提炼和弘扬。从当年的“围垦精神”到“四千精神”、“四抢精神”、“四敢精神”，并最终形成以“奔竞不息、勇立潮头”为特征的萧山精神。在萧山精神的引导下，当地企业趋向做大做强，品牌建设位居全省之首。但另一方面，文化因素同样导致萧山与杭州之间的认同感较差，致使萧山的城乡建设相比鄞州、余杭更具独立性。

鄞州海洋经济文化传统悠久，在宋代时宁波[①]即是世界首屈一指的贸易港口，外贸经济自古发达。2011 年浙江省海洋经济发展战略的确立，无疑为鄞州未来跨越式发展打入一剂强心针。近年来，鄞州以“求实、敢为、争先”的鄞州精神为引领，加快对文化、教育的投入，整合政府、企业、中介、科研院校资源，积极营造创业、创新文化氛围，全力建设创新型城市，学术中心雏形已初步形成。

相比萧山、鄞州两地，余杭民风更为保守。余杭所属杭嘉湖亚文化圈多为平原水乡，吃苦耐劳、包容性强是这一地区百姓的特点，四平八稳的运河文化也造成该地区人民小成则满、小富即安，缺乏敢创敢冒精神的惰性。为改变这一现状，余杭在 20 世纪 90 年代提出了“合力拼搏、务实争先”的余杭精神。2005 年后，又逐步提炼了以良渚文化为核心的“原创、首创、创新、和谐”的余杭精神，并在随后几年开展了广泛宣传。但与萧山、鄞州相比，余杭精神宣传时断时续，未能较好地发挥建构社会、重塑民风的功能。

(3)政策环境及评价

改革开放后，三地政策环境建设都经历了县域发展和都市发展两个时期。

1)县域发展时期

一是乡镇企业发展阶段(1978—1987)。三地中，余杭推广家庭联产承包责任制的过程最长，落后其他两地一年多时间。自然，在转移农村多余劳动力、发展乡镇工业的过程中，余杭也输在了起跑线上。三地中萧山工业基础最为扎实，并确立了以工业为重点的发展模式，鄞州着力发展外向型经济，余杭则突出农业基础地位，农业总产值连续多年居三地之首，农业耕保率最高达到 96%[②]，同时引导工业生产配套农业服务，类别集中于建材、食品加工、支农机械等行业。

---

① 宋朝时宁波州府即在今日鄞州。

② 到 21 世纪初，余杭的农业耕保率仍然维持在 85%左右的高位。

二是民营经济腾飞阶段(1988—2000)。1988 年,萧山撤县建市,率先开始城市化建设。鄞州从 1994 年开始规划建设中心城,开启城市建设新纪元。余杭于 1994 年撤县建市,并与萧山在 1995 年初被确定为二类市。为了支持城市发展,余杭政府通过经营土地资源积累建设资金,土地财政开始占据地方财政重要地位。

1992 年后,三地加快产权制度改革,这一时期萧山、鄞州特别注重对本土民营企业和品牌的培养,以一厂一策等扶植方法支持企业发展。萧山率先建设国家级经济开发区等各类开发区,有效利用外资和内资两种资源。同期余杭对本土企业引导支持力度落后于萧山、鄞州两地,开发区建设进度缓慢。

在这一时期,三地针对城市化快速发展和外来人口的集聚,不断创新法治建设和社会管理。

这个时期也是余杭与萧山经济实力差距不断拉大的集中期。1997 年余杭 GDP 为 104.60 亿元,萧山 155.48 亿元,绝对差为 50.88 亿元;2001 年余杭 GDP 为 155 亿元,萧山 276 亿元,绝对差为 121 亿元。到 2001 年,余杭工业产值 347.85 亿元(萧山 793.64 亿元),仅相当于萧山 1997 年的 312.7 亿元,从绝对值看整整落后四年。

2)都市发展时期

一是产城融合起步阶段(2001—2007)。2001 年萧山、余杭撤市建区,2002 年鄞州撤县建区。萧山区域发展具有相对独立性,城市化发展建立在工业化基础之上,并逐步探索外来务工人员集中管理机制。鄞州则调整发展战略,承担了宁波新的都市中心、商业中心的功能定位,在开发区的建设上率先采用产业导向开发区建设模式,严格企业入园标准。在产业发展上,萧山、鄞州开始有意识地进行产业转型升级①,产业类别也扩展到含高新技术产业在内的十类左右。

同一时期余杭的作为有限,在引导块状经济建设和产业技改升级方面落后于萧山、鄞州,虽然也实施了"再造余杭"工程,但仍处于村村冒烟的摊大饼阶段,各镇街道建设缺乏科学规划,建设门类混乱,已失去先发优势;另

---

① 如鄞州以打造质量系统引领都市化、产业化建设,以都市化倒逼产业实现转型升级。自 2003 年以来,连续 9 年出台经济发展 1 号文件,以"双优战略"和"双高工程"重点打造高新企业中心。

一方面，为了推进城市化建设，临平以及沿主城区的老余杭、良渚、乔司等地房地产业发展迅速，这也进一步刺激了其对土地财政的依赖性。

二是后金融危机时代发展阶段(2008—)。这一时期，萧山已初步形成五大传统产业与五大新兴产业齐头并进的局面，经济转型升级成效初步显露，汽车制造等重工业比重逐步加大。鄞州的城市化进程对工业化产生倒逼效应，2008年开始，鄞州主动对作为支柱产业之一、能耗强、污染大的铸造业实行梯度转移，并进一步加大对高新产业和商贸物流业的投入力度。

余杭区在这一时期突出城市化引领战略，城市化率显著提升；但同时，实体经济发展相对缓慢，导致新兴产业规模工业产值远低于萧山、鄞州，工业化和城市化两轮驱动效应不明显。

### 3. 余杭资源集聚整合能力差距分析

与萧山、鄞州相比，除了资源禀赋客观差异外，主观上是余杭区对资源的集聚整合能力相对较弱，导致区域发展的"结构性低效"。

一是发展战略缺乏延续性。进入21世纪的十多年里，余杭区域发展战略一直在偏重工业化或偏重城市化之间摇摆，不能一以贯之，容易走偏锋，重复性建设问题突出，尚未真正找到产城融合之路。

二是粗放型增长模式。产业门类多，块状经济不明显。企业培育力度落后于萧山、鄞州两地，忽视品牌建设，优质项目不多，本土龙头企业少。开发区建设无序，镇街开发存在恶性竞争，土地浪费现象严重。缺乏真正的企业家人才，生产性投入，特别是利用所赚外汇进口先进装备、高新技术、管理理念的更少。

三是土地财政路径依赖。余杭从最初的通过土地财政聚集城市发展资本，到配套主城区外扩发展房地产业，余杭区域发展呈现出典型的土地财政路径依赖特征，落入"资源悖论"陷阱中[①]。同时，实体经济中有大块税源流失，地方负债问题突出。

四是形势预判能力不足。改革开放后，余杭虽能抓住各时期的发展机遇，但是抓发展机遇的重点及力度不够，且表现为"慢一拍"状态。除了实行联产承包制和发展民营企业外，对产业结构转型升级的时机估计不足，落后

① 资源悖论：从长远看，资源禀赋是限制一个地区经济发展的因素，一些资源富饶的地区往往会陷入"富饶的贫困"中不能自拔。

于萧山、鄞州 3～5 年左右；对杭州市主城区的发展形势预测不足，配套杭州城市发展部署缺乏延续性。

五是地区统筹发展能力不强。余杭的土地财政又导致镇街各自为政，区政府统筹能力较弱，致使沿主城区带地区、临平副城区、西部山区发展不平衡，中心城区对其他地区经济辐射性不强。

六是忽视文化建构功能。对传统文化的挖掘和提炼不够深入，文化产业发展、余杭精神宣传与社会建构未能形成有机统一，文化建构配套措施不健全，缺乏开拓创新、主动进取的社会氛围。

## 三、余杭实现区域跨越式发展的新战略规划

经过 30 年的高速增长，余杭的区域发展已到了一个新的历史阶段，发展模式需要再次进行战略性的、根本性的调整。

### 1. 新战略的目标选择

在"十二五"时期，余杭应选择将鄞州作为余杭学习、借鉴和赶超的标兵[①]，优化资源禀赋结构，破解发展难题，着力推进现代产业体系转型升级，创新社会管理，实现城乡统筹发展，将转型时期的社会阵痛降到最低，并为中长期目标的实现奠定基础。

余杭的中长期目标是作为杭州接轨长三角的桥头堡，承担起浙北经济、科技、文化中心功能，依托未来科技城（人才特区）打造"浙江智造"大脑，建设一个现代、和谐幸福、有创造力的新型都市，与萧山一起成为杭州大都市的重要两翼。

一个现代城市，具有基于社会主义核心价值观、具有地方特色的价值体系。具备基于都市化发展的现代产业结构，基于机会均等的社会流动系统，基于城乡生态健康发展的都市生存系统。

一个和谐幸福的城市，具备健全的村（社区）自治体系和推进外来人口和本地人口融合的综合治理服务体系，坚持以人为本，鼓励公民的社会参与，在共建共享中实现个体幸福与社会和谐的有机统一。

---

① 鄞州与余杭具有同样悠久的建县史和相似的发展基础和区位环境，高等院校集中，近年来是主城区向外发展的核心区域。特别是与鄞州相比，余杭可利用土地较多，未来的发展具有更大的想象空间。

一个有创造力的城市，基于创新文化，拓展个人创造力，形成不断开拓、敢于创新的“余杭精神”。创造力不仅通过产业在同种产品领域提升价值链而显现出来，还要体现在文化、艺术和社会管理领域。

**2.** 新战略的特点

(1)短期目标和中长期目标相结合

余杭要有建成浙江乃至长三角地区“智慧中心”的雄心，同时在战略实施中具备循序渐进、稳扎稳打的耐心，当前则要以壮士断腕的决心来解决制约余杭区域发展的结构性低效问题。

(2)城乡统筹和产城融合的有机统一

在以发展实体经济推进都市建设的同时，注重农民市民化在身份认同、文化融合上的改变，注重农村城市化在社会保障、公共服务上的改变。

(3)在提高增长质量的同时要持续增加居民收入

建设一个可持续增长的高收入社会，实现增长的有质有量，同时注重生态文明，改善人居环境，拓展艺术和文化活动，加强经济和社会安全感。

(4)强化创新和创造力

实体经济的发展是未来发展的首要任务，第三产业是拉动增长、推进城乡统筹的重要动力。鼓励企业，特别是轻纺、建材等传统支柱企业加快技改步伐，推进信息、生物医药等行业的升级价值链。

(5)注重文化对社会的建构作用

建构“余杭精神”，形成余杭城市未来发展的灵魂。提升社会价值和道德标准不仅是政府的工作之一，也是社会组织的责任，更是每一位公民的义务。

(6)突出考核机制的功能

科学量化考核机制，改变当前考核制度繁杂，针对性、实效性不足的弊端，健全配套奖励和惩罚机制和信息公开机制，形成有效社会监督。

**3.** 新战略的具体内容

(1)科学规划，做好城乡统筹文章

探索产城融合新模式，以产城融合推进城乡统筹发展，以新型城市化带动新农村建设。

一是依托产业平台推进产城融合。当前，依托“一城四基地”等产业平台建设新城,真正实现产业化、城市化协调发展已成为共识。整体规划区域发展,创新产城融合建设体系,在条件允许的情况下,可选择突破小城镇向小城市发展的单一模式①,重点打造大临平城区、产业新城等都市中心,围绕中心城区合理规划布局产业园区,配套发展周边专业化小城镇,逐步形成"产业园区(专业化小城镇)+现代物流+都市区"的产业新城格局,实现地方化经济效益和城市化经济效益最大化②。围绕产业新城建设,扩大现有经济权限,下放部分社会管理权限,进一步推进行政审批制度改革,创新并联审批模式,加速网上审批系统建设,除省市级审批事务外,逐步实现审批不出新城。加速完善交通设施,发挥高铁优势,在产业新城之间及产业新城与高铁站之间建设快速公交线。

二是坚持新型城市化带动新农村建设。实施城区功能化完善、新城产业化开发、新村特色化建设,促进城乡统筹融合,推进中心城区、产业新城、专业镇街、特色村(社区)"四级联动"、梯度化、层级化的发展格局,促进城乡发展从规模扩张向内涵提升、从城市带动向城乡联动、从改善环境向优化生态转变。加大财政转移和项目扶持力度,实现公共设施和公共服务向乡村延伸,助推"美丽洲精品村、清洁余杭重点提升村、中心村"建设。加强城市综合管理功能,进一步调整理顺城市型街道体制,大力帮扶西部镇村发展,促进城市化与新农村的有机互动。

三是培育新税源,降低土地财政依赖度。土地财政路径依赖是当前困扰各地发展的核心问题之一。尽管土地财政在历史上对余杭的区域发展起到了重要作用,并且在今后的一段时间还将发挥积极作用。但在当前如火如荼的产业新城建设中,应严格控制城市无序扩张,全力实现土地财政依赖

---

① 小城镇向小城市发展是地方经济、人口集聚的必然结果。但与都市经济相比,该模式存在着土地等资源浪费问题,特别是当相邻的小城镇都具有发展小城市的内在动力时更是如此。

② 地方化经济主要指同一行业或一组密切相关的企业,由于集聚在一个特定的地区,通过产业功能联系所获得的外部经济,具体表现为一镇一品、块状经济模式。城市化经济是指由城市区位所获得的优势,包括接近市场和劳动力、便利的交通、金融和商业服务等。鄞州区采取的"中心城区+产业园区"模式即较好地形成三个产业园区的块状经济和中心城区配套服务产业集聚发展格局。

度的软着陆[①]。要努力优化地方财政收入结构，加快发展实体经济、服务型经济和税源经济。依靠新税源的培育和新产业的崛起，化解地方债风险与房地产业泡沫。上收国有土地经营权限到区级政府，加强对集体土地的使用指导，健全土地监管体系，主动抑制土地财政谋利冲动；从土地出让收入、农村集体建设用地流转收入中，提取一定比例的资金建立土地收益储备基金，该部分资金当年不能动用[②]；调整镇街一把手考核体系，加入土地集约化利用水平因子。

(2)内培外引，做好转型升级文章

在浙江推进由块状经济向集聚经济转型、着力发展海洋经济的背景下，2012年余杭区新一届党委、政府确定了大力发展实体经济的战略部署。与萧山、鄞州不同，当前余杭区块状经济优势不明显，产业转型升级起步较晚，因此此时选择发展实体经济更为必要，也更为紧迫，难度也更大。

一是打造产业发展大平台。以“四城一基地”为平台，抓好区域产业结构的转型和纺织等传统支柱行业的升级，加大对先进装备制造、电子信息等高新行业的引进和支持力度。争取整合余杭经济开发区和钱江经济开发区为国家级开发区。推进现有工业园区提升改造，优化调整“三区八园”和专业小城镇的主导产业，提高标准，严把项目入园门槛关。同时，借鉴萧山、鄞州经验，通过扶强措施选择培育一批发展潜力大的中小企业。以参股或其他支持方式，加大对小微企业的创新投入。对老板集团等成熟企业，以打造发展整体平台引导企业延长上下产业链，提升产品附加值。

二是加强产业发展大合作。在确定各产业平台战略性定位的基础上，有针对性地加大招商引资力度，加强对世界500强等企业航母、竞争性强的高新企业、大企业的研发中心等大项目、优质项目的引进力度，努力优化区域经济结构和“3+1”现代产业体系。积极探索民营资本利用方式，引导浙商投资余杭，切实缓解民营企业“融资难”问题。主动联手临安、海宁、桐乡、德清等毗邻区域，推进省内区域的全面合作，整合优势资源，借鉴绍兴—萧山纺织业集群模式，探索余杭、海宁、桐乡现代纺织业等合作途径。利用浙

---

① 当前我国各地土地财政依赖与无序城市化存在着恶性循环的趋势。而土地财政的真正恶果不仅是财政风险，更主要是可能导致城市化进程的不可持续。

② 当前香港采取的土地收益储备基金模式，对均衡调节土地财税激励，弱化各方拉升土地财政的不良冲动，促进土地资源的均衡利用，实现年度预算平衡均有积极的效果。

江大学—余杭区校区战略合作平台，借鉴斯坦福—硅谷模式，打造“学术—工业综合体”。鼓励本土大学生自主创新，设立大学生创业基地和创新基金，以财政支助、股份合作的形式支持学生创业。

三是健全产业发展大支撑。作为目前杭州地租市场“洼地”的余杭区，在未来几年，城市化的快速发展以及与主城区的无缝对接可能会带来诸如高房价/高地价、更长交通时间、生活质量降低等“集聚不经济”现象，并由此引发人才外流、中介等配套服务成本过高等现象①。因此需要政府在为引进产业提供各类优惠政策的同时，发挥好宏观调控职能，控制地租房价的非理性增长，着力培育健全的中介、就业培训等配套服务性市场，加快人才房、保障房的建设进度；优先发展文化创意、现代物流、电子商务等生产性服务业。

(3)政府主导，做好社会建设文章

近几年城市化率和非农人口数量的急剧增长对城市社会建设和民生事业产生较大的压力，提出了更高要求。

一是建构“余杭精神”。以文化体制改革为契机，结合“全力攻坚三大重任，共创和谐幸福新余杭”宣传实践活动和“我们的价值观”大讨论活动，引导社会建构以良渚文化、运河文化为核心的新时代“余杭精神”，重点引导、培养开拓创新、敢于进取、鼓励尝试、容许失败的社会氛围②。推进良渚遗址申遗工作，打响“余杭良渚”品牌，建立健全含考古发掘、人文研究、文创产品生产、市场推广在内的产学研综合体系。把握系统工程思维，健全文化建构社会配套机制，以大文化的理念统筹推进产城融合、法治建设、人才培养等工作的深入开展，潜移默化地改变余杭人小富即安、缺乏敢创敢冒精神的性格弊端。

二是创新社会管理。综合考虑目前社会管理的承受能力和即将到来的人口集聚环境，从“稳控为主”向“服务为先、治本为先”转型，鼓励社会管理服务的公民参与，定期提炼各地成熟的社会管理经验，提升余杭的法治水

---

① 目前国内的中关村等一些高新产业基地已暴露出“集聚不经济”症状，高昂的生产生活成本和不健全的配套服务网络，造成众多中小企业外逃现象。

② 如为了鼓励社会敢于创新，鄞州特别规定对于特别紧缺和急需的创业项目，如果引进人才首次创业，在三年内失败，但还想再次创业，将由相关部门和有关专家帮助创业者总结教训，分析失败原因，进行进一步评估，确实具备再扶持价值的，将给予不等额度的二次资助。

平。强化社会协同管理，根据各地实际情况完善党的建设、综治工作、便民服务等平台，避免出现“一刀切”局面[①]。在城乡统筹发展大局下解决土地征用、拆迁安置、历史违章建筑等相关问题，充分考虑到拆迁户特别是需整体搬迁的村、社区长远利益，在乔司商贸城等产业新城建设的过程中，同步考虑新居民未来集聚区规划、建设、服务配套工程。

三是推进民生事业。多渠道增加群众实际收入，实现区域综合竞争力提升和人民生活水平提升的双重目标。完善公共服务体系，推进教育卫生事业改革发展和城乡居民社会保障体系建设。创新自主创业扶持机制，加快技能培训项目、公益性岗位开发建设。健全人才引进机制，吸引更多高素质的、有技术专长的外来人才加入到余杭区域发展大潮中来，实现“新余杭人”培育与城乡统筹发展互进。提升环境质量和生活品质，进一步转变经济发展方式，推行清洁生产，发展循环经济，自觉地以生态文明理念谋划发展、推进工作，努力打造生态和谐宜居家园。

① 余杭各地区经济发展不平衡，外来人口集聚情况不同，社会管理工作环境不同。如仅乔司胜稼村、三角村等外来人口数是本村户籍人口的十余倍，是西部几个中心集镇户籍人口数的总和。

# 县域基本现代化的指标体系构建及余杭提前实现基本现代化战略研究

**内容提要** 实现现代化既是中国百年发展战略，又是中国梦的核心内容，也是各族人民的共同心愿。作为改革开放前沿的余杭区和浙江省较为发达的区县，经过 30 多年的高速发展，已经具备提前实现现代化的基础。本课题围绕余杭区委中心工作，建构余杭区提前实现现代化指标体系，以充分解读余杭区现代化建设现状，为全区提前实现基本现代化提供智力支撑。

**关键词** 县域；基本现代化；指标体系

实现现代化既是中国百年发展战略，又是中国梦的核心内容，也是各族人民的共同心愿。根据国内胡鞍钢等人的预测，除人均寿命等个别指标外，中国将在 2030 年前后全面超越美国，迈向共同富裕[①]。2009 年，浙江省政府提出 2020 年在全国提前基本实现现代化。作为改革开放前沿的余杭区和浙江省较为发达的区县，经过 30 多年的高速发展，已经具备提前实现现代化的基础，余杭区委区政府也在 2012 年提出提前基本实现现代化的具体目标。

本课题组借鉴相关科研机构、地方的理论实践成果，围绕余杭区委中心工作，建构余杭区提前实现现代化指标体系，以充分解读余杭区现代化建设

---

【作者简介】占张明，杭州市委党校余杭区分校校长；单凯，杭州市委党校余杭区分校办公室主任，讲师；薛李林，杭州市委党校余杭区分校主任科员，高级讲师。

① 胡鞍钢. 2030 中国迈向共同富裕[M]. 北京：中国人民大学出版社，2011.

现状，为全区提前实现基本现代化提供智力支撑。

## 一、基本实现现代化指标体系的理论建构

### 1. 现代化理论及现代化指标体系理论综述

现代化理论研究丰富，学术界将现代化研究分为结构功能、过程、行为、实证、综合、未来等六大学派。而对现代化概念的分析不是本文研究的重点，本文采纳现代化的概念是：现代化是指人类社会从工业革命以来所经历的一场涉及社会生活诸领域的深刻的变革过程，这一过程以某些既定特征的出现作为完结的标志，表明社会实现了由传统向现代的转变。

对现代化指标体系进行构建，有利于寻找自身发展的优势和不足点，指导当地社会经济发展。清华大学国情研究中心、南京大学等科研机构，对此进行了理论探索，浙江省、江苏省等地则开展了多年的实践探索。

现代化指标体系一般分为两类：一是单项指标体系，如城市现代化指标体系、教育现代化指标体系等；二是综合指标体系，如全国、某省现代化指标体系。本文将重点分析第二类指标体系。2011 年，昆山发布率先基本实现现代化的指标体系，成为我国县级市中首家发布基本现代化指标体系的城市，绍兴、诸暨等地也分别在 2012 年出台了当地的现代化指标体系。综合分析现有的现代化指标体系发现，对现代化指标体系的构建和发展过程体现出对现代化本身的认识过程。这个过程主要呈现四类特点：

一是指标体系逐步完善。在 2000 年前后制定的一些指标体系中二级指标数在 15 个左右，人均 GDP、第三产业增加值占 GDP 比重、城市化水平、教育科技投入等是重要的参考数据。随着社会的发展，涉及贫富差距、城乡差距、生态建设等的指标得到了更多的重视，包含人的现代化指标在内的涉足经济、政治、文化、生态等的指标体系得到更多认可，二级(含三级)指标数一般在 25 个左右。如胡鞍钢(2012 年)结合党的十七大报告提出的 2020 年全面建设小康社会新要求和“十二五”规划目标，设计 4 大类 25 个国家最优先发展指标，突出政府职能的重大变化和转型，反映了政府强化公共服务的责任[①]。2012 年年初，江苏省制定出台了《江苏基本实现现代化的目标内涵和指标体系(试行)》的通知。该指标体系分为经济发展、人民生

---

① 胡鞍钢. 2020 中国全面建成小康社会[M]. 北京：清华大学出版社，2012：85－87.

活、社会发展、生态环境 4 类 30 项。通知提出江苏在 2020 年全省总体上达到世界中等发达国家水平，在全国率先基本实现现代化①。

二是指标体系各有侧重。宋林飞（2012 年）提出今后我国应更加注重现代化的全面协调推进，把实现人的全面发展作为现代化的核心任务②。常州在现代化指标体系中加入了“人民群众对基本现代化建设成果满意度”——“一票否决权”指标，反映人民群众对基本现代化建设成果的认可程度。之后该指标也为江苏省现代化体表体系所采用。绍兴县现代化指标体系则对浙江省内各区县现代化水平做了排名，其中余杭区的现代化水平在全省各区县（主城区除外）中综合排名第四③。诸暨市基本现代化指标体系在政治、经济、文化、社会、生态现代化基础上，单列出城乡现代化一类指标，以突出城乡“一盘棋”，整体布局，共同发展，共同富裕④。

三是目标设定问题突出。在现代化指标体系探索的初期，背离“社会主义初级阶段”的国情、对历史数据的路径依赖以及对未来发展的过度乐观导致一些现代化指标体系后期被放弃或得到修正。如浙江省统计局在 2002 年提出的浙江省县域（到 2010 年）基本实现现代化评价指标体系中，3000 美元的人均 GDP 等指标设置过低，而电话普及率的设置没有充分预见到移动电话的普及速度。深圳市在 2000 年提出 2005 年率先基本实现现代化。到了 2003 年年底，他们发现 42 项现代化指标中有 23 项难以如期完成⑤。对基尼系数预测的偏差则在多个指标体系中出现。

四是指标权重属性争议。在各类现代化指标体系中，为二级、三级指标分类设定权重，计算现代化指数是常用做法，但指标权重大小争议激烈。如服务业增加值占 GDP 比重一项，在诸暨率先实现现代化指标体系中为二级指标，权重为 5%；常州现代化指标体系则将其列入三级指标，其所在二级指标产业发展水平总权重为 3.5%；浙江省（到 2020 年）基本实现现代化平价指标体系中，该项权重为 7%。胡鞍钢等学者放弃权重计算，将指标分为

---

① 全国首个现代化指标体系瞄准 2020 年[J]. 领导决策信息，2012(17).

② 宋林分. 我国际本实现现代化指标体系与评估[J]. 南京社会科学，2012(1).

③ 高波，李华等. 绍兴县现代化指标体系构建、测评及思考[J]. 嘉兴学院学报，2013(5).

④ 王辉. 县市率先基本现代化指标体系的构建研究——以浙江省诸暨市为例[J]. 当代社会视野，2012(10).

⑤ 沈者寿. 我们不要“被现代化”[J]. 杭州，2010(4).

约束性和预期性两类属性。其中预期性指标是国家期望的发展目标，主要依靠市场主体的自主行为实现；约束性指标是在预期性基础上进一步强化政府责任的指标，政府要通过合理配置公共资源和有效运用行政力量，确保实现[①]。临安市统计局则在2007年提出了主观指标，以随机问卷调查数据为参数，人民群众对环境保护的满意度、市民安全感是其中的选项[②]。

**2. 县域基本实现现代化指标体系构建——以余杭区为例**

前人的探索为余杭区县域现代化指标体系的构建提供了基础和建设思路。其中所暴露出的则提供了宝贵的实践教训。县域基本实现现代化指标体系的构建既要遵循现代化指标体系建设共性原则，又要能突出反映县域现代化建设的特点，充分评估建设潜能。指标体系构建工作主要围绕四条原则展开：

一是全局性与县域性结合。体系以党的十八大精神为指导，围绕政治、经济、文化、社会、生态“五位一体”建设要求来构建。因此，本课题提出的基本实现现代化指标体系由经济现代化、社会治理现代化、生态现代化和人的现代化四类共25项核心指标组成，以较为全面并突出重点地反映余杭区基本实现现代化的内容。在基本实现现代化的过程中，经济现代化反映出地方在推进经济结构转型升级上、实现产城融合上所做的努力，经济增长、城市化率是重要指标；社会治理现代化反映出地方在缩小贫富差距、增进公共福利上所做的工作，推进城乡一体化、改进外来人口服务等方面是重要的参考内容；生态现代化反映出地方在产城融合过程中对生态文明建设的更加重视，在排污、能源消耗方面，生活与生产同样重要；人的现代化反映出现代化的真正内涵，即追求人的真正解放，人类发展指数是重要参考依据。

二是核心指标和辅助指标结合。体系所包含的25项指标皆为反映县域现代化发展和余杭区提前实现基本现代化的核心指标，以突出指标客观性、科学性、有效性的特点。而在随后的指标体系分析中，辅之以辅助性指标，如“失业率”、“年末耕地面积”等，这类指标仅能反映出现代化建设成果的一个侧面，但对于保障提前基本实现现代化又至关重要。

---

① 胡鞍钢. 2020中国全面建成小康社会[M]. 北京：清华大学出版社，2012：87.

② 临安市统计局. 构建杭州西郊现代化生态市、打造品质临安的综合评价指标体系研究[J]. 统计科学与实践，2008(11).

三是比较性和时效性结合。指标体系既体现余杭的历史和未来比较，又积极参考有关研究成果，及萧山、鄞州、诸暨、绍兴等区县的现代化指标。其中2015年数据以余杭区"十二五"规划设定数据为基础，并根据发展实际做出部分修正。指标体系时间段以当前"三年行动"计划和区委十三届三次会议上提出的到2018年实现"四个高于"和"四个翻番"要求为指导，选取2012、2015、2018、2020四个时间段来分析。2018年数据以余杭区区委十三届三次会议目标值为基础。2020年数据选定以《党的十八大报告》等文件精神为指导，以《2020中国全面建成小康社会》、《浙江省基本实现现代化评价指标体系(2010年、2020年)》、《江苏省基本实现现代化指标体系》等研究报告为参考。各时期数据同期参考比较昆山、诸暨、萧山、鄞州、绍兴等地现代化发展指标。

四是预期性与约束性结合。参考中国经济社会发展的主要指标(2010—2020)指标，在各类现代化类中，均以约束性指标为主，预期性指标为辅，反映出提前实现基本现代化的重点区域以及政府职能的重大变化和转型。预期性指标是余杭区期望的发展目标，主要依靠市场的决定性作用实现，政府主要承担好制度环境营造的功能。约束性指标进一步强化政府的公共服务职能，反映改善生态环境的紧迫性。

五是动态性与长远性结合。为了避免出现历史数据路径依赖等问题，影响政府科学决策参考，本指标体系坚持又好又快的发展原则，在预期性目标值设置上较为保守，充分考虑到随着经济发展经济增长率的逐步下降以及当前经济转型升级所带来的影响，突出现代化发展过程及指标数据的动态性，同时较为超前地反映出中长时期人们对现代化认识的不断深入。

## 二、基本实现现代化的指标体系

四类量化指标见表1。

表 1　基本实现现代化的四类量化指标

| 类别 | 序号 | 指　标 | 单位 | 2012 年实现值 | 2015 年目标值 | 2018 年目标值 | 2020 年目标值 | 属性 |
|---|---|---|---|---|---|---|---|---|
| 经济现代化 | 1 | GDP 增长率 | % | 10.1 | ≈[8] | ≈[7] | ≈[7] | 预期 |
| | 2 | 人均 GDP 增长率(常住人口) | % | 9.1 | >[9] | >[8] | >[7] | 约束 |
| | 3 | 第三产业占比 | % | 43.9 | 50 | 55 | 60 | 约束 |
| | 4 | 10 万人拥有发明专利数 | 件 | 28.2 | 33 | 40 | 45 | 预期 |
| | 5 | R&D 占 GDP 比重 | % | 1.76 | 2.5 | 3 | 3～3.5 | 约束 |
| | 6 | 高新产业产值占规模以上工业比重 | % | 35.2 | 40 | >40 | >40 | 预期 |
| | 7 | 耕地保有量 | 万亩 | 58.75 | 58.75 | 58.75 | 58.75 | 约束 |
| 社会治理现代化 | 8 | 城镇化率差距(常住人口－户籍人口)① | % | ≈9 | ≈7 | ≈7 | ≈5 | 约束 |
| | 9 | 城镇居民恩格尔系数/城镇人口占比(户籍人口) | % | 35.7/55.4 | 33/60 | <30/65 | <30/68 | 约束/预期 |
| | 10 | 农村居民恩格尔系数/农村人口占比(户籍人口) | % | 33.3/44.6 | 32/40 | <30/25 | <30/25 | 约束/预期 |
| | 11 | 城镇居民收入/农村居民收入 | % | 36464/24261＝1.8 | ≈47221/31418＝1.5 | ≈59484/39577＝1.5 | ≈68103/45311＝1.5 | 约束 |
| | 12 | 基尼系数 | | — | ≈4 | ≈4 | <4 | 预期 |
| | 13 | 社会保险覆盖率 | % | 99.7 | 100 | 100 | 100 | 约束 |
| 生态现代化 | 14 | 节能环保投资占 GDP 比重 | % | 0.2 | 0.5 | 1 | 1.5 | 约束 |
| | 15 | 生活垃圾无害化处理率 | % | 91.6 | 95 | 100 | 100 | 预期 |
| | 16 | 万元单位 GDP 能耗下降率 | % | －6 | －6 | －5 | －5 | 约束 |
| | 17 | 主要污染物化学需氧量下降率 | % | －6.5 | －6.5 | －6.5 | －6.5 | 约束 |
| | 18 | 年均空气质量指数 | | — | <100 | <100 | <100 | 约束 |
| | 19 | 污水处理率 | % | 59.7 | 70 | 80 | 85 | 约束 |

① 因我区城镇化率(户籍人口 55.4%，常住人口约为 64%)测算已超过基本现代化 55%的水平。因此，此处以常住人口城镇化率与户籍人口城镇化率之差为研究数据，以为我区户籍制度改革提供数据支撑。

续表

| 类别 | 序号 | 指　标 | 单位 | 2012 年实现值 | 2015 年目标值 | 2018 年目标值 | 2020 年目标值 | 属性 |
|---|---|---|---|---|---|---|---|---|
| 人的现代化 | 20 | 每千人医生数 | 人 | 2.3 | 2.6 | 3 | 3.2 | 预期 |
| | 21 | 人口平均预测寿命 | 岁 | ≈80 | 81 | 82 | 83 | 预期 |
| | 22 | 教育投入占 GDP 比重 | % | 2.47 | 3 | 3.5 | 4 | 约束 |
| | 23 | 平均学校教育年限 | 年 | ≈11 | ≈12 | ≈14 | ≈16 | 约束 |
| | 24 | 预期学校教育年限 | 年 | ≈13 | ≈14 | ≈16 | ≈18 | 约束 |
| | 25 | 人类发展指数 | 1 | >0.77 | >0.82 | >0.87 | >0.88 | 预期 |

注：(1)加“[ ]”表示为年平均值；

(2)2012 年城乡发展指数由浙江省发改委、省统计局计算所得。平均学校教育年限和预期学校教育年限参考余杭区“十二五”教育规划数据。

(3)人类发展指数由预期寿命指数、平均学校教育年限指数、预期学校教育年限指数、人均国民收入(购买力平价)等数据计算所得。一般认为人类发展指数达到 0.85 左右为进入发达国家行列。因数据收集原因，此处计算余杭区 2012 年人类发展指数中的人均国民收入以人均 GDP 替代。计算 2012 年余杭区预期寿命指数为 0.95，教育指数为 0.74，人均生产总值指数为 0.65，则人类发展指数计算所得为 0.77。

根据四方面数据核算，结合区域发展情况，目前余杭区基本实现现代化建设呈现出四个特征：

### 1. 经济发展比较乐观，科技投入仍需加强

根据指标体系测算所得，余杭区 2018 年实现“四个翻一番”比较乐观。随着近年产业结构的进一步优化，其中 GDP 年均增长 7%～8%，实现 2018 年比 2010 年翻一番(达到 1258 亿)预计能够提前实现(尽管根据我区“十二五”规划设定的在 2015 年实现 1200 亿目标难以按期实现，需年均 GDP 增长率为 13%)。人均 GDP(户籍)增长速度(9.9%，2012)大于人均 GDP(常住人口)的增长速度(9.1%，2012)，预计两个数据将继续呈现稳定上升趋势，户籍制度改革将进一步缩小两者差距。但同时，人均收入远低于人均 GDP(在发达国家，一般居民实际收入为人均 GDP 的 55%以上)，这一方面反映出初次分配上存在的问题，另一方面也反映出目前余杭外来人口较多的现实。

第三产业比重逐年增加，在城市化的推动下预计 2015 年超过 50%，产业结构进一步优化。高新技术企业行业产值总量小于萧山、鄞州等地，但占规模以上工业产值比重高于其他两地；增长率(2012，15.2%)高于鄞州，略

低于萧山，反映我区工业结构调整卓有成效。但从全社会科技投入占 GDP 比重来看，连续多年落后于萧山(2012，2.3%)、鄞州(2012，2.57%)等地，相对较小的投入与目前余杭区全要素劳动生产率较低(根据市统计局测算，2013 年 1—9 月浙江省区县工业"十七强"全员劳动生产率余杭区仅为 9.5 万元/人，位列第 12 位)、10 万人拥有发明专利数较少现象相关(仅占杭州市 2012 年发明专利授予量的 4.9%)，"四换三名"工作任重道远。此外，近 20 年年末耕地面积受产业城市发展影响以平均 1%的速度下降，达到要求的耕地保有量缺口较大。这不仅对未来粮食保障、城市产业发展产生深远影响，同时由于稻田等面积的大幅减少和硬化地面的增加，对今后生态建设提出了更高要求。

**2. 社会治理成绩喜人，城乡统筹仍需加强**

城乡收入比约为 1.8 以及农民的恩格尔系数略低于城镇居民恩格尔系数反映出我区城乡一体化建设、缩小城乡收入差距上所做出的成绩。居民可支配收入和农民人均收入根据过去几年的增长速度测算，保持居民可支配收入年均增长、农民人均收入年均增长均略大于或等于 GDP 增长率，能够在 2018 年实现翻一番的目标。此外，农民人均收入年均增长若能保持快于居民可支配收入年增长率，那么预测在 2015 年能实现翻一番以及城乡收入比 1.5 的目标(基本达到发达国家水平)。另一方面，从过去 20 余年的历史数据及与其他区县数据对比分析，城乡收入差距与萧山、鄞州相比在 20 世纪 90 年代后期明显拉开差距，这从另一个侧面反映出全员劳动生产率较低的现实。

根据发达国家、其他地区的历史经验，预测未来几年恩格尔系数会出现上下波动，这是随着人民收入提高而带来食品类消费质量的提高；但恩格尔系数最终会因人民收入的进一步提高而下降到 30%以下。社会保险覆盖率以及失业率(2012，2.88%)目前基本达到基本实现现代化的水平，但未来可能会受到户籍制度改革的较大冲击。基层党组织覆盖率(含非公企业)达到 100%，基层综治网和基层党建网实现"两网合一"为下一阶段余杭区党委政府领导社会治理工作打下坚实基础。

尽管城乡一体化指数较高，已进入城乡全面融合阶段[①]，但与 GDP 总

① 浙江省发改局. 浙江省 2012 年统筹城乡发展水平评价报告[R]. 2012.

量占杭州市10.7%、总人口(户籍)占比10.1%,对外来人口的消化在20%等方面相比,余杭区的文体设施、公共汽车营运车数量、社会福利院床位数等却不及杭州市总量的10%,这说明余杭区在缩小本区城乡公共福利差距并对杭州市经济做出较大贡献的同时,与主城区相比当地群众仍然享受较低的公共福利。因城乡发展不均衡导致公共服务不平等也将影响到人的现代化的实现。

### 3. 生态建设有所行动,绿色发展仍需加强

前期的生态破坏将是长期性的,治理的效果同样需要较长一段时期才能显现。尽管近十余年来余杭区森林覆盖率稳定在37%以上,中心城区绿化面积逐年增长,万元GDP能耗以及主要污染物需氧量指标得到了更多的重视,但粗放型增长模式对生态环境的破坏已从酸雨发生率(2012,84.2%)、污水处理率、空气质量指数等指标显现出来(如自2013年12月10日杭州市公布空气质量指数以来,低于100仅有8天,余杭区情况更为严重);而在现有工艺基础上,万元GDP能耗下降空间压力将越来越大(这从2013年前10个月指标等数据上初现端倪),更大的技改投入以及深入的转型升级要求更为迫切。

生活垃圾无害处理率持续走高,但本区生活垃圾增长率(2012,13%)大于GDP增长率,远大于常住人口增长率(2012,1.7%),同时高于杭州市整体水平;此外生活排放化学需氧量下降缓慢(2012,-3.3%)等都反映出城镇化生活模式对当地生态的压力与日俱增。未来城市人口增长、主城区生活垃圾外溢、缺乏先进的垃圾处理手段是今后对余杭"五水共治"、"四边三化"等生态建设的重大考验;饮用水源地生态脆弱性、未来用水缺口等可能会影响到社会稳定;而从小区垃圾分类、雨污分流等方面反映出城市居民淡薄的环保意识需全面加强①。此外,目前所运用的监测数据尚不能完全有效地反映出生态建设的真实情况,缺乏对历史大数据的分析和预测是生态现代化建设的短板之一,除年末耕地面积等指标外,对平原地区次湿地等区

---

① 小区生活垃圾分类有名无实以及直接将生活污水倒入雨水管道是当前居民生活缺乏环保理念的直接证据。

块的城市建设负面影响需较长时间才能显现[①]。

#### 4. 以人为本深入落实，公共服务仍需加强

人类发展指数选取韩国作为参照系，原因有二：韩国面积、总人口、人均预期寿命与浙江相近；根据测算，预测 2020 年浙江省 GDP 和人均 GDP 将超过韩国（若按购买力平价计算，则超越年份将为更早）。2010 年浙江省人类发展指数为 0.744，韩国则为 0.877。作为浙江省内较为发达的余杭区，有关数据预测比全省数据提前 2 年左右实现。根据计算所得 2012 年余杭区人类发展指数大于 0.77。如欲在 2018—2020 年超过 0.88，在三项指标中，人均 GDP 需保持 8%～9%的年均增长速度，这与“四个翻一番”目标一致。

我国人均寿命稳步提高，已迈入发达国家水平行列，但未来群众健康易受气候等突发性环境变化以及生态破坏带来的疾病传播影响。尽管人均预期寿命因上升空间缩小对人类发展指数的贡献进一步降低，但目前余杭的区医院（社区卫生服务中心）（2012，30 个）占杭州市（含八区五县市）总数的 10.1%，全区医生总数仅为杭州市的 7.5%，千人执业（助理）医生数也低于杭州市平均数（2.5 人）和萧山的 2.67 人，同时缺乏三甲医院的现实反映出医疗卫生服务提升空间仍然较大。

教育指数至关重要，其贡献率取决于今后 6～8 年的公共教育投入水平。而从目前教育投入上来看，如 2012 年余杭区城镇居民人均教育文化娱乐消费占生活消费的 19.9%，农民占比为 8.6%（其中纯教育支出占教育文化娱乐消费的 44.3%），这不仅与发达国家有相当差距，同时横向比较也差于鄞州等地。这将影响到余杭区四个“高于”目标的实现情况和实现质量。另一方面，房租市场相比主城区的低廉以及地理优势，诱导外来务工人员选择居住余杭，工作在杭州。而对环绕主城区的地区，教育等公共民生的投入主要来自余杭当地财政，这更加刺激了余杭当地的土地财政。

### 三、余杭区提前基本实现现代化的对策及建议

过去 30 余年的改革开放，为余杭区深化改革奠定了发展基础与认知基

① 同样的问题也出现在其他城市的环境监测指标体系上，如绿色北京建设指标体系（2005—2015）、“森林重庆”发展目标（1996—2017）等。

础。《关于认真学习贯彻党的十八届三中全会精神全面深化改革的决定》标志着余杭区中长期发展顶层设计的形成。而在过去改革中出现的利益固化等问题，以及在未来的改革中将不断出现的新问题，仍需要敢于探索，“摸着石头过河”，群众的首创精神仍然是改革前进的根本动力。

### 1. 经济转型升级仍然是余杭区域发展的重心

基本实现现代化首先在于把蛋糕做得更大。做大蛋糕和分蛋糕都很重要，在目前形势下做大蛋糕更为紧迫①。GDP 考核淡化并不意味着“以经济建设为中心”国策的调整。“经济转型升级”的战略举措仍要坚持，并仍然是余杭区域长期发展的重点任务和推进区域深化改革的火车头。

一是坚持绿色发展统领，确保整体发展质量。建立余杭区域生态文明建设统筹下的产城融合发展机制，最大限度地减少当前城市建设高峰、企业转型时期对生态环境造成的负面影响。城市化发展所带来的最大环境挑战是人均资源消耗的增加，城市居民在交通、供热和制冷以及其他方面消费的能源比农村居民高得多②。紧紧抓住以治水为突破口倒逼产业转型升级的发展契机，推进产业结构进一步优化。随着城镇化的推进，在推进发展第三产业的同时，试点、铺开绿色小区、绿色楼宇建设，提倡节能环保的生活、消费模式，室内、室外空气质量超标问题同样应受到重视，城乡接合部环境污染问题不该忽视(特别是非点源性污染)。结合中长期因环境破坏导致疾病的病理学研究，开发更为科学的环境监测指标体系。划定本区生态保护红线，完善地区生态功能区生态补偿机制。在镇街综合考评体系中，加大生态文明建设考核分比重，对出现生态公共事件的当地实现“一把手”一票否决制。对黄湖、鸬鸟、百丈、径山等生态优良、经济相对不发达镇街，取消地区生产总值考核，提高产业准入门槛。

二是坚持政府简政放权，确保权力下放到位。随着改革深入，政府和市场的权界更加明晰，政企分开、政资分开将继续推进，中央对地方的公共服务职责权限下放力度将进一步加大。加强公共服务建设对保障余杭社会经济发展意义重大。推进服务型政府建设，加快四级便民服务体系建设，对能

---

① 习近平总书记在 12 月 3 日中央政治局集体学习中的谈话。

② 张庆丰，罗伯特克鲁克斯. 迈向环境可持续的未来——中华人民共和国国家环境分析[M]. 北京：中国财政经济出版社，2010.

下放给镇街、村(社区)的公共服务权限有序下放给基层,继续加大对基层公共服务的财政投入。而在当前市场仍不成熟的条件下,政府更要为形成公平正义的市场秩序保驾护航。对目前初见端倪的涉及社会公共服务的有失公正公平的市场行为,防止个别部门以“将市场行使的权力下放给市场”为由,变相不作为。引导中介机构健康发展,鼓励中介机构在法律框架内开展竞争,避免出现中介机构垄断行业侵害群众利益。

三是坚持教育科技创新,确保发展人才基础。35 年前,邓小平即提出科学与教育是现代化最重要的领域[①]。在进入到第三次工业革命时期,科学与教育更为关键。近几年,余杭区在以“千人计划”为代表的人才引进上走在前列,对本地人才特别是各领域领军人物培养上需更大投入。根据科技、教育各自 4%的 GDP 占比投入目标[②],制定、实施年度投资增长比例,并对职能部门进行投入产出绩效考核。继续营造“鼓励创新、宽容失败”的创新环境,改善融资条件,完善风险投资体制。对进入创新园区的科技小微企业,给予资金、免费行政审批代办等优惠。设立创新失败拯救机制,对发展前景良好、有利于余杭区产业体系结构优化的创新型中小企业进行二次拯救。按区块人口增长规划合理前置学校建设和教师引进。加快推进区内城乡教育均衡化发展,对义务教育公办学校交流轮岗的教师给予福利待遇及进修提拔上的侧重对待,加大高中阶段教育投入。继续引进高等院校[③],鼓励本区社区大学建设。

### 2. 城乡统筹发展是释放城镇化红利的关键举措

城镇化红利的释放是未来余杭经济社会发展的重要增长极。细化、落实十八届三中全会、城镇化中央工作会议中关于城镇化建设、城乡统筹发展规划将在各地陆续展开。余杭能否在新一轮城镇化红利中抓住先机,关键不仅在于城乡统筹发展,更在于量“容”而行。

一是坚持以人为核心的城镇化。坚持走中国特色的新型城镇化道路,推动以人为核心的城镇化已是社会共识。加快文教卫等涉及民生的公共服

---

① 傅高义著,冯克利译. 邓小平时代[M]. 上海:三联书店,2013:202.

② 根据余杭区 2018 年实现 GDP1258 亿元的目标,4%GDP 投入约为 50.3 亿。

③ 余杭区周边海宁、桐乡等地已引入浙江大学、浙江传媒学院等科研高校,这有利于优化当地人才环境,并对余杭区特别是临平副城地区的人才建设产生一定的负面效应。

务设施建设，鼓励社会投资，推进实现主副城区城乡一体化的水平。城镇空间规划注重传统“三大文化”与现代创新文化的结合，在尊重群众生活习惯的基础上因势利导，循循善诱，形成凸显地区亚文化特色的生活、生产、生态空间的合理结构。提高各级政府公共服务能力，在鼓励居民实现自我管理的同时，减少、优化当前各区级机关考核项目，以“路教”活动为契机进一步改进镇街工作方法，扭转目前村（社区）自治组织行政化趋势。总结外来务工人员服务工作经验，以户籍制度改革为统筹向公共服务一体化转变，营造“留得住人”的良好务工环境。在产城融合过程中，“千人计划”等高层次人才至关重要，低端服务人员同样不可或缺。以单纯的行政手段控制外来人口数量，并不能扭转市场在人才市场中的决定性作用。引导农民进城、控制外来人口数量、优化外来务工人员结构，首先在于科学的人口规划。以规划人口确认用地指标，并在土地财政仍然是未来几年余杭区域发展重要资金来源的条件下，尽量减小用地指标对土地财政的刺激。

二是坚持户籍改革循序渐进。中央提出创新人口管理，加快户籍制度改革，全面放开建制镇和小城市落户限制。考虑到各地实际，本课题判断具体落实时间表将由各地根据自身实际制定。余杭作为户籍改革大区（2012年本区户籍人口与外来人口在1∶1左右），在落户政策上要敢于探索。成立户籍改革领导小组，加快完成对人口落户成本测算工作（根据国务院发展研究中心等科研机构测算，城市人均落户成本为10万元左右），制定相应的社会保障政策。探索农村社保体系与城市社保体系无缝对接机制，试点农民自愿退出集体用地机制。将对有能力在城镇稳定就业和生活的常住人口有序实现市民化作为首要落户试点，同时积极争取中央、省、市的财政转移支付。鼓励外来人口从“睡在余杭”向“居住在余杭、工作在余杭、消费在余杭”转变，实现外来人口对本地促生产、拉动消费的作用，发挥出“城镇化红利”的最大效应。坚持保障房建设质量齐抓。

三是坚持城镇化与新农村建设协调推进。余杭地理位置特殊，除配合杭州大城市发展，还要充分评估中长期（10年以上）产城融合发展所需水、土、气等生态资源容量，制定副城区—小城市—中心城镇—新农村协调发展及产城融合发展规划。城镇化的发展并不意味着消灭农村，消除农村文明。新农村的农业建设以配套附近城区消费为主。鼓励通过土地流转发展家庭农场、专业大户等现代农业，发展多种形式规模经营，推进农民在农业企业产业链发展中向产业工人的转变。根据老龄化社会发展趋势，生态良好、有条件镇街积极发展养老养生产业。

### 3. 社会管理需及时向社会治理转变

改革的深入能够解决很多历史问题，但同时也会带来很多新问题。这些新情况、新问题常常表现出不同以往的本质特征，对党委、政府部门维护最广大人民根本利益提出了新的挑战。创新能有效预防和化解社会矛盾体制，增强社会发展活力，需及时由党委部门单一的社会管理模式向政府、社会各方力量多方治理模式转变。

一是坚持党委领导政府主导。区党委在余杭区深化改革中起着总揽全局、协调各方的领导核心作用。成立全面推进余杭区深化改革工作领导小组，顶层设计余杭发展战略和重点项目，由职能部门分别设置具体项目工作进程表。各级党委坚持在工作中开展群众路线教育实践活动，加强党风廉政建设，继续完善“创先争优”活动方式方法，优化“双报到”等活动考核模式，防止年底突击完成任务等形式主义作风。强化党员干部理论武装、党性教育、能力提升三位一体建设。推进干部能进能出、能下能上机制建设，认真选拔在深化改革过程中脚踏实地、敢于啃硬骨头的干部。创新基层党建工作，深入推进“两新”党建，积极发挥好“新余杭人”党员在全面深化改革中的先进模范作用。

二是加强社会治理科学决策。对基本实现现代化是一个探索的过程，更是一个发展的过程。充分研究余杭历史事件和发展历史数据，对 2000 年左右浙江省提出具体现代化战略以来的举措、存在的问题进行剖析，为全面改革奠定决策基础；同时注重实事求是，对未来影响余杭深入改革发展的各种因素进行充分评估，防止陷落到历史数据的路径依赖中（对历史数据的路径依赖导致深圳等多地未能按期实现现代化目标）。坚持和发展“枫桥经验”，创新地区民主协商模式，在涉及余杭重大发展事项上，更加全面地发挥好人大代表、政协委员、市民代表参政议政功能。

三是发挥群众力量共建家园。群众的首创精神是全面深化改革的根本动力，群众的热情参与是顺利推进全面深化改革的根本途径，群众的全面发展是人的现代化的根本目的。实现政府治理和社会自我调节、居民自治良性互动，鼓励社会组织在法律框架范围内自由发展。加大对公益类、科技类、社区服务类等社会组织的培育扶持和监督管理力度。深入推进网格化管理、社会化服务的综合管理模式，进一步加强社工队伍建设和管理，引导社区特别是以新的人口聚集区社区为突破口开展居民自我服务、自我管理，形成村委会、居委会、业委会、物业公司之间的良性互动。鼓励有条件的党政机关、社会各界开展文化礼堂建设，鼓励有条件的党政机关、社会各界开展文化礼堂建设，在发展新媒体的同时加强互联网监管，形成合法有序竞争环境，推动公共文化服务社会化发展。

# 县市率先基本现代化指标体系的构建研究[①]

## ——以浙江省诸暨市为例

**内容提要** 本文在对县市基本现代化的内涵特征解读的基础上，充分借鉴各地现代化指标体系的研究成果，结合地方发展实际，经过论证和筛选，构建了县市率先基本实现现代化的评价指标体系。该体系由经济现代化、城乡现代化、文化现代化、社会现代化、生态现代化和政治现代化六大类28项指标组成，并对指标权重设置与评价监测，特别是实现路径进行了阐释。

**关键词** 县市；基本现代化；指标体系；诸暨

加快县市现代化是贯彻中央"三步走"战略部署和建设"两富"现代化浙江的题中之意，是顺应人民群众过上更加美好生活新期待的内在要求。从现代化的本质内涵出发，科学研究构建县市率先基本现代化指标体系，以此引导激励和监测评价现代化进程，科学指导现代化实践，更为清晰地反映现代化建设绩效，对推动各地向率先基本实现现代化目标奋勇迈进具有重要的理论和实践意义。

## 一、县市基本现代化的内涵与特征

### 1. 基本内涵

县市基本现代化是根据国家和上级现代化战略决策部署，结合县市实

---

【作者简介】王辉，中共诸暨市委党校常务副校长。

① 本文发表于《当代社科视野》2012年第10期。

际，以现代工业、信息与技术革命和社会进步为动力，以知识、人才、制度、体制等创新为保障，以不断优化的经济结构和基础设施为依托，以人的全面发展为归宿，以物质文明、精神文明、政治文明、生态文明的不断提高为标志，推动经济、社会、政治、文化等各个领域及社会组织与社会行为发生深刻变革，从而实现从工业社会向现代信息社会转变。

**2.** 主要特征

（1）同质性

县市现代化是国家现代化的基础与缩影，没有县市现代化就不会有国家现代化。县市现代化蕴含融入国家现代化的共性内容，将政治发展、文化发展、生态发展、社会发展纳入现代化范畴，作为整体文明系统加以协调推进。经济现代化是县市现代化的中心，而农业农村现代化是县市现代化的重点与难点。

（2）区域性

县市现代化是在一定的空间范围、经济发展规模、人口规模的行政区域内，追赶竞争、达到和保持现代文明先进水平的过程。由于各地资源禀赋、主体功能、社会结构、发展水平存在较大差异，这种不平衡性导致县市现代化呈现多元化、多层次特点。

（3）渐进性

县市基本现代化是由全面小康向现代化迈进的承前启后的重要时期，"率先"、"基本"决定了其发展具有先行先试特点，是相对的、动态的、不断完善的，是由低向高不断跨越攀升的过程。

（4）制约性

县市现代化属于区域现代化的范畴，它既相对独立，又受国家现代化的制约，特别是在政治文明建设、宏观政策体制机制等方面只能在既定的框架体系范围内予以探索创新，带有明显的局限性。

（5）能动性

县市现代化固然受外部宏观环境与自身客观条件制约，但与其主观努力紧密相关。一个地方能否取得突破性发展，很大程度上取决于地方党委政府的执政理念、发展定位、战略举措、执政能力等要素，特别是能否凝心聚力，充分调动与激发全体民众创业创新的干劲与智慧。

## 二、率先基本实现现代化的指标体系

### 1. 构建指标体系的基本原则

（1）共性与个性相结合

现代化指标体系是现代化内涵的特征反映，因此要体现国际惯例，突出社会主义共同富裕的本质要求，反映社会主义初级阶段的国情特征，同时要坚持从实际出发，彰显区域的个性特点，力求普遍性和特殊性相统一，使单个指标尽可能做到设定口径、范围与国际、国内通用指标相一致，使相关数据不仅可以进行区内的纵向比较，还可以在国际、国内范围进行横向比较。

（2）现实性与前瞻性相结合

指标体系设计应体现发展的眼光和超前的思维，既考虑“率先”的客观条件和现实可能性，又考虑终极目标、发展潜力和主观能动性，充分体现市情实际、发展走向，防止急于求成、盲目攀比、照搬照抄。

（3）代表性与可操作性相结合

构建现代化指标体系就是要把复杂的经济社会发展现象变为可度量、计算、比较、评价的数字数据，为决策提供科学依据。因此，指标体系的设计要力求简洁明了，必须合理正确地选择有代表性、可比性、独立性、信息量大的指标；尽量利用和开发统计部门现有资料，使数据容易取得；计算方法力求简便易行。

（4）导向性和针对性相结合

科学确定指标体系和评价方法，突出支撑性指标、突出重点工作和难点任务、突出社会发展特别是人的现代化，力求各项指标和权重能够从不同层次上全面反映经济、社会和人的发展水平、结构、素质以及相互之间的协调性，从而有效引导和激励各地、各部门自觉践行科学发展观，积极探索现代化新路径。

### 2. 率先基本实现现代化指标体系的框架内容及衡量标准

根据现代化的含义与本质，充分考虑信息化时代的特征，以及国家和其他省市现代化指标体系的构建思路，结合诸暨的地方实际和发展潜力，我们从经济现代化、城乡现代化、文化现代化、社会现代化、生态现代化和政治现代化等六个方面遴选了 28 个指标作为反映诸暨基本实现现代化进程的评价指标(见表1)。评价体系中突出了经济转型、社会和谐、民生保障的监测评价,强调了现代化的本质是实现人与社会、自然的和谐相处。

**表1 诸暨率先基本现代化指标体系**

| 类别 | 序号 | 指标 | | 单位 | 2011年实现值 | 2016年目标值 | 浙江省标准值(2020年) | 权重% | |
|---|---|---|---|---|---|---|---|---|---|
| 经济现代化 | 1 | 人均GDP | | 美元 | 10694 | 20000 | 20000 | 5 | 23 |
| | 2 | 服务业增加值占GDP比重 | | % | 36.1 | ≥43 | 50 | 5 | |
| | 3 | 新兴产业产值占规模以上工业产值比重 | | % | 25 | 50 | 30* | 5 | |
| | 4 | 高新技术产业增加值占规模以上工业产值比重 | | % | 9.9 | >20 | 45* | | |
| | 5 | 现代农业发展水平 | | % | | 90 | 90* | | |
| | 6 | R&D经费支出占GDP比重 | | % | 2.05 | 3.0 | 3.0 | 2.5 | |
| 城乡现代化 | 7 | 城镇化水平 | | % | 61.9 | 70 | 70 | 7 | 20 |
| | 8 | 新村创建率 | | % | 60 | 100 | | 3 | |
| | 9 | 居民收入水平 | 城镇居民人均可支配收入 | 元 | 35697 | 70000 | 55000* | 3 | |
| | | | 农村居民人均纯收入 | 元 | 17060 | 35000 | 23000* | 3 | |
| | 10 | 居民住房水平 | 城镇居民人均住房建筑面积 | $m^2$ | 36.6 | 38 | 35* | 1 | |
| | | | 农村居民人均住房建筑面积 | $m^2$ | 70.1 | 72 | 50* | 1 | |
| | 11 | 公共交通服务水平 | 公共交通出行分担率 | % | 8 | 25 | 26* | 1 | |
| | | | 镇村公交开通率 | % | 100 | 100 | 100* | 1 | |
| 文化现代化 | 12 | 公共文明综合指数 | | 分 | 73.64 | >80 | | 3.5 | 15 |
| | 13 | 文化产业增加值占GDP比重 | | % | | >6 | 6* | 3.5 | |
| | 14 | 每万人拥有人才数 | | 人 | 1671 | 2000 | 1500* | 3 | |
| | 15 | 互联网普及率 | | % | 72.12 | 80 | | 2 | |
| | 16 | 每万人拥有公共文化体育设施面积 | | $m^2$ | | 28000 | 28000* | 3 | |

续表

| 类别 | 序号 | 指标 | | 单位 | 2011 年实现值 | 2016 年目标值 | 浙江省标准值（2020 年） | 权重% | |
|---|---|---|---|---|---|---|---|---|---|
| 社会现代化 | 17 | 基本社会保障水平 | 城乡基本养老保险覆盖率 | % | | 28000 | 28000* | 3 | 0 |
| | | | 城乡基本医疗保险覆盖率 | % | | 98 | 98* | 2 | |
| | | | 失业保险覆盖率 | % | | 95 | 98* | 1 | |
| | | | 每千名老人拥有机构养老床位数 | 23.89 | 30 | 30* | 1 | | |
| | 18 | 每千人拥有医生数 | | 人 | 2.25 | 3 | 3 | | |
| | 19 | 人均预期寿命 | | 岁 | 78 | ＞78 | 78* | 2 | |
| | 20 | 平安县市创建 | | % | 85 | 95 | | 6 | |
| | 21 | 基尼系数 | | | 03416 | 0.30 | ＜0.4* | 2 | |
| | 22 | 恩格尔系数 | | % | 31.30 | 28 | 35* | 2 | |
| 生态现代化 | 23 | 环境质量综合指数 | | %90 | 85 | 2 | | | 15 |
| | 24 | 单位 GDP 能耗 | | 吨标煤/万元 | 0.6932 | ＜0.50 | ＜0.50 | 2 | |
| | 25 | 主要污染物排放强度 | 单位化学需氧量排放强度 | 千克/万元 | 1.36 | ＜1.5 | ＜2.0 | 3 | |
| | | | 单位二氧化硫排放强度 | 千克/万元 | 1.11 | ＜1.1 | ＜1.2 | 3 | |
| | 26 | 绿化水平 | 城镇绿化覆盖率 | % | 42.5 | 45 | 40 | 2 | |
| | | | 森林覆盖率 | % | 59.3 | 60 | 23* | 2 | |
| 政治现代化 | 27 | 基层自治组织依法自治达标率 | | % | | 100 | 100* | 3 | 7 |
| | 28 | 党风廉政建设满意度 | | % | 87.7 | 95 | | 4 | |

说明：

1. * 数据来自浙江省“十二五”规划或江苏省等地区。

2. 指标体系中涉及价格变化的指标均为当年现价（若以美元计价按当年平均汇率折算）；涉及人均的指标按常住人口计算。

（1）经济现代化

经济现代化不仅是现代化的重要内容，而且是现代化的基础和动力。

没有经济的现代化,就没有全面的现代化。经济现代化主要包括经济发展水平、经济发展质量、产业结构、科技贡献率、科技创新能力等指标。1)人均GDP。这是目前国际上通用的反映经济发展水平的一个综合性指标,也是反映现代化进程的核心指标。2)服务业增加值占GDP比重。该项指标是反映产业结构优化的重要指标。3)新兴产业产值占规模以上工业产值比重。该项指标反映新能源、新材料、高端装备制造、生物医药、电子信息、海洋经济等产业产值占规模以上工业产值的比重。4)高新技术产业增加值占规模以上工业产值比重。该项指标反映产业竞争力水平,是指高新技术产业企业产值与规模以上工业产值之比。5)现代农业发展水平。该项指标反映农业现代化程度,从农业产出效益、科技进步、产业经营、设施装备、生态环境、支持保障等方面加以综合核算。6)R&D经费支出占GDP比重。该项指标反映科技投入强度,体现科技创新能力和科技发展水平。

(2)城乡现代化

率先基本实现现代化,最艰巨、最繁重的任务在农村,最广泛最深厚的基础也在农村,没有农业农村的现代化,就没有全市的现代化。必须城乡"一盘棋",整体布局,共同发展,共同富裕。城乡现代化主要包括城镇化水平、新村创建、城乡统筹、收入状况等指标。1)城镇化水平。该项指标既反映工业化水平,也反映经济社会结构。2)新村创建率。该项指标反映农村生活环境的改善程度,以"打造富裕农村、建设美丽乡村"为目标,从硬化、净化、绿化、美化、亮化农村面貌和保障农民基本生活需求等方面监测新农村建设状况。3)居民收入水平。该项指标反映居民的富裕程度,包括城镇居民人均可支配收入和农村居民人均纯收入2个子项。4)居民住房水平。该项指标反映居民生活质量,包括城镇居民人均住房建筑面积和农村居民人均建筑面积。5)公共交通服务水平。该项指标反映城乡居民出行的便利程度,包括公共交通出行分担率和镇村公交开通率。

(3)文化现代化

文化现代化是对人的知识的现代化,是人的生存和发展境遇的现代化,是人的理想价值意义系统不断更新和重建的过程。因此,文化现代化为整个现代化进程提供了强大的精神动力和智力支持。文化现代化主要包括精神文明、教育、文化、体育、人才支撑等指标。1)公共文明综合指数。该项指标是反映市民文明素质发展状况、市民文明素质发展水平和群众性精神文明创建工作成效,包括城市公共环境、公共秩序、人际交往、公益行动等子项目内容。2)文化产业增加值占 GDP 比重。该项指标反映文化产业发展水平和社会文化繁荣程度。3)每万人拥有人才数。该项指标反映一个地区人才数量,每万常住人口中包括中专以上学历或者初级以上职称的人数。4)互联网普及率。该项指标反映社会信息化程度。5)每万人拥有公共文化体育设施面积。该项指标反映公共文化体育事业发展水平。

(4)社会现代化

社会现代化是现代化的一个重要组成部分和重要领域。要在重视经济现代化的同时,加快推进社会各项事业的发展,实现社会全面进步,提升人民群众的幸福指数。社会现代化主要包括社会保障、公共服务、社会公平、社会事业和社会和谐等方面的指标。1)基本社会保障。该项指标反映民生保障改善程度,包括城乡基本养老保险覆盖率、城乡基本医疗保险覆盖率、失业保险覆盖率、每千名老人拥有机构养老床位数等方面。2)每千人拥有医生数。该项指标反映医疗卫生保健水平。3)人均预期寿命。该项指标是反映市民健康素质和医疗卫生服务水平的综合性指标。4)"平安县市"创建。该项指标反映社会管理综合治理和法治建设水平。5)基尼系数。该项指标反映收入分配公平程度。6)恩格尔系数。该项指标反映居民消费水平和结构。

(5)生态现代化

良好的生态环境是现代化的基本要求。要在全社会牢固树立生态文明理念,突出解决制约发展的资源环境问题,坚持经济发展与环境保护相统一,实现人与自然和谐共存。生态现代化主要包括资源节约和环境友好等方面指标。1)环境质量综合指数。该项指标综合反映地区环境质量优劣程度,同时体现了可持续发展能力。2)单位 GDP 能耗。该项指标反映节能降耗状况和能源利用效率。3)主要污染物排放强度。该项指标反映主要污染物综合减排水平,直接反映生存环境和生活质量。包括单位化学需氧量排放强度、单位二氧化硫排放强度等方面。4)绿化水平。该项指标反映城乡生态环境建设水平,包括城镇绿化覆盖率和森林覆盖率。

(6)政治现代化

政治现代化是率先基本实现现代化的必然选择、重要途径和根本保证。在政治发展和政府创新滞后于经济社会发展的背景下,地方党政角色定位及其管理方式能否实现现代转型,直接决定着社会结构转型及经济转型能否顺利推进。政治现代化主要包括公众政治参与度、政府公信力、廉政建设等指标。1)基层自治组织依法自治达标率。该项指标反映基层民主政治建设水平。2)党风廉政建设满意度。该项指标反映党风廉政建设和反腐败斗争的成效。

### 3. 指标体系权重确定与评价监测

(1)权重确定

各指标的权重采用经验借鉴和层次分析相结合的方法加以确定。一方面参考国家相关部门一些发达省份对各指标权重设定的数据,另一方面用层次分析法对参考的数据进行对比分析,在考虑各指标对基本实现现代化的重要程度排序的基础上,确定了各指标的权重。

(2)评价分析

现代化的"总体实现程度",即指标值的具体核算可以分为三步:第一步,计算每一个指标的实现程度,即该指标的实现值除以该指标的目标值;第二步,计算每一个指标的得分值,即该指标的实现程度乘以该指标的权重;第三步,计算现代化指标值,也就是区域现代化实现程度,即把每一个指标的得分值加总 $F = \sum_{i=1}^{n} \frac{x_i}{\overline{x}} \times W_i$。其中:$x_i$ 为每个指标的实现值;$\overline{x}$ 为每个指标的目标值;$w_i$ 为每个指标的权重。综合得分达到 90 分以上、单项指标实现程度达到 80%以上、人民群众对现代化建设成果的满意度达到 70%以上,即为基本实现现代化。对同一区域"实现程度"进行不同年份的纵向比较,可以分析出区域现代化的进程快慢及绩效,进而可以测算出基本实现现代化的具体年限。加强区域间的横向比较,可以分析出各自的优势、劣势与不足,有利于找出现代化进程中存在的问题和薄弱环节,分析问题的原因,进而可以提出并采取有的放矢的对策举措。

(3)监测考核

本指标体系的监测,应由统计部门牵头负责,相关部门密切配合,形成具体的监测实施方案。根据形势发展需要,可对部分指标及目标值进行适度弹性调整,并形成规范的统计方法制度。每年第三季度,对上一年度全域基本实现现代化进程进行监测,监测结果经党委政府审定后发布。

## 三、率先基本实现现代化的战略举措

确保如期率先进入基本实现现代化行列,形成具有中国特色、区域特点的发展模式和实践样本，绝非易事，必须强化创先争优，强化目标导向，强化责任落实，特别是要强化科学统筹。

一是统筹“稳增长”与“促转型”的关系。既要直面当前经济下行、增长乏力的困境，全力确保企业健康、金融安全、经济稳健；又要放眼未来积极推进转型升级，加快构建现代产业体系，坚决防止与克服为“稳”废“转”、为“转”而“转”等认识误区，以高超的智慧、高明的举措、高涨的热情，锁定目标，克难攻坚，化危为机，赢得发展的持久主动。

二是统筹“新”与“旧”的关系。既要不失时机全面实施新兴产业“325”计划，加快新兴产业强势崛起，力争通过3年的努力，打造铜加工及新型材料、机电装备制造两大千亿级新兴产业集群，环保新能源、生物医药、电子信息、海洋经济、军工装备等5个百亿级产业集群；又要重视传统产业的改造提升，促进高端产业规模化、传统产业高端化，加快诸暨制造向诸暨创造跃进。

三是统筹“实”与“虚”的关系。既要进一步做大做强实体产业、实体企业、实体项目，以实施十大政府性投资项目、十大工业项目、十大服务业项目、十大农业项目、十大民生实事等“五个十大”重点项目建设为抓手，强势推进项目建设；把大企业作为抢占产业“话语权”和市场“主导权”、带动中小企业和全民创业的主引擎，实施技术升级、品牌升级、管理升级、规模升级“四项升级”工程，打造总部型、品牌型、上市型、高新型、产业联盟型“五型”企业；又要大力发展网络虚拟经济，争创电子商务示范城市，促进服务经济取得战略性突破。

四是统筹“城”与“乡”的关系。既要确立“最有力的抓手在城市化”的理念，积极实施新型城市化主导战略，经典规划，精致建设，精细管理，加速建设中心城区；又要大力培育新型城镇，扎实建设美丽乡村，以全域城市化为主导推动城乡一体化，不断增强发展的全面性、协调性、可持续性。

五是统筹“物”与“人”的关系。既要大力推进创新之城、生态之城建设，在加快转型中做大民生“蛋糕”，努力创造更加丰裕的物质财富，又要大力推进人文之城、和谐之城建设，努力创造更加丰富的精神财富，实现物的现代化与人的现代化的有机统一，切实增强人民群众的发展自豪感、生活幸福感、心灵归属感、社会认同感。

六是统筹“才”与“财”的关系。既要强化人才支撑，把人才作为强市之基、竞争之本、转型之要，不仅大力引进和培养，还要大胆使用人才，用当适任、用在其时、用当尽才，使干部和人才优势成为第一竞争力。又要重视金融支撑，创优金融生态环境，做大做强资本市场，打造人才集聚高地和资本集聚高地。

七是统筹"破"与"立"的关系。既要大胆推进发展理念、工作思路创新，积极推动行政区划调整，深化"扩权强镇"，腾挪盘活发展空间；又要大力推进政策创新、管理创新，建立健全年度考核、实绩考查、干部考察"三考合一"的干部评价机制，推行"镇乡街道主体＋责任领导，职能局办＋分管领导，重大事项、群体性事件和特殊群体＋信访联席会议制度，突发事件＋应急处理机制"等日常工作推进机制，不断增强发展的动力与活力。

## 参考文献

[1] 中国现代化战略研究课题组中国科学院中国现代化研究中心. 中国现代化报告(2001—2011)[M]. 北京：北京大学出版社，2011.

[2] 何传启. 中国现代化报告概要(2001—2010)[M]. 北京：北京大学出版社，2010.

[3] 上海财经大学课题组. 上海率先基本实现现代化研究[M]. 上海：上海财经大学出版社，2005.

[4] 章友德. 城市现代化指标体系研究[M]. 北京：高等教育出版社，2006.

[5] 何爱国. 当代中国现代化的理论与实践[M]. 北京：科学出版社，2011.

[6] 崔大树，黄庆. 区域现代化指标体系的构建[J]. 当代经济科学，2003(1).

[7] 姜玉山，朱孔来. 现代化评价指标体系及综合评价方法[J]. 统计研究，2002(1).

[8] 江苏省统计局. 江苏基本实现现代化指标体系的构建思路[J]. 群众，2011(4).

[9] 顾继光. 南通基本实现现代化的指标体系构建[J]. 南通纺织职业技术学院学报(综合版)，2011(3).

[10] 徐明华，徐竹青. 2020年我省基本实现现代化的内涵、核心与指标体系[C]. 浙江省基本实现现代化理论研讨会论文集，2012.

[11] 陈柳钦. 我国基本现代化指标体系及宜宾现代化预测及评价[EB/OL]. http://wenku.baidu.com/view/c2d355d180eb6294dd886cc6.html.

[12] 昆山率先基本实现现代化指标体系(修订稿)[EB/OL]. http://wenku.baidu.com/view/3a0ad5a60029bd64783e2cd9.html.

[13] 赵洪祝. 坚持科学发展，深化创业创新，为建设物质富裕精神富有的现代化浙江而奋斗[N]. 浙江日报，2012-06-12(1).

[14] 中共绍兴市委. 关于贯彻省第十三次党代会精神加快建设现代化绍兴的意见[N]. 绍兴日报，2012-07-26(1).

[15] 钱三雄. 坚持科学发展，加速转型跨越，奋力开启率先基本实现现代化新征程[J]. 今日诸暨，2012(1).

# 现代化实践中郊区新型城镇化路径研究①

## ——以余杭区为例，兼与萧山、鄞州比较

**内容提要**　在现代化背景下如何全面深化改革，统筹城乡发展，走新型城镇化道路，从而推动整个经济转型社会升级，已经成为时代发展的新要求。在以余杭区为例，兼与萧山、鄞州比较的视角下，总结了杭州郊区城镇化基本情况，分析了城镇和农村对要素流动的吸引力优势和劣势以及走新型城镇化道路面临的问题和困难，提出了走具有本地特色的新型城镇化道路是现代化必由之路的观点和相关建议。

**关键词**　城乡一体化；新型城镇化；要素流动；路径

城镇化或城市化翻译自英文单词 Urbanization，在日本和我国台湾地区也翻译成“都市化”，纯学术性论文多采用城市化译法，政府文件中均以“城镇化”为基本概念。本文与国家的提法相一致，在表述上使用“城镇化”，同时也是为了更好地体现其涵盖“城”和“镇”内涵的特点。从户籍上看，城镇化本身又分为两种：居民化与市民化，前者注重居住地转换，后者注重身

【作者简介】占张明，杭州市委党校余杭区分校校长；郭人菡，杭州市委党校余杭区分校区情调研室主任，经济师；桂祖武，杭州市委党校余杭区分校副校长；单凯，杭州市市委党校余杭区分校办公室主任，讲师；陈华杰，杭州市市委党校余杭区分校科研科科长，讲师；章秀华，杭州市市委党校余杭区分校社培科科长，讲师；石翼飞，杭州市市委党校余杭区分校教育科科长，讲师；冯利斐，杭州市市委党校余杭区分校讲师。

①　基金项目：杭州市哲学社会科学重点研究基地课题（2013JD17）；《杭州研究》2014年第2期全文刊载。

份转换;从方式上看,城镇化又分为两种:土地城镇化(规模城镇化)和新型城镇化,前者关注数量扩张,后者关注质量提升。

恩格斯1847年10月在论述"共产主义原理"时,对共产主义社会的城乡关系作过轮廓性的描述,指出城乡由一体到分离,又由分离到融合的规律,是人类社会发展的一种必然趋势。[①] 马克思也曾经对资本主义工业化之前人为割裂的城乡分离进行过精辟的阐述,"城乡分离的实质是统治阶级与被统治阶级之间的对立,国家组织与领土内居民的对立,一切都渲染着浓厚的政治色彩……"[②]在城乡由分离到融合这样一个十分漫长的历史过程中,有一个有待在理论上系统研究和在实践上高度重视的、必经的过渡阶段——城乡一体化发展阶段。从理论上和实践上看,城乡一体化有两个主要路径:乡村城市化或城市乡村化。在现代文明进程中,城乡一体化特别是城镇化极大地焕发了人的活力和发展潜力,极大地提高了人类的文明水平和素质。因而,相应的研究也就具有十分重要的现实意义。

近期,为了更好地探求新型城镇化过程中出现或可能出现的问题,并在此基础上找出应对之策,课题组以余杭区为样本,聚焦"杭州郊区新型城镇化路径研究",组织开展了新型城镇化课题调研,力求为更好地推进杭州新型城镇化提供一点参考。

## 一、杭州市郊区新型城镇化基本概况——以余杭区为例

根据省发改委、省统计局《浙江省2012年统筹城乡发展水平评价报告》(见浙发改城体〔2013〕990号文),2012年余杭区城乡统筹发展水平在全省参加评价的61个县(市、区)中位居第二,已率先进入全面融合阶段。

### 1. 统筹城乡经济发展情况

统筹城乡经济发展包括二、三产业从业人员比重、人均GDP、人均地方财政收入、城市化率和现代农业发展水平等内容,重点研究城镇化率提高情况(见表1)。

---

① 刘国伟. 浅谈城乡一体化[J]. 江汉大学学报,1991(5).

② 马克思、恩格斯. 马克思恩格斯全集,第46卷(上)[M]. 北京:人民出版社,1979.

表1 余杭不同时期城镇化增长情况 （单位：万人，%）

| 年 份 | 常住总人口 | 户籍总人口 | 户籍城镇人口（非农人口） | 外来常住人口 | 城镇化率 | 户籍城镇化率 |
|---|---|---|---|---|---|---|
| 2005 | 92.96 | 81.23 | 21.44 | 11.73 | 35.68 | 23.06 |
| 2006 | 96.05 | 81.90 | 25.10 | 14.15 | 40.86 | 26.13 |
| 2007 | 99.81 | 82.69 | 28.54 | 17.12 | 45.75 | 28.59 |
| 2008 | 101.96 | 83.74 | 38.17 | 18.22 | 55.31 | 37.44 |
| 2009 | 105.59 | 84.84 | 41.90 | 20.75 | 59.33 | 39.68 |
| 2010 | 117.10 | 86.10 | 43.79 | 31.00 | 63.87 | 37.40 |
| 2011 | 117.56 | 87.67 | 46.39 | 29.89 | 64.89 | 39.46 |
| 2012 | 119.21 | 89.04 | 49.32 | 30.17 | 66.68 | 41.37 |

注：本文的外来常住人口是指常住人口减去户籍人口的差额，并假设都以城镇为活动中心；户籍城镇化率为户籍城镇人口占常住总人口的比重。

资料来源：余杭区统计局历年统计年鉴；余杭区公安分局统计数据。

从全国范围看，中国目前的城镇化率大致相当于美国20世纪20年代的水平、日本20世纪40年代的水平。从杭州市余杭区范围看，由表1可知，随着城镇化的发展，余杭城镇人口的比重也在不断加大，人口规模增长迅速。截至2010年，城镇户籍人口已超出农村户籍人口，不包含外来常住人口的户籍城镇化率达到50%以上，包含外来常住人口的一般城镇化率达到63.87%（萧山为80.823%），如果算上非常住的流动人口，这个城镇化率会更高。这表明，虽然与萧山比余杭区城镇化程度还有一定差距，但其城镇化程度仍属较高水平。不过，第一，因多数农业转移人口并不迁户口，因此农业转移人口市民化速度仍落后于城市化速度；第二，户籍城镇化率与一般城镇化率有10%左右的差距；第三，与西方发达国家（如表2所示）或国内一些郊区相比，还存在一定距离。如果要在本地户籍人口范围内将余杭区户籍城镇化率提高为80%，则还需转移7.58万本地农村人口（以2010年数据为例）。

### 2. 统筹城乡人民生活情况

统筹城乡人民生活包括城乡居民人均收入差异度、城乡交通差异度、城乡安全饮用水差异度、信息化应用水平差异度、城乡居民人均消费支出差异度等内容，重点研究城乡居民人均收入情况。

根据相关研究，2010 年，余杭区农民人均纯收入达到 15617 元，比 2005 年增长 79.9%（见表 2），增幅连续 4 年超过城镇居民，城乡居民收入比缩小至 1.85：1，居全国、全省城乡收入差距最小行列（同期城乡居民收入比全国为 3.23：1，浙江省为 2.42：1，杭州市为 2.27：1）。萧山 2012 年农村居民人均纯收入 20790 元，比 2011 年增长 13%，全年城镇居民可支配收入 40570，比上年增长 11.8%，萧山 2012 年城乡居民收入比为 1.95：1。鄞州 2013 年城镇居民人均可支配收入 44749 元，增长 10.2%，农村居民人均纯收入 23156 元，增长 11.2%，城乡居民收入比为 1.93：1。这表明，余杭、萧山、鄞州三地城乡收入差距都在向逐步改善方向发展。但是应该看到，一方面，由于城镇居民人均可支配收入和农村居民人均纯收入这两个指标的统计口径和范围不一致，夸大了农民收入而缩小了城镇居民收入，掩盖了收入差距的实际程度。如果把城镇居民收入中一些隐性福利、优惠折算成收入，那么城乡居民收入差距会更大。

**表 2　余杭区城乡居民收入**　　（单位：元）

| 年　份 | 2003 | 2004 | 2005 | 2006 | 2007 | 2008 | 2009 | 2010 | 2011 | 2012 |
|---|---|---|---|---|---|---|---|---|---|---|
| 城镇居民人均可支配收入 | 12981 | 15093 | 16863 | 18870 | 21098 | 23678 | 26087 | 28836 | 32473 | 36464 |
| 农村居民人均纯收入 | 7076 | 7875 | 8679 | 9615 | 10983 | 12552 | 13956 | 15617 | 17951 | 20304 |

资料来源：余杭区统计局历年统计年鉴。

需要指出的是，第一，人均收入农村住户增幅高于城镇住户，并不是因为农村劳动生产率高于城镇。以 2010 年为例，农村住户人均收入中，来自租金（包括房屋出租、农业机械）、土地征用补偿这两项财产性收入为 886 元，加上从事非农行业的工资性收入 8543 元，合计达 9429 元，且来自第一产业的收入增长速度很慢。第二，由于基数相差悬殊，近年来余杭区城乡收入差距的绝对值仍然较大且还不断增大（2006 年为 9225 元，2010 年为 13219 元，绝对差每年增加约 1000 元）。从消费水平看，2010 年城乡居民人居生活消费支出相差 7505 元，差比达 1.6：1。同期萧山相差 7135 元，差比为 1.4：1；鄞州相差 11164 元，差比达 2.06：1。可见，农民收入增幅的超越幅度还不足以在较短时间内弥合与城镇居民的绝对差距，要使城乡居民收入差距达到合理水平，还有很长的一段路要走。第三，在高位保持农民收入较快增长的难度越来越大，农民增收受到一些不利因素影响，城镇居民收入增速有可能再度快于农村居民。

### 3. 统筹城乡公共服务情况

统筹城乡公共服务包括财政支出中用于“三农”的比重和增幅、城乡生均教育事业费比率、千人医务人员数、城乡居民养老医疗保险水平差异度、乡镇集中审批和便民服务覆盖面等内容，重点研究养老、医保等社会保障情况。

养老方面，根据不同身份，有城镇职工基本养老保险等几种养老保险可供选择。截至 2012 年年末，余杭区基本养老保险参保人数达 60.79 万人，城乡居民基本医疗保险参保率达 99.7%；萧山区 2012 年各类养老保险参保率达 91.6%；鄞州区 2013 年基本养老保险参保人数达 104.2 万人。三地养老保险总体情况良好。养老保障方面，2012 年余杭区安排了 5 亿元资金落实省政府规定的征地农转非等人员养老保障政策，提高保障水平，转保人数达到 8.11 万人。据余杭区人保局测算，按人均寿命 75 岁计算，后续还需财政补贴 20 万～30 万元/人。现在是余杭区参保支出高峰，以后随着在岗年轻人比例逐渐提高，支付压力会递减，应对农转非的财政资金仍有一定空间。

医保方面，全民医保涵盖了“城镇职工医疗保险”、“新型农村合作医疗”、“城镇居民医疗保险”三大块。目前，余杭区推行“全民参保登记”，各类医疗保障参保人数为 99.04 万人，16 岁以上户籍人员各类医保参保率达到 99.7%，基本实现“全员医保”。医保待遇也较高，如城镇居民医疗保险社区报销比例可达 80%，二级医院报销比例为 75%，主城区医院报销比例为 10%。2014 年，海创园试点医保“同城待遇”，医保报销比例与主城区完全一致，并可实现在主城区药店使用医保买药。2012 年萧山参加社会基本医疗保险 138.88 万人。鄞州区 2013 年城镇居民基本医疗保险参保率 98%，基本医疗参保人数 59.6 万人；2013 年农村医疗保险参保人员统筹区内政策范围内住院医疗费用报销标准提高到 75%，年度补偿率达到 75.16%，门诊医疗费补偿比例 57.48%，农村医保的大病救助比例提高到 20%。三地医保均较为完善。

### 4. 统筹城乡生态环境情况

统筹城乡生态环境包括环境质量综合评分、农村垃圾收集集中处理率、农村污水集中处理率、农村卫生厕所普及率和村庄整治率等内容，重点研究农村垃圾收集处理率。

余杭区多数村已完成垃圾清理、改厕、河道疏浚、村道硬化、村庄绿化、生活污水治理等集中整治任务。垃圾集中收集已实现100%，集中处理中，乡镇层面为100%。厕所污水处理，农村16万户，已做好3万户的厕所污水处理系统，约占19%。2013年鄞州区全区生活垃圾日处理量达1400吨，生活垃圾集中收集行政村覆盖率和无害化处理率均达到100%。2012年萧山实施重点减排项目142个，节能项目156个，大气环境优良率89.9%饮用水源水质合格率保持100%。三地都在加大生态投入力度。

## 二、对城镇和农村要素流动的分析

城乡一体化是一个城乡综合的社会、经济、空间发展演变过程[①]，是不断地朝着区域内城乡要素优化组合的方向发展，最终实现城乡的全面融合、协调发展的过程。本文下面从实证角度采用定性与定量相结合的方法，并采取较为简单易懂的关键指标对比法，来研究劳动力、公共政策等各类要素在城市和农村之间流动的情况，以此来识别城乡对不同要素的吸引力，从而明晰主流方向。

### 1. 定性分析

(1)从国内看

历史上，我国与世界其他国家一样，都如恩格斯所言，最初并没有城乡之别，然后城镇和乡村并存，城镇化趋势不断加深。到2008年年底，我国已拥有百万人口以上的大城市118座，城镇人口已经超过6亿人，占总人口的45.7%[②]。从未来看，城镇与乡村在完全融合前仍将在相当长一段时间内并存，但在此期间城镇化成为主旋律将是不可逆转的大趋势。党的十八大报告和中央城镇化工作会议对此予以认同，并强调，在现代化背景下，我国要坚持走中国特色新型城镇化道路，并随即出台《国家新型城镇化规划(2014—2020年)》指导实践。《中共杭州市委关于学习贯彻党的十八届三

① 杨荣南．关于城乡一体化的几个问题[J]．城市规划，1997(5)．

② 潘家华，魏后凯主编．中国城市发展报告 No.6——农业转移人口的市民化[M]．北京：社会科学文献出版社，2013．

中全会精神全面深化重点领域关键环节改革的决定》也指出，要“围绕推进新型城镇化建设，深化城乡一体化发展的体制机制”，“以推进教育、社保、交通等公共服务为先导，加快萧山、余杭两区与主城区的深度融合步伐”。可见，各级党委政府都认识到，激活城镇化这个“最大潜力”，就抓住了推动经济社会发展的“牛鼻子”，能牵一发而动全身，解决深化改革的诸多问题。

(2)从国外路径看

作为工业革命发源地的英国，16 世纪以后，由于养羊业成为获利丰厚的产业，于是领主们开始了大规模的“圈地运动”，失去土地的农民被迫向城市迁移。大批涌入的农民使本就拥挤不堪的城市雪上加霜，卫生、住房等问题日益严峻，犯罪率激增。针对这一情况，当时的英国政府开始采取简单粗暴的限制农民进入城市的方式，制定《济贫法》、《定居法》对人口的流动进行了严格限制。但到了 18 世纪中后期，英国开始工业革命之后，对劳动力的大量需求致使原有的对人口流动的限定性规定已不合时宜。英国政府只好调整政策，解除阻止农民自由迁徙的相关法令。随着第二次工业革命进程的深入，英国的工业化程度不断加深，经济、社会都有巨大发展。与此同时，对劳动力的知识、技术等方面的要求也进一步加大，劳动力对保障条件等的要求也在不断增长。在这一问题上，英国政府与时俱进，采取普及中学教育、改善就业环境、提供社保等措施，进一步提高劳动生产效率，确保劳动力素质的稳步提升，同时，实现了对农业转移人口受教育权、社保等的有力保障，率先完成城镇化。①

美国作为后起的工业国，凭借其得天独厚的地理位置、庞大的国内市场、丰富的物产资源等有利条件，在南北战争结束后，顺利地走上城镇化道路。美国农村劳动力向非农产业转移历时 150 年左右，于 20 世纪 70 年代基本完成，美国农村剩余劳动力转移就走出了一条工业化、城镇化和非农化、新农村同步的发展道路。② 与英国在工业革命进一步深入的过程中面临的问题相似，美国在工业化进程加深的过程中，也面临劳动力素质低下对进一步工业化形成的阻碍。针对这一情况，美国政府主动制定并实施《人力发展与训练法》、《就业机会法》、《社会保障法》等相关举措，以解决这一问

① 李厚喜，苏礼华. 经济社会转型时期英国农村劳动力转移的过程、因素及启示[J]. 地方财政研究，2011(3).

② 张兴华. 从国外经验看中国劳动力转移的战略选择[J]. 经济研究参考，2004(3).

题。值得强调的是，美国历来重视人力资本作用，较早建立了相对完善的社会保障制度，从而为农业劳动力向城市的平稳转移和自由迁徙，提供了可靠保障，从而顺利完成城镇化。

第二次世界大战结束以后，日本政府加大了对农业的财政、金融援助，以带动农业投资的迅速增长，为农业的全面技术改造提供了物质条件，从而推动了技术密集化的发展，在农业机械化方面尤为迅速，"新农村"遍地开花，从而使农村多余的劳动力很自然地向城市转移。为使农业转移人口能够平稳地实现从农民到产业工人的身份上的转变，日本政府采取了制定《国民收入倍增计划》、建立"全体国民均保险"社会保障体系、普及国民教育、大力发展第三产业等一系列措施，从而使遭受重创的日本在短时间内重新崛起。目前，已经基本完成农村剩余劳动力转移的任务。①

综上所述，从核心要素即人的流动来看，世界各主要国家在现代化进程中，农业转移人口向城市转移并取得市民身份，都是大势所趋，也是现代化的必由之路。英国、美国以及日本作为先于中国完成城镇化的国家，在应对农业转移人口市民化问题的措施与途径上，各有特色(有人为的暴力推进模式，也有市场的自然演进模式)，但最终殊途同归，就是都需建立人口自由迁徙制度、完善的社会保障体制、完备的劳动争议解决法律体系，同时加强对农业转移人口的基础教育和技能培训。

### 2. 定量分析

定量分析即指标分析，有助于减少主观偏颇。城乡一体化的测度和评价有很丰富而宝贵的研究②，不过很多研究在定义、分析范式、理论前提、分析框架、表现形式、影响因素以及测量方法上，存在一些不足，需要在借鉴的基础上扬弃。同时，以上指标多数注重的是现有资源的静态差别，非动态效能之比，而本部分的主要目的不是测评城乡一体化程度，而是要发现各种要素是如何在城乡之间流动的，从而为路径研究奠定实证基础，或者说，是要搞清楚以下问题：哪种要素朝哪个方向在流动？它为什么要向这个方向流

① 黄维民，朱盛艳．借鉴日本经验探索我国农村剩余劳动力转移途径[J]．农业经济，2003(12)．

② 完世伟．区域城乡一体化测度与评价研究——以河南省为例[D]．天津大学博士学位论文，2006．

动？怎样流动才更合理？这方面涉及的范围包括指标十分广泛，本文无法全部罗列，而仅以余杭区为例，就主要方面进行比较分析。需要指出的是，对比的前提是假设两种模式都能满足同样人群的全部关键诉求。

一看生产率对比。刘易斯(W. Arthur Lewis)1954 年发表了一篇题为“无限劳动力供给下的经济发展”的论文[①]，提出了发展经济学关于劳动力流动的第一个理论模型。该模型显示，二元经济结构下，农业劳动生产率必然很低从而导致农业劳动力的边际生产率降低到接近零甚至负数，在自由流动情况下，必然会向劳动生产率更高的部门即工业等部门转移。实际上如何呢？以余杭为例，2012 年，农民进城务工的日工资单价为 11360÷12÷21.75＝43.52(元)；农民从事第一产业(农、林、牧、副、渔)的平均每日纯收入为 1554÷12÷21.75＝5.95(元)(假设工作时间相同)。在市场经济条件下，这个收入差价基本能反映二者生产效率差距。因此，哪怕在自愿条件下，余杭区农民(特别是年轻农民和大学以上学历子女)居住地和工作岗位也呈现逐年向城市转移的趋势。

二看财政投资效率对比。虽然财政资金使用不应以效率为首要追求，但如果在城镇化和新农村都能满足相同居民诉求的情况下，财政资金则应首先考虑投向何种模式更能符合纳税人利益。以余杭区为例，每年投入“美丽乡村”的建设资金为 1.5 亿元。垃圾集中收集由区财政补贴 20 元/人、镇街配套 20 元/人维持；清扫由环卫部门征收长效保洁管理费维持，但农民缴纳意愿及比例较低(部分农转居社区的保洁费仍由财政负担)。厕所截污纳管每户需补贴 1 万。而城镇垃圾集中收集由财政适当投入，清扫则由环卫部门征收长效保洁管理费维持，市民的缴纳自觉性及比例均较高。

三看土地承载效率对比。土地是最稀缺的资源，余杭区经济社会相对发达，土地稀缺性更为凸显。从表 3 可以看出，农村每人占用的住房面积大大多于城镇，加上容积率又低于城镇，这样，每平方公里承载的人口数量，城镇就显著大于农村。由此可见，城镇化在集约发展上具有新农村建设无可比拟的优越性。

---

① 〔美〕阿瑟·刘易斯. 二元经济论[M]. 施炜等译. 北京：北京经济学院出版社，1989.

表 3　杭州市余杭区人均住房使用面积　（单位：平方米）

| | 2003 | 2004 | 2005 | 2006 | 2007 | 2008 | 2009 | 2010 | 2011 | 2012 |
|---|---|---|---|---|---|---|---|---|---|---|
| 城镇 | 26.6 | 28.1 | 29.1 | 29.4 | 31.2 | 31.4 | 30.9 | 32.2 | 32.8 | 32.9 |
| 农村 | 59.5 | 59.1 | 62.1 | 63.0 | 63.2 | 76.0 | 75.4 | 75.2 | 73.9 | 69.1 |

四看规模效益。规模效益与规模经济密切相关。规模经济是说明各种生产要素增加，即生产规模扩大对产量或收益的影响。当生产规模扩大的比率小于产量或收益增加的比率时，就是规模收益递增。当生产规模扩大的比率大于产量或收益增加的比率时，就是规模收益递减。当这两种比率相等时则是规模收益不变。可见，规模效益就是产业或者产量达到一定数额时所产生的利润。从表 4 可以看出，规模与成本之间存在函数关系，一个地方，只有集聚的人口达到 10 万以上，规模净收益才有可能为正值；达到 1200 万后，规模净收益重新为负值。另据测算，2001 年到 2011 年，城镇化每提高一个百分点，分别拉动投资、消费增长 3.7、1.8 个百分点[①]。

表 4　城市规模收益与外部成本：拟合值(GDP＝100%)　（单位：%）

| 城市规模（万人） | 规模总收益 | 外部总成本 | 外部成本Ⅰ 政府负担 | 外部成本Ⅱ 居民负担 | 规模净收益 |
|---|---|---|---|---|---|
| 1 | 0 | 17.00 | 13.00 | 4.00 | −17.00 |
| 10 | 11.25 | 11.79 | 4.87 | 6.92 | −0.54 |
| 20 | 18.28 | 12.94 | 4.30 | 8.54 | 5.35 |
| 100 | 37.95 | 20.77 | 4.72 | 16.05 | 17.17 |
| 200 | 46.83 | 27.66 | 5.75 | 21.93 | 19.17 |
| 300 | 51.91 | 33.31 | 6.70 | 26.61 | 18.60 |
| 400 | 55.41 | 38.29 | 7.58 | 30.71 | 17.12 |
| 1000 | 65.82 | 62.04 | 12.04 | 50.00 | 3.78 |
| 1200 | 67.73 | 68.76 | 13.36 | 55.40 | −1.03 |
| 1500 | 69.98 | 78.23 | 15.26 | 62.97 | −8.24 |

资料来源：计量分析和计算结果。

五是人均绿地面积。根据 2005 年余杭区城区扩绿计划，城区的绿地面

① 数据来自《人民日报》2013 年 10 月 30 日第 10 版。

积在稳步增加，城区已新增绿地面积 42.3 公顷，建成区园林绿地面积达 574.30 公顷，人均公共绿地面积达 8.14 平方米，建成区绿化覆盖率为 33.08%。农村没有公共绿地面积的统计概念，2012 年杭州市余杭区国民经济和社会发展统计公报显示，余杭区农作物播种面积为 94.9 万亩，农村人口 39.72 万人，人均拥有 1593 平方米。若将农作物播种面积都看作绿地的话，则仅此一项，就远超城镇。

六是人均住房使用面积。居住的舒适度包括很多方面，比较有代表性的指标有人均住房使用面积、容积率、水电配套、卫生状况等。从上面表 5 也可以看出，农村人均住房面积远远高于城镇。如果再考虑农村住房容积率通常低于城镇住房，则农村住房的宽敞感明显高于城镇。

仅从六个关键性指标对比看，总体上城镇拥有更高的效能，生产力更为先进，或者说，城镇化最大的优势就是集约化效益，而农村拥有更美的生态和更好的生活舒适度。基于以上优势，它们各自吸引着不同的劳动力、资本等要素向其集聚。经济基础决定上层建筑，因此总体而言，城镇化对关键要素的吸引力更大，对经济社会发展的牵引作用更为明显，是主导未来发展流向的主要动力。

## 三、现代化背景下推进新型城镇化的问题与困难——基于调查样本的分析

通过分析得出的结论是，城镇化特别是新型城镇化是当前及未来相当长时期经济社会发展的主流。为了更好地探求杭州郊区城镇化演进过程中出现或可能出现的问题，并在此基础上找出应对之策，本课题组在 2013 年 10—12 月以余杭区为基础进行了走访调研和问卷调查。本次问卷调查共发放问卷 1000 份，收回有效问卷 800 份(以下简称两类对象)，其中，外来务工人员(以下简称外来居民)432 份，本地居民和农转居民(以下简称本地居民)368 份。通过调查发现，郊区进一步推进城镇化存在以下问题和困难。

### 1. 城镇化不完全、不平衡

完全城镇化是农业转移人口完全市民化。半城镇化也叫“伪城镇化”。“伪城镇化”的主要问题是，表面上城镇化率高，而实际上人们并未享受城市人口权利。

“人口的城镇化应该表现为两个对应的反向运动过程：农村人口的减少

和城市居民人数的增加。理论上讲，这两个过程是同步的。”①但是，在我国的特殊背景下，这一过程则主要表现为农村户籍人口没有明显减少、城市居住人口却明显增加。一是工业化率与城镇化率比值不合理。衡量工业化的水平，关键指标是“工业化率”，也就是工业增加值占经济总量的比例；衡量城镇化的关键指标就是“城镇化率”，即城市人口占全体人口的比例。而工业化率与城镇化率的比重，说明了工业对城镇的带动能力。中国城镇化率和工业化率的比值是1.09，远低于美国、法国、英国等发达国家超过4的比值。而“金砖五国”中的巴西、俄罗斯、南非和印度，两率的比值也分别达到3.22、1.97、1.38、1.15，都比中国的高。全球平均工业化率只有大约26%，发达国家更低，甚至在20%以内，但其城镇化率则在70%以上。余杭区2007年后城镇化率超过工业化率，2012年城镇化率为66.69%，完全城镇化率（户籍城镇化率）为55.39%，同年的工业化指数为44.42%，二者比之为1.25，仍不及多数金砖五国。二是土地城镇化远远快于人口城镇化。2003—2012年城镇建成区面积增长183.47%，城镇人口只增长72.81%，土地的城镇化快于人口的城镇化，这与以往选择的“拉框架”式城镇化推进模式有关。如果空间大量扩张，但支撑这个空间扩张的产业却没有发展起来，人口的集中靠建房拉动，人口集中之后却没有足够的就业岗位和完善的公共服务，那就会形成城镇化泡沫（或者叫“拉美陷阱”），比较危险。调查也显示，拆迁户在回答房子拆迁以后家庭收入及生活怎么样时，35.7%表示“收入更高了，也很满意”，17%表示“一个样”，28.6%表示“收入减少”，18.8%表示“收入增加，但不喜欢”。说明城镇化为多数农转居民带来了实惠，但如何使绝大多数人都从心底接受、支持城镇化，还需要做一些工作。

具体而言，包括以下几方面：

(1)成本障碍需要破除

在农业转移人口市民化的过程中，个人负担的成本主要包括新就业成本、住房成本、养老成本与医保成本。农村的土地养老和家属养老与城镇的社会化养老是制度上严重的二元化。城乡二元体制和土地制度所造成的路径依赖固化了我国的城市化进程。调查也显示，在回答养老问题时，多数当地居民已摈弃“养儿防老”的传统模式，但仍有近二成选择“靠子女承担”。

① 程姝. 城镇化进程中农民工市民化问题研究[D]. 东北农业大学博士学位论文，2013.

从数据中也可以看出，城乡养老方式及保险待遇仍存在较大差距。

转移农业人口还需要大量外部投资。《人民日报》2013 年 8 月份刊载，全国平均的农民市民化需要公共开支 13 万元。如果按照这个成本，余杭区要将户籍城镇化率提高到 80%，则转移成本为 7.58 万×13 万＝98.54 亿元(以 2010 年数据为基础)，但实际上杭州地区的转移成本远高于这个数。可见，将农村转移为市民需要强大的资金投入。

(2)制度障碍需要破除

本地居民想转为城镇户口的，不会失去土地承包经营权，但集体分红及拆迁等收益则不能再享受。外地居民想转为余杭城镇户口的制度障碍主要在于落户限制。

(3)能力障碍需要破除

本地居民在回答"在你家种植中，耕地、种植、施肥、杀虫、除草、灌溉到运输、销售环节分别由谁承担"时，22.7%选择"家里人分别承担"，16.5%选择"男主人全部承担"，2.4%选择"与专业合作社、经纪人、商贩等联合承担"，48.6%选择"土地已转包出去，不再干农活"，9.8%选择"土地已征迁完毕，无地可种"，后两项合计达到 58.4%。调查显示，虽然仍有很多农民身在农村，但很多本地居民实际上已不再从事农业生产。在回答以上环节能胜任哪些时，32.5%选择"全部能做"，14.3%选择"能做两个以上"，6.8%选择"全部都懂，但外出多年，已根本不干农活了"，14.3%选择"全部都懂，但土地已承包出去，不再干农活了"，32.1%选择"没碰过农活或很少干农活，都不大懂"，在青年中的占比就更高。调查进一步显示，三分之一以上本地居民已完全失去或没有农业技能，这一部分人不大可能再回流到第一产业。外地居民调查数据大致相同。

本地居民在回答如果以下工作都有机会做希望从事哪种工作时，只有 16%选择"种植业、养殖业等与传统农业有关的工作"。调查显示，本地居民对于未来岗位的梦想超越了固有产业的限制。但其就业能力不高，并且现实是城市劳动力市场存在典型的二元结构，包括高素质人员密集、回报高的首属劳动力市场和体力劳动为主、回报低的次属劳动力市场。一部分农转居民在有房租收入、医保、养老保险、低保等健全等的情况下，其在城市次属劳动力市场就业的意愿较低，成为杭州郊区后城镇化时期继续发展必须破解的一个重大课题。

(4)文化障碍需要破除

农转居民在回答如果有机会回到原来状况的农村的选择时,39.6%选择"还是社区好,不想回到老样子了",60.4%选择"回到农村老地方生活",说明,一方面,城镇化建设取得了很大成就,也赢得了相当一部分农转居民的认同;另一方面,农转居民由于观念及"城市病"等的困扰,对居住在城镇并不习惯。本地居民在回答关于推进城乡一体化的两个主要路径(城镇化和新农村建设)更支持走哪条路时,34.5%选择"城镇化",65.5%选择"新农村建设",结合多数人希望能到非农岗位就业,这就显示出他们一方面向往城市生活,另一方面又留恋农村生活,他们希望能走一条将二者完美融合的新道路。

(5)社会排斥需要破除

社会排斥包括两大类,一是城里人对乡下人的排斥,二是本地人对外地人的排斥,在城镇化过程中以后者为主。长期存在的城乡二元制度使城市居民与农民工之间产生了心理距离。外地居民在回答"如果基础设施、生活配套、公共服务以及收入都一样,你更愿意生活在以下哪个地方"时,16.4%选择"上海、杭州、家乡省会等大城市里",28%选择"自己家乡的市级(州)等中等规模城市里",16.6%选择"自己家乡的县城里",11.7%选择"自己家乡的乡镇上",25.3%选择"自己家乡的村子里",2%选择"其他地方"。可见,多数外地居民留在本地的意愿弱,回到家乡的意愿强。在进一步回答为什么要进城务工的原因时,依次为"城里有更多实现自己才能的机会"、"城里能赚更多的钱、城里干净"、"生活更丰富多彩、村里伙伴都进城了,我也就跟着出来"、"不用干农活,避免一身泥,不用太辛苦",其中,前两位因素占显著比例。而在回答"你认为下面哪个条件具备,你就会主动回到农村"时,14.2%选择"道路、水电等基础设施与城里一样",12%选择"宽带、娱乐等生活设施与城里一样",32.4%选择"教育、医疗、养老保险等公共服务与城里一样",39.2%选择"工作、收入等与城里一样",只有2.1%选择"不管怎样都不回去"。可见,他们留在本地的原因是主要是这里更能体现工作价值,如果条件具备,绝大多数都会返乡。至于返乡原因,外地居民在回答"你认为生活在余杭以及其他外地的困难是什么"时,选择依次是"没法落户,医保、养老保险报销不方便,或孩子读书等没法解决"、"老人或小孩在老家,需要照顾"、"当地对外地人有歧视"、"关系少,办事难"、"亲朋少,遇事缺乏照应"、"文化、饮食等不习惯","当地对外地人有歧视"并不处于末位。可见,社会排斥是客观存在的。

(6)承载力约束需要破解

一是基础设施跟不上。目前城镇基础设施建设远远落后于人口的城镇化过程。第一,在城镇道路设计上缺乏长远规划,道路狭窄,建设标准低,城市交通拥堵现象越来越严重。第二,城镇人均绿地少,绿化率低;垃圾的收集、处理矛盾较多;环境污染和噪音污染严重;居民的居住条件较差。第三,城市排水设施不完善,很多小城镇中还未铺设排水管道,造成污水排放及处理问题突出。有限的城市公共资源与低水平的基础设施建设之间的矛盾,是造成拥挤和低效率"城市病"的原因之一。

二是公共服务跟不上。教育、医疗等资源都很紧张,特别是优质教育与医疗机构十分稀缺。如余杭区截至 2010 年年底,有幼儿园 71 家、小学 44 家、初中 37 家、高中 10 家,在全市处于领先水平的学校占比不多;医院、卫生院合计 30 家,其中三甲医院 0 家;每万人平均拥有医生 21.39 人。

三是就业跟不上。不少受访者表示,由于无法在城市找到适合自己的工作,因此对转换为市民心存疑虑。另外,对外来人口依赖程度较高,以 2010 年余杭本地住户收入为例,城镇住户出租房屋收入人均为 387.5,占总收入的 3.57%;农村住户租金收入(含出租房屋、农业机械)人均为 424 元,占总收入的 2.46%[①]。虽然缺乏全国平均数,但明显高于余杭外来人口在家乡房屋的出租收益(许多外来人口老家的房子无人会承租)。随着城镇化的推进,假设到 2030 年,余杭户籍城镇化率与一般城镇化率均达到 80%以上,这部分收入必然减少,那削减后的收入比例由什么来填充?

四是土地容量跟不上。根据《杭州市余杭区土地利用总体规划(2006—2020 年)》,按 2005 年数据计算,耕地面积 44262.57 公顷(规划数据),当年实际拥有常住人口 81.23 万人,每公顷耕地要养活 18 个人以上;建设用地面积 23080.45 公顷(规划数据),当年非农常住人口 79.37 万人,平均每公顷建设用地已承载 34 人以上。

### 2. 城镇化面临"城市病"与生态考验

(1)城镇中内部有大量穷困人口和破旧小区

完整的城镇化包含城镇化、郊区城镇化、逆城镇化(过度集中导致资源

---

① 根据《2010 余杭统计年鉴》抽样数据测算。

向新城、农村逆流，最后造成老城等原中心区衰落）和再城镇化四个连续过程。据余杭区“三改一拆”领导小组办公室统计，截至2013年8月底，旧住宅区改造81.53万平方米，完成全年任务的509.6%，完成量及进度分别列全市第2和第5；城中村改造591.4万平方米，完成全年任务的328.6%，完成量及进度分别列全市第1和第7；旧厂区改造105.2万平方米，完成全年任务的526.5%，完成量及进度分别列全市第1和第4；累计拆除违法建筑124.84万平方米，完成全年任务的249.7%，完成量及进度分别列全市第1和第3。可见，城里也有地区像老村一样“脏、乱、差”。显然，余杭区建成区的“再城镇化”任务，无论是工作量还是难度，都比一般地区要大。

（2）城市交通拥堵

这是一道世界级难题。目前城市管理者对城市道路拥堵存在以下误区：一是将根本原因归咎于车辆过快增长，使道路达到饱和和容量极限；二是将其他主要原因归结于私家车过多和外地车辆涌入城市，并以此为据推出限牌、限行、收取拥堵费等措施。这样不仅给人民群众带来不方便，也降低了城市运转效率，从而削弱了这个城市的活力和吸引力。实际上，根本原因是资源分布不均衡，拥堵区域集聚了过多优质资源；其他主要原因是道路平面交叉（十字路口）和红绿灯停留、缺乏超前规划、公共交通系统不完备、停车位不匹配。调查显示，同等居住面积下，在广义环境方面，本地居民对城镇主要喜欢其看病购物等方便，但担忧其空气、人情味及拥堵；农村主要喜欢其人情味、空气、不堵，但担忧其环境卫生。

（3）城里雾霾等恶劣天气频繁出现

雾和霾相同之处都是视程障碍物，但“雾”和“霾”实际上是有区别的，对人类有害的主要是霾。随着城市人口的增长和工业发展、机动车辆猛增，导致污染物排放和悬浮物大量增加，直接导致了能见度降低。中科院大气物理研究所研究员张仁健课题组于2013年对北京地区PM2.5化学组成及源解析季节变化研究发现，北京PM2.5有6个重要来源，分别是土壤尘、燃煤、生物质燃烧、汽车尾气与垃圾焚烧、工业污染和二次无机气溶胶，其中二次无机气溶胶占26%，工业污染占25%，燃煤占18%，飘尘占15%，生物质燃烧占12%，汽车尾气和垃圾焚烧加在一起仅贡献4%。杭州在小客车总量调控管理和机动车限行工作新闻发布会上透露，据统计杭州机动车尾气排放对主城区大气PM2.5的贡献率高达39.5%，尾气已经成为重要空气污染源，是形成雾霾天气的重要原因。

### 3. 城镇化特色并不明显

城镇面貌趋同。城镇在规划建设中抄袭、模仿、复制现象十分普遍，一些城镇把高层、超高层建筑当作现代化的标志，使城镇景观变得生硬、浅薄和失调，城镇面貌正在急速走向趋同。在回答对余杭区与西湖区比较如何时，15.1%认为“没啥区别”。在回答“你认为余杭城区、镇街相比其他城区，在城市风格（如建筑风格、人文特色）和镇街风格上，有没有明显特色”时，42%认为“有明显特色”，58%认为“没有明显特色”，说明多数本地市民认为余杭区传统模式的城镇化还存在一定问题，尤其是缺乏明显特色。

### 4. 城镇化过程中的市场与政府作用面临重组

(1)优化人口结构时

一是在对待外来人口的问题上。余杭区人口增量中，本地人口增加对全区人口增长的贡献率很低，户籍人口的增长是主要是外来人口造成的。控制人口过快增长尤其是优化外来人口结构是个新课题。现在，许多本地人对外来人口处于“既爱又恨”状态。一方面，外来人口为余杭经济社会发展做出巨大贡献，是不可或缺的重要劳动力；另一方面，余杭区资源有限，承载能力有限，公共服务容纳能力也有限，如果接纳农民工转变为有城镇户口的市民，地方政府必然为此要支付高额的转化成本，本地居民必然要与之分享“蛋糕”。现在，随着经济结构的转型，很多人不希望再引进、容纳“低端人口”。这加剧了农民工城市社会融入难的问题，使得农民工在城市社会里遭受着政治、经济、文化、社会保障、教育等多方面的排斥。地方政府控制外来人口的行政手段主要包括落户限制、出台负面清单淘汰低端产业等，其中户籍限制最能“立竿见影”。在人口等资源配置、要素流动上，是让市场起决定作用（见效慢、容易失灵；公平性高，后遗症少），还是让政府以户籍等藩篱进行行政干预（立竿见影；容易造成新的社会不公平），考验着执政的智慧。

而且，从调查中发现，一是多数外地市民“人心思归”，就地城镇化意愿较低，留在这里的核心因素是为了挣更多的钱。加上就地城镇化门槛较高，随着全国城镇化的推进，多数外来务工人员将陆续返乡，回到当地完成市民化，杭州市等沿海地区近年来的“招工难”、“民工荒”现象正印证这一趋势。在这一背景下，本地农民将成为市民化的主力军、产业工人的主渠道。然而本地农民市民化面临许多现实难题，最大障碍是土地产权问题。在由农业社会向城市社会转变的过程中，土地不仅是郊区农民赖以生存的保障，更成为升值最快、最稳定的生产要素，不会轻易放弃。但目前农村承包地等不能流转、继承，这就大大削弱了本地农民市民化的意愿和能力。二是外地市民一般拥有更强的奋斗精神和吃苦耐劳性，除集中分布在工业、保洁等劳动密集型行业外，也集中分布在电子商务、物流等创业创新性强的行业，后者正是余杭区经济社会转型所急需的，也是不可或缺的。这说明，缓解本地人口压力，一刀切关门封堵不是最好的办法。

二是在让本地农民"上楼"的问题上。这方面，拉美教训深刻。拉美土地集中度非常高，大量的农场采取公司式经营，农场平均面积比美国家庭农场面积都要大；而印度的土地改革很不彻底，农村家庭农场本来平均规模就很小，即使这样仍然存在着大量的无地农民。拉美和印度的农民，特别是无地农民，大量地向城市转移，城镇中政府又没有注意促进能大量容纳就业的小企业的发展，导致进城市人口的收入较低。于是，农民在农村没有土地资产可变现，在城市中没有增长较快的收入，政府财力又对低收入人群的住宅供给没有支持，结果只能使他们在贫民窟中安身。① 形成贫民窟，两极分化使城市发展失衡，经济社会发展陷于停滞泥沼。20 世纪 80 年代，罗马尼亚为了推进城市化进程，曾在农村搞了一套"乡村规范化"计划，拆毁农民的私人住宅，8000 个村庄被夷为平地，强迫合作社农户"上楼"，集中居住到简易的三层楼公房里，结果因私有民宅被拆毁而弄得民怨沸腾。罗马尼亚政府推行"乡村规范化"不仅没有切实推进该国经济发展和城市化率的提高，反倒激化了政府和农民的矛盾，政府合法性也因此大大削弱。而这也是导致齐奥塞斯库政权垮台的重要原因之一②。

(2)帮助失地农民重新就业时

截至 2012 年年底，余杭区征地农转非和失业人员再就业培训 16173 人，城镇登记失业率 2.88%。拆迁户在回答"房子拆迁前后，当地政府有无提供职业培训，帮助你在城里找到新工作"时，16.5%表示"有培训，并帮助找到新工作"，46.6%表示"有培训，然后自己找工作"，19.4%表示"有培训，但自己没去"，17.5%表示"没有过职业培训"。调查显示，当地政府职业培

① 王永龙. 城镇化与新农村建设的关系及互动依据[J]. 农村・农业・农民，2011(4).

② 常伟. 安徽省城市化的有关理论探讨[C]. //2000 年经济发展与构建和谐安徽论文集，2006.

训提供情况总体良好，但仍有不少值得继续改进的地方。

(3)拆迁时

拆迁户在回答“你认为哪种拆迁制度好”时，11.7%支持“政府根据统一规划，强制拆迁”，61.3%支持“政府根据统一规划，谈好后再拆迁”，21.9%支持“政府不再主导拆迁，并让农村土地和城里土地一样价格，农民自己决定卖不卖地”，只有5.1%支持“政府什么都不做，完全让市场决定”。调查表明，多数人仍希望政府在拆迁中发挥作用，不过焦点在于希望政府能更好地发挥作用。

(4)保护耕地时

在回答城乡一体化过程中村里的耕地保护情况时，17.9%认为“得到很好保护”，10.8%认为“没啥变化”，46.7%认为“耕地减少，但用到了更合适的地方”，24.5%认为“耕地减少，而且被乱用或闲置”。说明城镇化过程中，本地市民觉得耕地保护成绩与问题同在，成绩为主，仍存问题。

(5)出台农村政策时

在回答农村政策方面期望政府帮助解决哪些方面的问题时，本地居民选择依次为：建更好的医院，养老问题，道路、自来水、电、煤气、截污纳管等基础设施建设，宽带、电影院、文化体育设施等现代化生活配套设施，孩子上学问题，壮大当地企业，使你能就地找到好工作，住房问题，农业帮扶。在进一步回答其中最关注问题时，选项顺序也基本吻合。外地居民在回答“如果你必须回现在的农村老家长期居住，你期望政府帮助家乡解决哪些方面的问题”时，选择依次为：壮大当地企业使你能就地找到好工作，孩子上学问题，养老问题，建更好的医院，宽带、电影院、文化体育设施等现代化生活配套设施，道路、自来水、电、煤气、截污纳管等基础设施建设，住房问题，农业帮扶。在进一步回答其中最关注的问题时，选项顺序同样吻合。从调查中发现，现代居民对于基础设施、住房的诉求已经退归次要位置，说明全国多数地区基础设施和住房都已大为改善；本地居民对医院和养老的诉求居于首位，说明本地居民的主要诉求已经转向民生领域；外地居民对家乡企业和教育的诉求居于首位，说明外地居民家乡的经济和教育总体上落后于余杭区，这也是吸引他们到这里打工的主要原因。

## 四、现代化背景下推进新型城镇化的对策建议

正如李克强总理所说，城镇化是最大的内需，是经济发展的最大潜力。

不过，城镇化又是一项涉及人口转移、生存、居住、发展、权利保障、角色转换、社会认同等多方面的复杂的过程，且容易出问题，需通过全面深入改革，高度审慎，稳妥推进，核心是走新型城镇化之路。

**1. 解放思想，正确认识新型城镇化**

一提城镇化，许多人包括多数学者都将其单纯地理解为城市吃掉农村。实际上，现在不可能忽视或放慢城市化，回到“男耕女织”的老路上去，也不是走“城市消灭农村”的邪路，相反，而是要走城乡互促共进、改善居民生活条件、让人们过上更幸福的生活的新型城镇化道路。因此，首先，要有迎接新型城镇化的思想准备。既然城镇化是经济社会发展的必然规律，那么，农民在城乡间流动就只是暂时现象，他们必定要进城定居成为新市民。而且，郊区面临非常重的“再城镇化”任务，那种认为全面融合程度很高的地区城镇化意义不大或城镇化可用空间已较少的思想认识是错误的，这实际上表明在理念上还停留在土地城镇化层面，那么在方法上，必然仍习惯于二元结构操作。要改掉一提城镇化就将目光聚焦农村向农村要地的旧思维，树立新型城镇化重心在城内的新理念。实际上“三改一拆”就是再城镇化的很好范例。其次，要对新型城镇化的“新”字有深刻领悟。一是城镇化的路径也不是非要把农村建筑变为城市建筑或把农村居民集中到城市居住才能实现，居住在农村老房子、工作在城市新岗位或“淘宝村”也可以实现就近城镇化和就地城镇化。二是城镇化建设，要找准城市特色，超前规划、科学布局、务实行动、自然演进为主，人为推动为辅。体现尊重自然、顺应自然、天人合一的理念，依托现有山水脉络等独特风光，让城市融入大自然，让居民望得见山、看得见水、记得住乡愁；融入现代元素，同时保护盒弘扬传统文化，延续城市历史文脉；展现让群众生活更舒适的细节理念。不是非要建高楼大厦才叫城镇化，新型城镇化要注意保留村庄原始风貌，慎砍树、不填湖、少拆房，尽可能在原有的村庄形态上推进城镇化，达到改善居民生活条件的目的。既要把农村公共服务搞得跟城里一样，把城里生态搞得跟农村一样美，也要防止把农村搞得和城市一样洋，城市搞得跟农村一样土。正确处理速度与效率的关系，循序渐进，稳步推进，量力而行。

**2. 转变职能，抓紧建立统筹发展推进机制**

以深化改革为动力着力健全统筹发展机制。一是在全年重点工作考核中，纳入城乡一体化相关工作。二是建立统一的规划机制。必须用超前的眼光来考虑规划等布局，引导城镇化合理、有序的推进。规划要一张蓝图干到底，提升规划的严肃性、稳定性，确保城镇化规划不因领导班子换届或干部调整而轻易改变，培养一批专家型的城市管理干部。打破城乡土地利用规划分割，强化“全域杭州”、“城乡规划”的理念，构建城乡衔接、全域覆盖、无缝对接、互补融合的城乡规划体系，发挥其优化布局、统筹推进城乡建设管理的引领作用。突出余杭特色品位，体现传统文化特色，在规划建设时，就必须充分了解当地的环境、气候、民族、风俗习惯、古建筑特点等情况，从中寻找传统文化的内涵以及创作灵感，建造出传统文化与现代文化和谐统一的建筑，打造个性化城镇。在规划时，还要在保护传统民居前提下充分考虑原有小区的新型城镇化再改造，利用“三改一拆”契机，优化城市内部空间布局，避免出现新城区繁荣、旧城区衰落的不和谐现象[①]。三是稳步推进统筹城乡综合配套改革。有序推进城乡户籍管理制度改革，逐步实现按实际居住地一元户口登记，逐步取消附加在户籍上的各种福利，实现劳动力的自由流动和平等竞争。深化农村社区股份制改革和村集体“三资”管理，完善运行管理机制。探索推进农村物权产权制度改革和农村集体建设用地制度改革，探索建立宅基地流转机制和房屋所有权确权、抵押、置换等机制。探索村民跨村集聚办法，以及村组重组、拆迁安置后村民自治、民心融合、集体资产管理的新机制。完善农村新型社区管理体制，加强新农居点和农转非居民拆迁安置房物业管理，重点研究农民多高层公寓的后续管理制度，提高农村居民集中居住区管理水平。建立城乡平等的要素交换关系，尽可能提高农村土地征用综合补偿标准和失地农民社会保障标准。深化农村金融体制改革，大力开发推广适合“三农”的金融产品。推进中心镇小城市培育，完善各组团区域内镇街抱团发展机制，增强镇街的社会管理功能。通过改革创新，力争在重点领域和关键环节取得突破性进展。按照中央部署，抓好农村土地流转工作。四是建立促进人口双向流动的科学机制。杭州等一线、二线城市控制城镇人口这个总体思路是正确的，有其必要性、紧迫性、重要性，关键在于政策是否科学。可以出台分类处理不同人员的城镇化的相关政策。对于具有本地户籍的城乡居民，要逐步剥离城乡户籍制度的福利分配功能、教育、医疗、养老差别，实现义务教育、就业服务、基本养老、基本医

---

① 民盟中央.城镇缺乏历史文化精神支撑[N].江淮时报，2013-03-29.

疗、保障性住房等覆盖城乡常住人口。对于外来务工人员，符合本地发展需要的，要帮助解决住房、子女教育等各类落户难题，消除社会籍贯歧视，实现人才身份彻底转换；不符合本地发展需要但为本地阶段性发展做出过贡献的人员，要提供医保、养老保险接续、转移等便利，确保平稳地、愉快地退出本地劳动力就业市场。在是否符合的判断标准上，要坚持市场决定性作用和更好发挥政府作用相结合，慎重出台相关政策。

### 3. 敢于实践，不断探索扩大有效投资

本地居民城镇化，建设安置房；外地居民城镇化，建设保障房，都需要大量资金。1892 年，马歇尔在《经济学原理》一书中特别指出："所有资本中最有价值的是对人本身的投资。"[①]这句话尤其适用于政府的城镇化建设资金投入取向。20 世纪五六十年代，舒尔茨的人力资本理论系统地阐述了人力资本的形成、特征、投资收益等问题，论证了其在现代经济增长和经济发展中的决定作用。[②] 一是开源，解决资金来源问题。除了一些常规的方法，还可以借鉴先进国家和地区经验，争取上级支持，先行试点设立城镇化公共建设基金，发行公共投资基金券，避免增加新的地方政府债务。二是节流。经过科学论证，必须由政府投资的才由财政支出，并严格纳入预算管理；属于企事业性质的，交由市场化运作。

### 4. 科学安排，高度把握适度原则

推进新型城镇化是一门需要高度平衡的艺术。一是合理确定土地开放强度，防止"摊大饼"与"挤压缩饼干"两个极端。从现有土地开放强度算式 $B=\frac{1}{8}\sum(B_1,B_2,B_3,B_4,B_5,B_6,B_7,B_8)$（$B$ 为现有开放强度指数；$B_1$ 为经济水平指数；$B_2$ 为经济发展变化指数；$B_3$ 为城镇化指数；$B_4$ 为工业化指数；$B_5$ 为产值能耗指数；$B_6$ 为人类发展指数；$B_7$ 为产业结构演进指数；$B_8$ 为交通指数），我们可以看出，在总面积和人口一定的情况下，土地开放强度越高，土地利用效率提升，建筑面积占用地面积的比率就越大，空地和绿化带

---

① 张日波. 报酬递增思想何以中断——兼论新古典经济学对马歇尔的"两大背离"[D]. 浙江大学博士学位论文，2012.

② 陈云平."人力资本"理论及其给我们的启示[J]. 贵州财经学院学报，1994(1).

因而增加，城市人口活动空间因而增大，居住环境质量可以相应提高。但是，当土地开发强度达到一个极限时，人口过于密集，开始对城市环境起负面作用，造成城市交通拥堵、公共及基础设施负担过重、环境逐渐恶化。因此，要把城区土地开放强度控制在一个合适的范围内，一般为20%左右（如香港人口密度为上海的两倍，人均GDP也高于上海，但其开发强度为24%，上海接近50%，北京则超过50%①），确保生活舒适性；要划定城市开发边界，特别要确保“耕地红线”与“风景红线”；要防止“摊大饼”，充分利用原有的小城镇、组团式发展、点式分布的优势，把城市放在美丽的自然环境中，把绿水青山与城市有机融为一体。二是防止城镇的建筑风格向农村转移，使农村失去了自己的老建筑。三是划定开发边界，做好非城镇化地区生态保护。

**5. 系统设计，注重发挥城市发展协同效应**

一是“四化”同步推进。工业化创造供给，城镇化创造需求，工业化、城镇化带动和装备农业现代化，农业现代化为工业化、城镇化提供支撑和保障，而信息化推进其他“三化”。促进“四化”在互动中实现同步，在互动中实现协调，从而实现社会生产力的跨越式发展。因此，要建立城乡要素平等交换机制，保障农民土地财产权益。要大力发展都市经济，吸取底特律城镇化教训和一些拉美国家高城镇化率低产业集聚导致贫民窟的教训，在城镇化的推进中，坚持“产业与人口同步”原则，务必确保新的产业能跟上人口集聚，产城融合，防止城市因产业空心化而没落。发挥区域优势，发展电商、物流等第三产业，全面实施“四换三名”工程。在产业选择上，不宜以什么论英雄，而应以低碳、能创造最大就业容量、经济收入能为更多人分享为考量。要加强新农村建设，推进农业机械化，采用先进技术手段，加强农业机械化程度，实行规模经营，实现清洁生产，增加农民收入，一方面，让农民成为体面的职业，另一方面极大地解放农村生产力，促进农业人口自然转移为城镇人口。要建立城乡统一的建设用地市场，确保农转非居民土地收益长期性，保留土地对居民的兜底功能。二是“五位一体”同步推进。在经济上，确保农村转移到城市人员有岗位有收入，建立完善的社会保障制度，解除农民市民化的后顾之忧；探索建立拆迁赔偿与被拆迁户继续教育、职业培训挂钩的

① 数据来自国家发展研究基金会《中国发展报告2010》。

制度，以较强的激励约束机制确保新市民有适应新时代新岗位要求的一技之长，提高农民在城市生存与发展的能力。在政治上，确保其平等参与城市事务，在文化上消除隔阂，在社会管理上以体育健身和文艺等为纽带打造“社区文化”，同时，要加强生态化城镇建设，全面推进环境综合整治，“五水”共治，净化空气，让美丽生态与美丽城镇融为一体，还要注意保护生态功能保护区。三是发挥“全国城镇化一盘棋”的大局意识，一方面，先富帮后富，逐步缩小地区差距，最终形成平衡发展、各有特色的总体格局，以差异化吸引不同人口双向流动、自由集聚，从而从根本上改变人口净流入趋势；另一方面，牢固树立未来城市间竞争将从单打独斗转到城市群集群对外竞争、对内分工的新理念，坚决贯彻上级重大决策部署，加快郊区与主城区全面融合步伐，主动融入杭州都市经济圈，主动接轨长三角城市群，在全面融入过程中更好地实现新型城镇化。只有不停顿改革、只有不封闭的开放、只有充分而公平的竞争，才会长久保持一个城市的综合竞争力，最终实现真正的“走在前列、脱颖而出”。

# 目标理论视角下沿海发达县域政府绩效目标设置研究

## ——基于浙江5个区县市的调研分析

**内容提要** 受西方发达国家新公共管理经验的影响，20世纪90年代我国沿海发达县域开始结合本地实际，对政府绩效考核进行有益的探索和尝试。但政府绩效考核的前提和基点是建立在绩效目标设置的基础之上的。本文基于浙江5个区县目标设置的现状，运用目标设置理论及其相关研究成果，对可能存在的问题进行剖析，并提出相关的对策和建议。

**关键词** 绩效管理；目标设置；区县政府；沿海发达地区

## 一、问题的提出

当前，随着我国社会经济的不断发展，特别是经济体制转轨和政治体制改革深化，政府绩效问题日益受到社会各界关注。对此，中央和地方政府高度重视，并积极探索实践。如2013年12月，中组部根据习近平总书记要求下发的《关于改进地方党政领导班子和领导干部政绩考核工作的通知》，便明确要求政府政绩考核要突出科学发展导向、完善评价指标（目标）。政府绩效目标设置（Target-setting）居于政府绩效考核的核心，是一切工作的起点和关键所在。换句话说，如果目标设定得不合理的话，那么后续的任何绩效改进工作都是徒劳无功的。因此，在地方政府绩效管理上目标设置研究

【作者简介】高波，中共柯桥区委党校副校长；邱昊，中共柯桥区委党校讲师。

有着特别重要的意义。

## 二、目标设置理论——政府绩效考核的基点

“目标设置理论”(Goal Setting Theory),最早由 E. A. Locke 提出,他和休斯在研究中发现,外来的刺激(如奖励、工作反馈、监督的压力等)都是通过目标来影响动机的,即无论何种激励手段,都离不开目标设置。

### 1. 目标设置理论的基本模式

Locke 和 Latham 认为在目标内容中,有两个维度对目标设置的效果最有意义:目标的明确度和目标的难度。

(1)目标的明确度

目标的明确性是指个体可以通过目标清晰地了解到自己需要做什么,做到什么程度。研究表明,明确的目标比模糊目标可以产生更高的绩效。因为明确的目标能够更好地引导个体注意并努力趋近与目标有关的行动,远离与目标无关的行动。Rothkopf 和 Billington 在研究中发现,有具体学习目标的学生对与目标有关的文章的注意和学习均好于对与目标无关的文章的注意和学习。

(2)目标的难度

目标设置理论认为目标设置的难度影响着个体的投入,进而影响绩效水平。Locke 和 Latham 等认为任务的困难程度与成绩之间呈正的、线性函数关系,即最高的或最困难的目标产生了最高水平的努力和成绩,但前提条件是,目标的实现在个人能力允许的范围内,并且个体对目标有着较高的承诺。在这种情况下,目标的水平越高,绩效越好(见图 1)。

### 2. 目标设置理论的扩展模式

在目标设置与绩效之间还有其他一些重要影响因素,如目标承诺、反馈、自我效能感、任务策略、满意感等。

(1)目标承诺

目标承诺反映了个体对所设置目标的认可程度和完成决心,它通过调节个体的活动积极性间接地影响着活动结果。已有的研究表明,如果个体没有承诺要完成某个目标,那么他在活动中就不会投入太多的精力,无论目标要求困难与否。此外,Mento 等人在研究中发现与“尽最大努力”相比,具

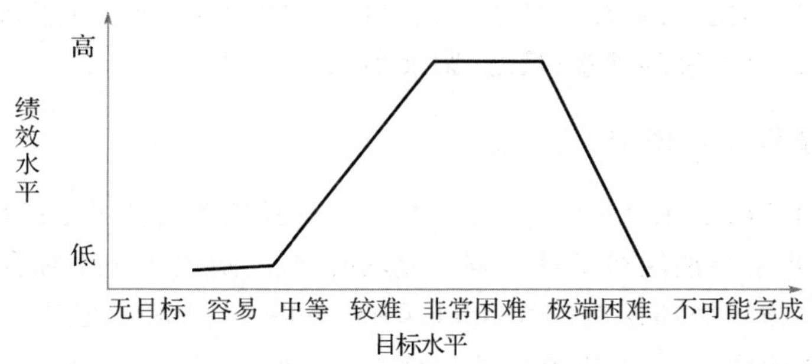


图 1 目标水平与绩效的关系图

（资料来源：J. Reeve，1996）

体的困难目标可以产生更好的成绩。这是因为“尽最大努力”这一目标没有外部的参照，所以每个人对它的界定都可能不同；而当目标很具体时，则不会出现这种情况。

（2）反馈

目标设置理论认为，目标与反馈结合在一起可以产生更高的绩效水平。目标的存在不仅指出了个体需要达到的活动结果，也为个体评价自身表现提供了一定的绩效标准。反馈信息则可以帮助个体了解到自己距离目标水平的差距以及成绩标准的满足情况，即哪些地方做得好，哪些地方有待改进。

（3）自我效能感

自我效能感的概念最早由 Bandura 提出，他认为高的自我效能感有助于个体长期坚持在某一个活动上，尤其是当这种活动需要克服困难、战胜阻碍时。比如 Bandura 和 Cervone 发现同样告诉被试者他的成绩不好时，高自我效能感的人比低自我效能感的人坚持努力的时间要长。

（4）任务策略

目标设置理论认为，要想完成目标，得到更好的绩效，选择一个良好的策略是至关重要的。Cheslley 和 Locke 发现，在一个管理情景的模拟研究中，只有在使用了适宜策略的情况下，任务难度与被试的绩效才显著相关。

（5）满足感

目标设置理论比较强调外在奖励的作用。该理论认为当个体经过种种努力最终达到目标，得到了所希望的报酬和奖赏时，就会产生满足感；如果没有得到预料中的奖赏，个体就会感到不满意。同时，满意感还受到另一个因素的影响，就是个体对他所得报酬是否公平的理解。如果说，通过与同事相比、与朋友相比、与自己的过去相比、与自己的投入相比，他感到所得的报酬是公平的，就会感到满意；反之，则会不满意。

### 3. 高绩效循环模型

1990 年 Locke 和 Latham 在《一个关于目标设置与任务成绩的理论》一书中，进一步系统地阐述了目标设置理论的观点，提出了一个综合的目标设置模型即高绩效循环模型(The high performance cycle)(见图 2)。该模型的起点始于明确的、有适度难度的目标，认为如果个体对该目标具有较高水平的承诺和自我效能感，并采用适宜的任务策略以及获得适当的反馈信息，那么个体就会产生较高的绩效水平。当然，如果高绩效水平还能够给他带来所期望的奖励，那么个体就会因此产生满足感。而高度的满足感反过来会促使个体更高的目标承诺水平，使个体愿意继续从事此类工作，接受新的和挑战性的任务，开始新一轮的高绩效循环。反之，则会导致低绩效循环的产生。

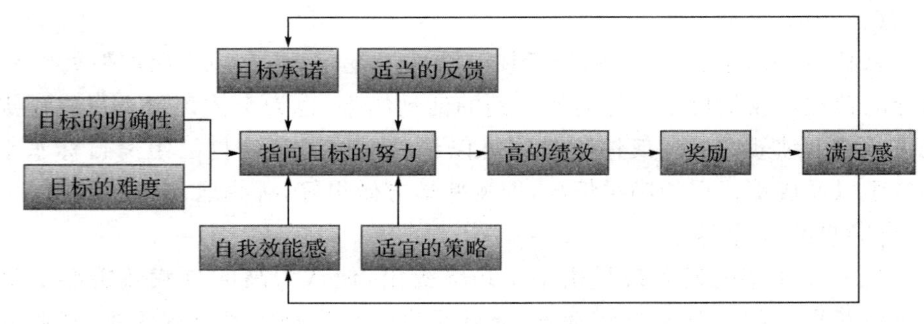


图 2　高绩效循环模型

(资料来源：E. A. Locke，1990)

## 三、基于目标设置理论对沿海发达县域绩效目标设置的分析

我国政府绩效目标设置起步较晚，发展较慢，在政府绩效评估实践中，尽管取得了一定的成绩，但还是存在不少问题需要进一步完善。为此，笔者将基于 Locke 和 Latham 的高绩效循环模型，从任务的明确度、目标重要性(权重)、目标的难度、目标承诺性、自我效能感、反馈等中介因素，对浙江 5 个区县市的绩效目标设置情况进行剖析，以探究当前我国沿海发达县域绩效目标设置可能存在的问题。

### 1. 考核目标的明确度不够

(1)考核指标过于繁杂

当前,地方政府绩效考核的指标设置是以其实际工作内容为主要依据的。由于镇街政府面临的是纷繁复杂的社会事务,决定了其管理职能的复杂性和全面性。加之,区县政府在指标设置时缺少必要的合理细化和精简,往往会造成次级考核指标过于繁杂。根据 5 个区县市调研情况,除萧山区和义乌市缺乏次级指标外,其余各区县市次级考核指标都在 100 左右,最高的鄞州区甚至高达 240 个考核指标(见表 1)。这些数量庞大的次级考核指标仅是考核文件中明确列出的,如果加上一些另行考核的文件,指标这一数字将会更高。过多的考核次级指标虽然能够增加考核的全面性,但另一方面多达近百个的指标设置,往往会使上下级之间产生严重的信息不对称(information asymmetry),从而使下级部门在指标设置中占据有利位置。一个典型的情况是,镇街政府往往会选择较容易实现的指标任务,而规避较难实现但却是最关键的目标任务,导致目标替代(goal displacement)现象的发生。

**表 1　浙江 5 个区县市的考核指标情况简表**　　(单位:个)

| | 柯桥区 | 萧山区① | 鄞州区② | 温岭市 | 义乌市③ |
|---|---|---|---|---|---|
| 经济考核指标数 | 13 | 14 | 42 | 24 | 11 |
| 城乡考核指标数 | 12 | 7 | 34 | 13 | 3 |
| 文化考核指标数 | 另行考核 | 5 | 31 | 7 | 另行考核 |
| 社会考核指标数 | 5 | 11 | 52 | 22 | 8 |

① 萧山区仅有考核事项,缺乏次级指标。

② 经济指标中,全社会固定资产投资、旅游发展两项考核指标文件另行制定,没有统计在内;城乡指标中"美丽镇村·幸福家园"建设考核指标文件另行制定,没有统计在内;文化指标中教育工作考核指标文件另行制定,没有统计在内;社会指标中就业和社会保障、流动人口服务管理两项考核指标文件另行制定,没有统计在内;生态指标中环境整治考核指标文件另行制定,没有统计在内;党建指标中党风廉政建设、组织建设、人才工作、信访工作、信访积案化解、妇联工作、人武工作七项考核指标文件另行制定,没有统计在内。共计 14 项考核工作指标另行制定。

③ 义乌市仅有考核事项,缺乏次级指标。

续表

| | 柯桥区 | 萧山区 | 鄞州区 | 温岭市 | 义乌市 |
|---|---|---|---|---|---|
| 生态考核指标 | 另行考核 | 3 | 25 | 6 | 5 |
| 党建考核指标 | 另行考核 | 6 | 42 | 35 | 9 |
| 加扣分考核指标 | 68 | 13 | 14① | 已包含在上述各项 | 无具体指标 |
| 合计 | 98 | 59 | 240 | 107 | 36 |

资料来源：本表参照绍兴县《2013 年镇（街道）、平台岗位目标责任制考核意见》县委〔2013〕30 号、萧山区《萧山区人民政府 2013 年度镇街文明幸福考评的意见（试行）》萧委〔2013〕12 号、鄞州区《2014 年度鄞州区镇乡（街道）目标管理考核实施意见》鄞党办〔2014〕5 号、温岭市《2013 年度镇（街道）经济和社会发展目标责任制考核办法》温市委办〔2013〕37 号、义乌市《义乌市镇（街道）考绩法（试行）》和《义乌市机关单位考绩法（试行）》市委〔2013〕30 号等文件制定。

(2)考核部门过于庞杂

由目标设置理论可知，明确的目标可以产生比模糊目标更高的绩效。但过度庞杂的考核部门会使被考核者难以把握考核的重点和方向，因此也难以在实际中开展工作。在调研的 5 个区县市中，扣除相同的考核部门，平均在 45 个考核部门左右（见表 2）。如果算上另行考核的工作，这一数字将会更大。众多的考核部门往往会给人一种考核更加公正和细致的感觉，可其实不然，因为起决定作用的考核部门往往就几个，其他众多的考核部门往往只有 1 分或 0.5 分的决定权。此外，据一些镇街反映，在具体考核过程中存在一些上级职能部门将本该由自身承担的业务工作，通过考核转嫁给镇街的现象，造成基层工作负担进一步加重。镇街政府在这种情况下，难以形成对自己工作目标的清醒认识，同时也会因此缺乏工作责任和工作动力。

① 鄞州区只有加分项，无扣分项。

表 2 浙江 5 个区县市考核部门汇总简表

| | 柯桥区 | 萧山区 | 鄞州区 | 温岭市 | 义乌市 |
|---|---|---|---|---|---|
| 经济考核部门 | 统计局、财政局、国税局、经信局、商务局、发改局、工商局、宣传部、环保局、科技局、人力社保局、农业局、林业局、旅游局 | 区统计局、区经信局、区发改局、区财政局、区招商局、区商务局、区农办、区科技局、质监萧山分局、区委人才办、区人力社保局 | 统计局、财政局、发改局、投资合作局、经信局、科技局、商务局、农林局、旅游局、金融办 | 国税局、财政局、地税局、发展和改革局、统计局、经济和信息化局、协作办、商务局、三产办、东部产业集聚区管委会、农办 | 招商局、商务局、经信委、国土局、工商局、统计局、科技局、质监局、财政局、地税局、农业局、发改委、社区建设办、农办、社区建设办、督查办 |
| 城乡考核部门 | 城管办、民政局、文明办、建设局、规划局、水电局、环保局、经信局、农业局、县长效办、国土局 | 区农办、国土萧山分局、区城乡一体办、区住建局、区经信局、区政府办公室、区监察局 | 区府办、住建局（镇村办）、农办、交通局、水利局、城管局 | “三改一拆”工作领导小组办公室、国土资源局 | “三改一拆”办、执法局、国土局、生态办、创建办、 |
| 文化考核部门 | 另行考核 | 区委宣传部、区文明办、区文广新闻出版局、区统计局、区文创办、区文明幸福办、新城管委会、前进工业园区指挥部 | 宣传部、文明办、文广局、教育局、卫生局、政研室、党史办、档案局、编办 | 科技局、民政局、教育局、文广新局、体育局、 | 另行考核 |

续表

| | 柯桥区 | 萧山区 | 鄞州区 | 温岭市 | 义乌市 |
|---|---|---|---|---|---|
| 社会考核部门 | 信访局、人口计生局、安监局、公安局、建管局、食安办头，食监局、农业局、宣传部、应急办、民宗局、人力社保局、环保局、水电局、法制办、政法委、流管局、司法局、政研室 | 区农办、区人力社保局、区教育局、区卫生局、区民政局、区人口计生局、区食品药品监管局、区安监局、区委政法委、区信访局 | 人社局、民政局、计生局、残联、关工委、流动人口办公室、药监局、安监局、司法局、总工会、团区委、妇联、人武部、区委办、 | 人力资源和社会保障局、卫生局、安全生产监管局、消防安全委员会、办证中心、纪委、邮政局、市委办市府办、直线电话受理中心、残联、人口和计划生育局、统计局 | 平安办、人武部、公安局、交通局、流动人口管理局、信访局、安监局、市府办、人大办、政协办、组织部、法制办、普法办、市府办、住建局、文广新局、教育局、体育局、人力社保局、残联等单位、计生委、卫生局、食品药品监管局、行政服务中心、行政服务中心 |
| 生态考核部门 | 另行考核 | 区环保局、区统计局、区经信局、区城管局、区住建局 | 环保局、文明办、森林鄞州办公室、国土资源局 | 环保局、农办、经济和信息化局、统计局 | “三改一拆”办、执法局、国土局、生态办、创建办 |
| 党建考核部门 | 另行考核 | 区委组织部、区纪委、区委统战部、区办事服务中心、区监察局、区政府法制办、区人武部 | 纪委、组织部、人才办、人社局、综治办、信访局、审管办、统战部、法制办、机关事务局、机要局 | 人力资源和社会保障局、政法委、公安局、流动人口服务管理局、司法局、教育局、信访局、法制办、610办公室 | 纪委、监察办、人才办、组织部、宣传部、统战局（民宗局）、人武部、民政局、编办、档案局 |
| 合计 | 37 | 39 | 55 | 39 | 55 |

资料来源：同表1。

### 2. 考核指标权重设置不合理

目前，部分县区市在考核指标设置时仍存在定位不明的现象，即对于通过考核解决什么问题、达到什么目的缺乏清醒的认识。政府绩效目标是一个多指标系统，然而各县区市过分强调经济领域指标的设置，忽视公共服务、民生建设和生态环境建设等方面的指标设置。在调研中,除义乌市外,各区县市经济分值所占比重明显高于社会、生态、文化等几块的分值比重(见表3)。此外,在考核指标体系中有些本应归属经济的指标被人为地划拨到城乡、生态和社会等领域。所以,如果把所有涉及经济的分值累加,其比重要远超于现在的50%。以2013年柯桥区为例,该区干部岗位目标责任制指标体系中,涉及"经济发展"的指标占了基本分100分中的50%。另外36个附加分项目中有关"经济"的达26项,占72.22%。这也难怪一些得分较高的镇街仅经济分一项就有将近90分(百分制)了,而得分低的镇街总分也有近60分(百分制)。政府绩效目标考核是一个多指标系统,这种过分关注经济发展的指标权重设置必然会导致镇街政府在行政管理工作中失衡。

**表3 浙江5个区县市考核比重情况简表**

| | 柯桥区(%) | 萧山区(%)① | 鄞州区(%)② | 温岭市(%)③ | 义乌市(%) |
|---|---|---|---|---|---|
| 经济比重 | 50 | 48 | 31 | 38 | 20% |
| 城乡比重 | 28 | 8 | 14 | 10 | 4% |
| 文化比重 | 0 | 9 | 12.5 | 4.5 | 0 |
| 社会比重 | 22 | 20 | 14 | 22 | 40% |
| 生态比重 | 0 | 4 | 15 | 10 | 12% |
| 党建比重 | 0 | 11 | 21 | 15.5 | 24% |

资料来源:同表1。

### 3. 部分考核指标执行难度过高

目标设置理论认为,在个人能力允许的范围内目标的水平越高绩效越好。但政府部门不同于市场主体,可以在市场价值规律作用下,实现其商品价值的精准定位。政府部门作为非市场经济主体,其提供的公共产品和服务,属于"非商品性"产出,加之政府服务的垄断性,使政府的产出很难以市

---

① 萧山区以综合发展性指标设置权重做统计。

② 鄞州区分为三类,本文依照第二类做统计。

③ 温岭市按照《2013年度镇(街道)经济和社会发展目标责任制考核办法》的通知中共性考核中各项工作分值比重做统计。

场价值的标准进行衡量。而现实的情况是，许多区县政府部门往往会倾向于制定非常高的目标任务，以期向上级政府部门发出“利好”信号，以获得其赞许和认可。

### 4. 奖惩机制不完善，承诺性和自我效能感不高

（1）奖惩机制不完善

目标设置理论认为适度和公平的激励制度，能够使个体在实施目标时的坚持性更持久。因此，区县市政府实施绩效奖惩机制有助于提高自身绩效水平。目前，区县市政府提供的激励手段主有两种形式：一是以奖金为核心的经济激励手段；二是以职务晋升为核心的政治激励手段。虽然这两种激励手段在当前都起到了较为明显的作用，但是从长远来看却存在诸多弊端。因为，这种考核机制容易诱导个体在履行职责时追求自身利益的最大化，而不是追求公共利益的最大化。此外，各区县市普遍存在重奖励、轻处罚、奖励差距过小的现象。显然，这种奖惩格局不符合权责对等的原则，因此，也难以起到约束和警示的作用。

（2）承诺性和自我效能感不高

目标承诺与否、承诺水平的高低直接影响着活动的结果。但是当前部分区县市政府在绩效目标考核时存在重承诺形式、轻承诺效果的现象。调研发现，许多镇街的目标设置是由上级领导单方面制定的，下级和公众缺乏有效的参与。上级以文件形式下发，强制下级签订形式上的目标责任书，使目标承诺变成了上级对下级的“行政命令”，导致下级“被动”承诺，下级的自主性难以发挥，认同度较低。因此，实施目标的积极性不高、动力不足，满意度较低。

### 5. 反馈机制匮乏和任务策略不当

（1）反馈机制不完善

绩效目标考核的科学性、有效性是建立在对绩效评估工作不断改进的基础之上的，因此对考核结果的反馈和跟踪是一项十分重要的工作。但根据实地调研，目前5个区县市政府在实施绩效考核的过程中，实行的都是一次性评估，缺少过程中的跟踪和反馈环节，致使区县市不能及时掌握镇街各项工作任务的进展情况，进而影响整体绩效目标的实现。

（2）任务策略不当

目标设置理论认为,如果目标策略选择得当,就能有效完成目标任务。一般而言,地方镇街政府的绩效目标多是高层制定的战略性目标的分解,镇街通过完成每个阶段的短期目标任务而达到实现长期战略目标的目的。因此,地方政府的任务策略主要表现为,如何保持短期目标与长期目标的均衡问题。但是在实地调研中,多数区县多年重复使用同一考核指标体系,并没有体现出长短期目标的契合。此外,上级领导的决策也会受任期的影响,任期会像“季节”一样深刻地影响上级领导的心理认知、战略决策、行为和结果。

## 四、当前沿海发达县域绩效目标设置情况的有效回应

基于目标设置的有关理论,结合实际调研中 5 个区县市在绩效考核设置中存在的不足,参照新形势下中央对地方领导干部政绩考核的新要求,笔者认为构建沿海发达县域政府绩效目标设置应在以下方面有所改进和提升。

### 1. 明确目标考核体系

建议对镇街的目标考核体系调整为由“共性考核、个性考核、领导评议和满意度测评、加分扣分、一票否决”五部分内容组成。其中,共性考核以完成市对区(县)考核任务和全区(县)中心工作为主,设置考核内容;个性考核根据各镇街解决自身发展中突出矛盾和问题的重点工作、特色工作为主,设置考核内容;加分扣分项目适当进行缩减,部分内容可以放到基本分当中进行考核;一票否决项目不超过 5 项,保留党风廉政建设、信访、计划生育、安全生产等项目,其他可以列入基本分和加扣分中。

### 2. 均衡指标权重设置

一是建议增加民生、生态、党建等指标权重。适当降低经济指标所占比例,更加突出民生、生态、党建的重要性。二是建议增加地方债务考核指标。对具有融资功能的平台和镇街增加地方债务考核。三是建议指标删繁就简。对于不涉及市对区考核内容和全区中心工作的相关部门考核指标,进行部分删减,相关工作可以增设单项工作先进奖。四是建议增加指标刚性。涉及部门进行细化考核的有关指标,建议限制细化条目数量,将细化内容量化后统一写进总考核文件。

### 3. 因地制宜侧重特色

中组部关于考核工作通知下发后，重庆提出了划分功能区块的做法，对县市区的考核共分了都市功能核心区、都市功能拓展区、城市发展新区、渝东北生态涵养发展区和渝东南生态保护发展区五大类，设置不同的考核指标。浙江省内其他县市区考核多数进行了分类考核，并大都将城市型街道单列，其他再进行分类。如萧山绩效考核设置时就划分为城市化发展型、大平台开发建设型、生态保护开发型、综合发展型四类，并且针对不同类型的考核指标权重设置不同。因此，建议各区县考核分类时进行微调，将各镇街平台分为城市化发展型、大平台开发建设型、综合发展型、生态保护开发型四组进行有差别化考核。

### 4. 完善考核结果运用

在考核结果与干部评价挂钩上，建议在优胜单位之外适当增加若干个人考核优秀名额，以鼓励工作实绩显著、尽力而为的领导干部。在考核结果与奖金挂钩上，不少镇街都在进行数额不等的内部考核，建议统一切出适当比例奖金，作为由镇街根据内部考核情况自定发放部分，调动镇街内部积极性。

### 5. 科学施行考核方法

建议平时考核与年终考核相结合，加大平时考核力度，减轻镇街年终应考负担；静态考核与动态考核相结合，不仅要有“事终”考核，更要有“事中”考核，把考核贯穿于工作的全过程。对考核文件制定后出现的重点工作，适当增加入考核当中。同时，各区县市政府在绩效考核时要对绩效考核信息进行深入分析，找出那些需要提高和改进的方面，科学地对自身能力进行评估。这就要求各区县市政府要特别注重镇街在绩效考核过程中反馈意见。此外，要注重考核发展的连续性，考核坚持和完善前任正确发展思路、一张好蓝图抓到底的情况，把是否存在“新官不理旧账”、“吃子孙饭”等问题作为考核重要内容。

## 五、结论

政府绩效考核作为一种克服官僚主义、改进公共部门绩效的有效管理工具，在英美等国得到了持久、广泛、成熟的理念推行与技术应用，并日益实现了自身的普及化、规范化和技术化。但政府绩效考核的基点——目标设置是一套复杂的系统工程，我们难以复制西方发达国家的模式经验。当然，我们也不能简单地从政府职能出发寻求政府绩效评估指标的万全之策。我们应立足自身实际，从立体多维的视角进行探讨，并在长期的实践过程中不断修缮，方可建构出一套更为科学、合理、完整的地方政府绩效评估指标体系，为地方政府绩效评估工作的顺利、有效开展奠定理论和技术基础。

# Chapter

## 02 县域经济篇

# 加快临安市创新驱动转型发展研究[①]

## ——基于长三角四区(市)的比较分析

**内容提要** 本文选取南京江宁区、上海青浦区和嘉兴南湖区作为临安市的比较研究对象,用创新能力评价指标进行比较分析。通过比较研究,认为坚持观念先行、人才第一、市场导向、产城融合、借力联动是江宁区、青浦区和南湖区的共性经验,而人才+产业驱动、"创新驿站"服务推动、"双核"院所带动分别是三地的特色。立足临安市情,借鉴三地经验,建议临安实施成本领先、集中化、需求导向策略,并围绕做优创新环境、加大创新投入、管理创新过程三个方面提出对策建议。

**关键词** 创新驱动;转型发展;科技城

实施创新驱动发展战略,是党的十八大做出的重大战略决策。《中共浙江省委关于全面实施创新驱动发展战略加快建设创新型省份的决定决定》提出了浙江省实施创新驱动发展战略的总体要求、目标任务和工作举措,并明确提出要加快推进青山湖科技城创建国家级高新区,于是,临安加快创新驱动、转型发展面临重要机遇。临安市委十三届五次全会做出了全面实施创新驱动发展核心战略的重大部署,并要求突出学习导向、问题导向、服务导向,以深入解放思想,引领创新驱动发展。临安市委党校围绕市委决策部署,对长三角部分区(市)创新驱动转型发展情况进行了比较研究,以期"跳

---

【作者简介】寿屹峰,中共临安市委党校校长;颜林,中共临安市委党校市情研究中心副主任,讲师;吕秋菊,中共临安市委党校助理讲师。

① 本文获2014年度浙江省党校系统理论研讨会二等奖。

出临安看临安”，为加快临安创新驱动、转型发展提供决策参考，同时也为全省县域经济转型发展提供借鉴参考。

## 一、比较研究对象的选取和创新能力评价指标的确定

### 1. 在江浙沪地区选取具有一定可比性的样本

本文选择南京市江宁区、上海市青浦区和嘉兴市的南湖区作为与临安市比较研究的对象，主要基于三个方面的考虑：

第一，在区位条件、发展水平和发展机遇方面具有一定的相似性。江宁区、青浦区分别位于南京市和上海市主城区的外围，于2000年和1999年撤县设区，南湖区则早在2003年就规划建设嘉兴科技城。四地都是长三角地区的区县(市)，整体发展水平都比较高(见表1)。

表1　2012年四个地区的主要经济指标①

| 指　标 | 江宁区 | 青浦区 | 南湖区 | 临安市 |
|---|---|---|---|---|
| 行政区域面积(平方公里) | 1573 | 676 | 426 | 3126.8 |
| 户籍人口(万人) | 94.59 | 46.5 | 47.5 | 52.6 |
| 常住人口(万人) | 117.26 | 117 | 69 | 57.11 |
| 地区生产总值(亿元) | 926.59 | 718.1 | 353.88 | 382.2 |
| 地方财政收入(亿元) | 269.7 | 75.2 | 19.3 | 23.66 |
| 三次产业结构 | 4.7∶58.4∶36.9 | 1.4∶57.5∶41.1 | 4.02∶47.04∶48.94 | 8.8∶57.6∶33.6 |

第二，在产业发展阶段方面具有一定的相似性。近年来，四地都积极建设科技园区，大力发展战略性新兴产业(见表2)，致力于创新驱动、转型发展。

① 本文数据主要来源于四个地区的相应年份的统计年鉴、统计公报和政府工作报告，部分数据为调研所得。

表 2 四个地区的产业结构

| 主要产业 | 江宁区 | 青浦区 | 南湖区 | 临安市 |
|---|---|---|---|---|
| 主导产业 | 汽车制造、电子信息 | 现代纺织、精密机电、印刷传媒、电子信息和文体用品制造 | 通讯电子、汽配机电、香精香料、特种钢铁 | 装备制造、医药化工、电线电缆、绿色照明、复合装饰材料等 |
| 战略性新兴产业 | 智能电网、软件及未来网络、航空、生命科学、高端装备制造 | 新材料、高端装备、新一代信息技术、智能电网、生物医药等 | 物联网、新能源、生物医药 | 高端装备制造、节能环保、生物医药新一代信息技术 |

第三，作为创新驱动发展先进地区，有实践探索和成功经验可供借鉴。从表 1 中可以看出，江宁区和青浦区是典型的先进地区。江宁区经济总量和地方财政收入分别是临安的 2.4 倍和 11 倍；青浦区这两项指标分别是临安的 2 倍和 3.9 倍。南湖区虽然经济发展水平和临安大致相当，但位于南湖区的嘉兴科技城已经走过 10 年发展历程，相对于青山湖科技城来说是“先行者”，有其值得借鉴的地方。

### 2. 用创新能力评价指标来反映创新驱动发展的状况

实施创新驱动发展战略，核心是要全面提升创新能力。区域创新能力评价体系包括创新环境、创新投入、创新过程、创新产出以及创新经济效应五个方面（见图 1）①。

创新环境包括基础设施（如孵化器数量和面积）、经济发展水平、社会科教水平、信息化水平、政策体制环境、社会文化环境等方面。创新环境在很大程度上是靠长期的投入形成的，算得上是一种间接的创新投入。创新投入最主要的是从事科技创新活动的人员数量及层次、R&D 经费及科技管理服务支出等。创新过程最主要的是产学研合作，包括科技交流、技术市场交易、科技管理创新等方面。创新产出是创新能力最显著的外在表现，包括新企业、新产品的数量，论文、专利、商标的数量以及高科技产业产值等。创新效应或者绩效反映的是创新产出的扩大化和持续化，是整个创新体系的出发点和落脚点，最主要的是经济效应，还包括环境效应等。根据数据的可

---

① 参见：贺小刚.上海市区县创新能力调查研究[M].上海：上海财经大学出版社，2010.

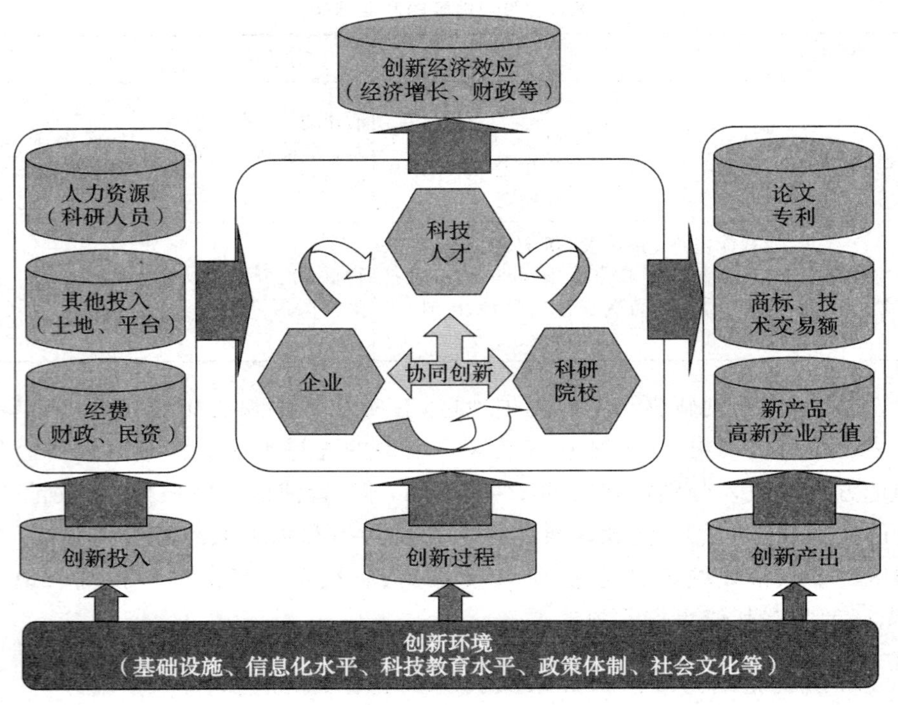


图 1　区域创新体系

获得性，选取部分评价指标如表 3 所示。

**表 3　区域创新能力评价体系**

| 创新能力要素 | 序　号 | 评价指标 |
| --- | --- | --- |
| 创新环境 | 1 | 每万人专利申请量（件/万人） |
| | 2 | 互联网用户普及率（%） |
| | 3 | 创业中心（孵化器）面积（万平方米） |
| 创新投入 | 4 | R&D 经费支出额占生产总值比重（%） |
| | 5 | 财政科技投入额占财政支出比重（%） |
| | 6 | 高层次人才数（人） |
| 创新过程 | 7 | 技术市场交易额（万元） |
| | 8 | 在孵企业数（家） |
| | 9 | 企业院士工作站（个） |

续表

| 创新能力要素 | 序　号 | 评价指标 |
| --- | --- | --- |
| 创新产出 | 10 | 发明专利授权量(件) |
| | 11 | 高新技术产业产值(亿元) |
| | 12 | 高新技术产值占工业比重(%) |
| | 13 | 战略性新兴产业产值(亿元) |
| 创新效应 | 14 | 经济增长率(%) |
| | 15 | 地方财政收入增长率(%) |
| | 16 | 人均地区生产总值(元) |

## 二、临安市与江宁区、青浦区、南湖区创新能力比较

### 1. 创新环境

临安市 2012 年每万人专利申请量 50.4 件/万人，虽然只有江宁区的 65%，但却高于青浦区和南湖区(见表 4)，说明临安具有较强的创新活力。从互联网用户普及率来看，临安只有 63.4%，是四个地区中最低的。从孵化器(创业中心)面积来看，临安市仅有 4 万平方米，虽然比青浦区稍强，但与江宁区近 50 万平方米、南湖区 35 万平方米的孵化面积相比，差距很大。

**表 4　四个地区部分创新环境指标**

| 创新环境指标 | 江宁区 | 青浦区 | 南湖区 | 临安市 |
| --- | --- | --- | --- | --- |
| 每万人专利申请量(件/万人) | 77.4 | 35.3 | 29.3 | 50.4 |
| 孵化器面积(万平方米) | 50 | 1.04 | 35 | 2.48 |

### 2. 创新投入

2012 年，临安市研发经费投入强度(R&D 经费支出额占生产总值比重)为 2.06%，在四个地区中偏低，远低于江宁区的 3.5%，也低于南湖区的 2.7%，但高于青浦区的 1.6。2012 年，临安科技支出占财政支出的比重为 4.72%，处于较高水平(见图 2)。但从经费总量上来看，临安科技支出不占优势，2012 年财政科技支出为 17135 万元，而青浦区达到 58863 万元。

2012年江宁区已经拥有国家"千人计划"特聘专家39人,江苏省"双创计划"人才28人,在高层次领军人才方面优势特别明显。南湖区拥有国家、省"千人计划"共22人,临安市只有5名,差距明显。

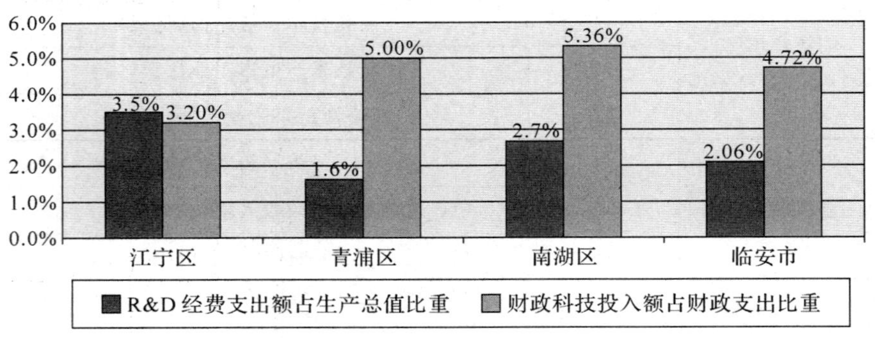


图2 财政科技投入及研发经费情况

### 3. 创新过程

表5从技术交易量、在孵企业数以及院士工作站三项指标大致反映了四个地区的创新过程。从表中可以看出,江宁区院士工作站最多,在孵化企业也最多,达到700多家。青浦区的院士工作站数量和临安相当,但在孵企业数是临安的两倍,技术交易额是临安的2.5倍。南湖区的院士工作站数量不及临安,但在孵企业数是临安的3.6倍。

**表5 四个地区部分创新过程指标**

| 创新过程指标 | 江宁区 | 青浦区 | 南湖区 | 临安市 |
|---|---|---|---|---|
| 技术市场交易额(万元) | — | 49955 | — | 1957 |
| 在孵企业数(家) | 724 | 180 | 328 | 90 |
| 院士工作站(家) | 10 | 4 | 1 | 4 |

### 4. 创新产出

创新产出反映创新的绩效。从发明专利授权量来看,临安市在四个地区中是最少的,只有127件,南湖区和青浦区分别为156件和223件,江宁区达到629件,是临安市的近5倍,这反映出江宁区首屈一指的创新能力。近年来,江宁区战略性新兴产业实现爆发式增长,2011年同比增长36%。

2012 年智能电网产业实现产值 505 亿元，同比增长 59%；软件及未来网络产业实现营业收入 605 亿元，同比增长 32%，2012 年高新技术产业产值占规模工业产值的 61.5%。青浦区高新技术产业产值和战略性新兴产业产值分别达到 705 亿元和 426.7 亿元，临安市和南湖区均在 400 亿元以下（见图 3）。

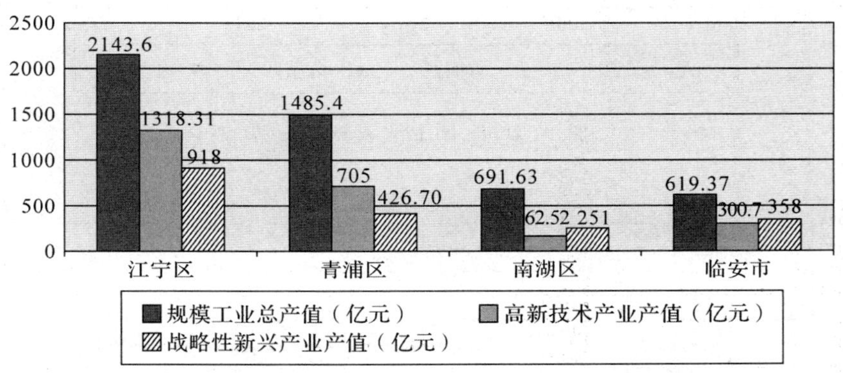


图 3 高新技术产业产值和战略性新兴产业产值情况

**5.** 创新效应

创新效应包括经济效应和环境效应等，是创新成果转化、扩散之后的经济社会效应。从 2012 年人均地区生产总值（按常住人口计算）来看，江宁区达到近 8 万元，临安市接近 6.7 万元，青浦区为 6.14 万元，南湖区最低，只有 5.13 万元。从 2012 年财政收入增长情况来看，江宁区增速最高，高达 24.6%，临安市和青浦区则只有江宁区的一半不到，分别为 12.1% 和 11.7%，南湖区更低，只有 10.8%。从经济增长率来看，江宁区近年来连续高速增长，地区生产总值年均增速达到 15%左右，明显高过其他三个地区（见图 4）。

江宁区这么高的增速，是靠投资驱动的吗？图 5 显示的是 2008—2012 年四个地区的固定资产投资增速。从图中可以看出，这些年江宁区的固定资产投资增长率和南湖区差不多，2012 年甚至低于临安市和青浦区。由此可见，江宁区的高增长并不完全靠投资驱动，也靠创新驱动。

通过以上的比较分析，可以得出一些基本结论：江宁区发展已经进入创新驱动的阶段。一个地区的创新产出和创新效应的高低取决于创新环境的

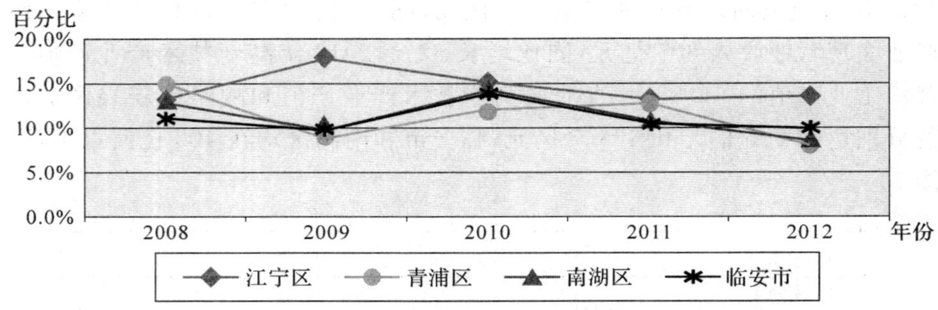


图 4　2008—2012 年经济增长率

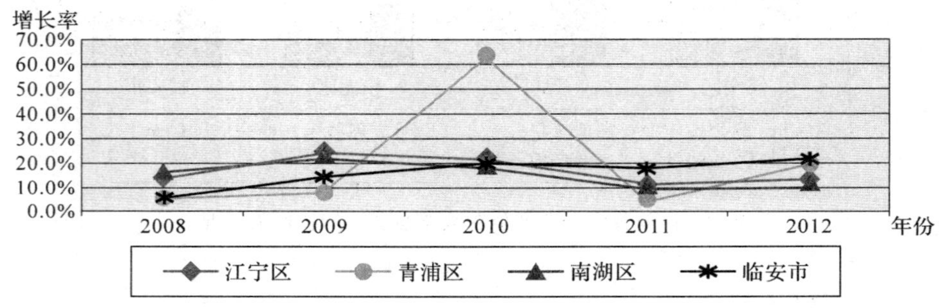


图 5　四个地区 2008—2012 年固定资产投资增长情况

好坏、创新投入的强弱以及创新过程效率的高低。

## 三、江宁区、青浦区和南湖区创新驱动发展的特色与经验

通过临安市与江宁、青浦、南湖区创新能力的比较，三个地区的成功经验既有“共性”，也有“个性”，尤其是重视优化创新环境、加大创新投入和加强创新过程管理，只是各有侧重。这些经验对临安市加快创新驱动、转型发展具有借鉴作用。

### 1. 五点共性经验

(1)坚持观念先行

只有先人一步更新观念，才能快人一拍打开局面。近年来，江宁、青浦、南湖区都在探索转变经济发展方式，特别是 2008 年金融危机发生后，转型升级显得更为紧迫，三地转变观念，主动转向创新驱动发展的轨道上来。江宁开发区在开发启动、加速发展、转型升级三个发展阶段都是由观念转变开

启的。青浦区提出“创新驱动、转型带动、区域联动”战略，以科技引领和支撑全区经济社会发展。南湖区早在2003年就规划建设嘉兴科技城，目标是打造全省区域创新体系副中心的核心平台，2011年提出“打造蓝色智慧南湖，加快发展创新型经济”，实现了发展理念的与时俱进。

(2)坚持人才第一

科技是第一生产力，人才是第一资源，未来的竞争归根结底是人才的竞争。江宁、青浦、南湖区始终将人才视为发展的第一资源，大力引进和培养人才。江宁区立足产业优势和丰富的科教资源，建立人才发展的特殊政策、特别机制、特色模式、特优环境，以集聚高端人才，支撑引领新兴产业发展，建设具有鲜明江宁特色的“人才特区”。南湖区形成人才引进和服务体系，出台了《“创新嘉兴·精英引领计划”实施办法》等一系列政策，加大对高层次人才创业创新的奖励扶持力度，对A类领军人才给予300万元创业启动资金支持，通过“乐活家园”工程，建立领军人才“生活绿卡”制度，当好“人才保姆”，做好配套人才安居、子女就学、成果转化等方面的服务和支持工作。青浦区建立了专业化的科技服务人才队伍，以科技综合服务平台为支撑，以高新技术企业为重点开展科技服务。

(3)坚持市场导向

三地在缓解创新要素制约、建立产学研协同创新、推动科技成果产业化等方面，始终坚持市场导向、尊重市场规律。一是通过市场解决土地和资金难题。如青浦区坚持以市场化为导向，按照资源收益最大化原则，盘活土地厂房等存量资源，实现“腾笼换凤”、“借笼养鸟”，推动企业和园区二次创业；南湖区引进民资天通控股股份有限公司建设孵化园，使孵化面积扩容30万平方米；从前述数据分析，江宁区政府财政科技支出与全社会R&D经费支出之间存在巨大的差距，这个差距自然是由市场来弥补的。二是以企业为主体推进协同创新。南湖区以清华长三角研究院为依托，建立以企业为主体、市场为导向，“政产学研金介用”七位一体的区域创新体系。江宁区建立驻区高校与政府、企业共同发展联席会议制度，构筑“创新在高校，创业在园区”互动合作新机制，促进重要科技成果就地转化。青浦区大力支持有条件的科技型企业利用高校院所科研资源和人才技术优势合作共建创新联合体，引导创新资源、创新要素向企业集聚。三是科技成果转化以市场为导向。江宁区重点扶持高校院所掌握核心技术、拥有知识产权、有市场应用前景的科研科研项目“生根开花”。南湖区则是以科技城为依托，集聚中科院

17家研究所，建立12个技术中心，将有应用前景的技术项目就地产业化。

(4)坚持产城融合

三地都立足城市化和工业化协同发展，在建设规划中强化产城融合理念，统筹工业园区、大型社区和新城建设，创造有竞争力的投资环境和富有吸引力的工作生活环境。青浦区提出"产城一体、水城融合"，增强淀山湖新城综合服务功能，提升青浦工业园区、张江高新区青浦园区和出口加工区产业能级，并通过完善生活配套设施，推进生产性、生活性服务业功能集聚区建设，实现产业发展与新城建设同步推进。江宁区按照"园区辐射带动、街道对接互动"的思路，统筹规划主体功能区建设，深化园街联动发展，协调推进工业化、新型城镇化和农村现代化。

(5)坚持借力联动

创新驱动发展，重点在于增强内生动力，但也必须统筹谋划，调动一切有利于发展的因素，团结一切有利于发展的力量，实现更好更快的发展。三个地区都努力整合发展资源，实现"上下联动、内外互动、同频共振"。一是积极落实上级政策。例如，江苏省选派的科技镇长团①在江宁区创新驱动发展过程中起了重要作用。二是学习借鉴外地做法。例如，江宁区借鉴上海等地创新驿站的经验，建设"中国创新驿站江宁分站"。三是整合资源形成合力。如江宁区先后与清华大学、南京大学等12所著名高校签订了战略合作协议，促进一批重要科技成果在江宁孵化和产业化。

### 2. 三种特色模式

(1)江宁区："人才＋产业"驱动的模式

人才是江宁跨越发展的"动力芯"。近年来，江宁经济发展始终位于南京首位和江苏前列，根本原因就在于强有力的人才支撑。江宁区全力创建国家"千人计划"先进基地区、国家级"紫金人才特区"核心示范区和中国(南京)人才与创业创新名城先导区。截至2012年，全区已汇聚海内外领军型

---

① 选派"科技镇长团"是江苏省深入实施科教与人才强省战略和创新驱动战略的一项重要举措，由江苏省委组织部牵头，会同科技厅、教育厅、人力资源与社会保障厅等部门组织实施选派工作。每个科技镇长团中高校、科研院所成员比例不低于70%。科技镇长团一般不占当地编制和领导职数，成员可担任县(市、区)委、政府有关部门副职，又担任乡镇(街道、开发区、园区)副职。任职时间一般为1～2年。科技镇长团主要职能是发挥科技参谋、桥梁纽带、引才育才等作用。

科技创新人才200多名。其中,国家"千人计划"特聘专家39人,江苏省"双创计划"人才28人,南京市"321计划"人才109人。江宁把人才作为推动科学发展的最为重要的资源,以人才制高点抢占新兴产业发展制高点,走上了一条以领军人才催生战略性新兴产业、以人才集聚促进产业集聚、以人才结构调整推动产业转型升级的道路。这条道路简单归纳起来就是"人才＋产业"模式,一个人才就是一个产业。目前,江宁已打造了"沈国荣院士＋智能电网"、"刘韵洁院士＋未来网络"、"尤肖虎教授＋无线通信"、"章方良博士＋生物技术外包"等一批人才与产业互动的成功样本。通过这一模式引进人才,使江宁成为"中国产业发展能力10强区"和"中国战略性新兴产业最具竞争力20强区",新兴产业得到迅速发展。例如,2012年江宁区智能电网产业总产值已达505亿元,计划到2015年突破1000亿元。

(2)青浦区:"创新驿站"服务推动的模式

青浦区立足大上海市场开放的环境条件,将科技创新与制度创新结合起来,以制度创新服务和促进科技创新,通过建立青浦区科技综合服务平台(创新驿站),凝聚"政策、平台、服务"合力,提升科技创新效率,走了一条"创新服务体系,优化创新环境,助推区域发展"的特色之路。2007年,青浦区和上海技术交易所联合建立上海第一家技术转移创新驿站①。随后以青浦创新驿站为主体,建立青浦区科技综合服务平台。青浦区创新驿站以企业需求为导向、促进技术对接,以技术经纪人为中介、促进技术交易,以降低成本为目的、促进资源共享,以信息化为支撑、促进一门式服务,以银行信贷员为纽带、促进银企对接,在实践中逐步形成了一套较为成熟的服务模式,即"走访企业、了解需求—集聚资源、寻找专家—实地考察、提供支持—供需对接、优化方案—后续跟踪、增值服务"。2008年,国家科技部火炬中心在青浦召开现场会,交流推介青浦科技服务经验。2010年,青浦区科技综合服务平台成为国家级创新驿站基层试点站点。

(3)南湖区:"双核"院所带动的模式

---

① "创新驿站"的做法源自欧盟。国家科技部为了支持中小企业创新,已经在全国范围内试点建设创新驿站网络。国内创新驿站以科技型中小企业为主要服务对象,以面对面的沟通交流为主要手段,通过深入企业、挖掘企业技术创新需求,并从需求出发组织资源力量,为中小企业提供个性化服务。创新驿站的工作流程一般是:填写企业信息采集表—登记需求到网络—寻找解决方案—跟踪反馈,协助谈判—推动双方签约,促进项目落地。

南湖区创新驱动最大的优势和亮点就是嘉兴科技城。嘉兴科技城从2003年开始规划建设，目前在一期3.65平方公里的核心功能区形成以浙江清华长三角研究院、浙江中国科学院应用技术研究院为研发区块，软件园、通信园、芯片园、材料园、生物园、孵化园为产业化区块的“双核六园”格局。其中，两个研究院是科技城的龙头，都坚持以市场为导向，从需求端进行科技创新和成果转化。清华长三角研究院重点在技术创新体系建设，实现科研与市场对接，相继建成信息技术、生物技术与医药、生态环境等研究院，以及大唐电信TD-SCDMA测试平台、浙江省应用酶学重点实验室、长三角科学仪器产业技术创新战略联盟等12个技术研究中心。中科院应用技术研究院是院地合作共建的全国首个平台型工程研发与转化中心，以研发项目产业化引领地方经济发展。嘉兴科技城集聚了中科院17家研究所，建成工程中心20家，年产业化项目超过100个。嘉兴科技城“双核”带动的模式可以简单归纳为：“双核”研究院—研究所（技术中心）—研发项目—企业—产业，也就是一个技术中心拥有一个技术团队，开发一项应用技术，成立一家科技企业，带动一个新兴产业。通过“双核”带动，嘉兴科技城技术转移和成果转化从头几年的缓慢增长，到2010年出现爆发式增长，产值达到116亿元，比2009年增长680%，是2005年的892倍。2012年，南湖区物联网、生物医药、新材料等战略性新兴产业实现产值251亿元。

## 四、加快临安市创新驱动、转型发展的对策建议

加快临安市创新驱动、转型发展，需要学习借鉴、取长补短，采取成本领先、集中化和需求导向三项策略，使创新环境、创新投入、创新过程、创新产出和创新效应得到系统性加强。

### 1. 实施成本领先策略，着力实现创新环境焕然一新

尽最大努力降低创新创业成本，大手笔打造一流软硬件环境，使临安成为创新创业“成本洼地”，形成集聚创新资源、激发创新活力的基础优势。

（1）按照“产城融合”原则推进青山湖科技城建设，形成有竞争力的投资环境和有吸引力的工作生活环境。将“产城一体”理念贯彻到临安市域产业功能、城市功能、生态功能的规划建设中，推进城镇体系建设与产业空间布局相协调，重点将青山湖科技城打造成浙江省推进新型工业化和新型城镇化“两化”互动、“产城一体”发展的主平台和示范区。统筹布局青山湖科技

城"一心两翼"(研发核心区、横畈产业化基地、沿科技大道高新技术创业基地)空间结构、用地结构以及功能结构。以实施智能电网综合示范工程为契机,加快推进"四网融合",建设智慧新城。坚持建区造城并进,做到建新城、育产业、做环境的有机结合,同步形成产业聚集效应和城市承载能力,营造适宜创新创业人才的工作、生活环境,实现以人兴产、以产兴城、以城促产。

(2)以建设特色"园中园"为平台,培育战略性新兴产业。按照"一个企业——一个园区——一个产业"的原则,围绕战略性新兴产业的发展导向,加快招引和规划建设高端装备、节能环保、生物医药、电子信息、现代物流等若干个特色"园中园",力争打造一批国家和省级特色产业基地。"园中园"的发展要由项目集聚向产业集聚转型,一方面要充分挖掘现有和潜在的资源优势,重点建设杭叉工业园,构建装备制造业产业技术联盟,提升"智造"能力,打造国内一流的高端装备制造业基地。探索建设越秀创意产业园,以越秀城市综合体建设为依托,力求在工业设计、规划创意、科技咨询等高端科技服务业发展上取得突破。另一方面要围绕主导产业定位引进龙头带动型项目,形成一批专业特色鲜明、上下游关联度高的2.5产业集群,使"园中园"成为企业集中、产业聚集、资源集约的重要载体,带动区域整体实力的跃升。推进"园中园"建设要特别注意控制用地节奏,为潜力产业和创新发展预留空间。

(3)树立"科技是第一生产力、教育是第一基础、人才是第一资源、创新是第一驱动力"的理念,形成有利于创新创业的社会文化氛围。通过目标管理等方式,强化"一把手"抓"第一生产力",推动领导干部摆脱路径依赖,将创新作为促进经济社会发展的第一驱动力。实施全民创新计划,倡导契约精神,尊重市场法则,积极营造尊重人才、尊重创造、鼓励创新、宽容失败的全社会的创新氛围。培养中小学生的创新精神和创业能力,强化教育中的"问题导向",通过"体验式"教学、小课题研究、小发明制作等途径,培养学生的科技兴趣和科学素养,提高创新思维能力和动手实践能力。鼓励职业技术学校等机构培养"技师型"人才,实现"蓝领驱动"与"创新驱动"的有效对接。挖掘浙江农林大学等入驻高校师生的创新动能,支持大学生创业园建设。发挥政策"引流棒"作用,引导企业增加科技研发投入,增强拥有核心技术和知识产权的动力。

### 2. 实施集中化策略，着力实现创新投入"质""量"俱增

坚持人才第一，集中资源重点投入，依托科技城这一创新创业大平台，主攻国内外科技领军人才群体，采取一人一策、一事一议等特殊政策招引能带动产业发展的领军型人才。

（1）通过"人才＋产业"同步双引，推动人才产业同频共振。将招揽高层次领军人才作为培育新兴产业的突破口，按照"引进一个人才（团队）、兴起一个产业"的目标，以国际化的视野，集中围绕临安今后发展的主导产业领域，争取引进1～2个领军型科技创业人才（团队），带动战略性新兴产业的爆发式增长。按照引人才与招项目一体化的"捆绑式"模式，重点引进带技术、带团队、带项目、带资金的"四带"人才，做到项目与人才的有机对接和同步落地，走一条"人才带动产业发展，产业发展集聚人才团队，人才团队助推产业集群"的路子。

（2）以"不求所有，但求所用"的理念柔性引进高层次领军人才。在注重抓基础性人才、紧缺急需人才和科技服务人才刚性引进的同时，积极探索高层次人才柔性流动机制，加快集聚和拓展高层次人才资源。积极争取省、杭州市支持，设立青山湖科技城杭州"人才驿站"，参照浙江大学"人才驿站"的做法，将临安引进的高层次人才纳入浙大"人才驿站"管理，充分利用浙大的人事、科技、研究生、校友、品牌等资源，最大程度降低创业压力。强化"以才引才"，充分发挥已培育引进的国家和省"千人计划"人才、两院院士，以及青山湖科技城入驻高校院所的高层次人才资源优势，对其推荐的人才实施重点攻坚，提高人才的落户率。加快打造高品质人才集聚社区，建设集创业交流培训、创投商务活动于一体，研发、中试和中介、会务、洽谈、培训、餐饮、休闲等功能完善的"创新链"和"服务链"，建立"一站式＋专业化"的服务机制，为高层次人才营造信息交流、渠道沟通的良好环境和文化氛围。

（3）通过"腾笼换凤"＋"借笼养鸟"等方式，拓展工业园区转型升级、创新发展新空间。坚持以市场化为导向，按照资源收益最大化原则，节约集约利用土地，提高土地利用效率。发挥国资在新城建设和园区转型升级中的示范引领作用，以点带面，抓点做样，推进产业功能和城市功能的协调联动。通过土地租用、回购、合作开发等多种形式推进工业园区转型升级。统一梳理经济开发区、工业功能区及其他工业平台内的企业，掌握有闲置土地、厂房等资源的企业及其闲置资源的规模数量，建立明细表，由园区管理方与企

业对接协商，牵头整合资源，鼓励企业将多余厂房拿出出租或参股，引入"大、好、高"项目，提高土地厂房等资源的综合效益，实现"借笼养鸟"、多方共赢。鼓励传统产业企业进行"二次创业"，向高新技术企业和现代服务业转型，实现"腾笼换凤"。对成熟的工业园区因地制宜进行功能完善，尽量不做"大手术"，以降低转型成本。

(4)通过"政府引导"+"市场主导"，构建科技创业金融链。充分发挥政府资金的杠杆作用，引导民营资本积极参与科技创新创业，构建集股权融资和债权融资、直接融资和间接融资、融资担保与风险保障于一体的科技投融资体系。争取并用好上级的资金扶持政策，发挥财政资金的引导作用，研究制定科技城创业种子资金、投资引导基金等办法，以创业投资种子资金和引导基金入股，联合国内外大企业集团、创业投资企业，成立临安科技创业投资公司，做优创投服务。创业投资公司可通过项目筛查，对有市场潜力和前景的孵化企业采用"先期入股，待企业做大做强后再退股"等方式予以扶持，加速科研成果的就地产业化。研究制定政策鼓励科技银行等金融服务机构在临设立分支机构，开展专利、版权和商标等知识产权质押贷款业务；鼓励保险公司开展科技保险业务，推广面向科技型创业企业的产品研发责任保险、关键研发设备保险、营业中断保险、小额贷款保证保险等险种，分散创新创业风险；支持符合条件的科技型企业通过发行企业债、短期融资券等方式进行直接融资；有计划地推动高新技术企业上市融资。

### 3. 实施需求导向策略，着力实现创新过程及产出高效协同

浙江省委十三届三次全会决定专门就"坚持市场为导向，着力从需求端推动科技成果产业化"做出部署。创新人才、企业、科研院所等创新主体，归根结底要以市场需求为导向开展科技创新，只有这样，科技创新才有实实在在的经济和社会价值。

(1)以市场为导向，通过"上下联动"+"院地互动"，大力推进产学研协同创新。建立完善"政产学研金介用"七位一体的技术创新体系，以"产"为主导、"学、研"为基础，突出"用"字当头、"金"为推力，"介"为支撑。建立与入驻高校院所、大企业研发机构共建科技创新平台的联动机制，开展齿合式合作。尽管香港大学等入驻高校院所尚处于规划设计阶段，但可积极与之开展前期合作，建立共同发展联席会议制度，共建战略性新兴产业创新中心。对引进科研机构进行深入调研，梳理并鼓励一批相对成熟的项目来科

技城进行孵化和产业化。支持杭氧、杭叉等龙头企业联合高校、科研院所、上下游企业建立产业技术创新战略联盟、企业研究院、重点实验室及企业院士工作站，围绕有市场应用前景的关键技术和共性技术开展产学研协同创新，提高产学研用水平。

(2)以“一湖”+“一溪”两个特别社区建设为抓手，打造孵化器经济。加大政府财政投入力度，按照“孵化器+加速器+产业园”的模式规划建设完整的孵化产业链条，支持联合共建孵化器。鼓励院校、企业参与孵化器建设特别是专业性孵化器建设，研究“青山湖科技创业特别社区”和“马溪科技创业特别社区”建设①，推进孵化空间扩容，优化孵化空间布局，形成投资多元、形式多样、专业性强，适应各类创新创业需要的孵化器集群。“青山湖科技创业特别社区”以浙商研发总部和科技型中小企业产业化基地为核心，以香港大学浙江研究院等重点科研院所为依托，争取到2015年建成30万平方米以上的孵化加速空间，重点发展高端装备制造、节能环保、新一代信息技术等战略性新兴产业。“马溪科技创业特别社区”以临安市科技孵化中心和锦北高新园为基础，以浙江农林大学为依托，扩容提升已有孵化器和大学创业园，建设科技企业加速器和中试基地，到2015年建成5万平方米以上的孵化和加速空间，建设化工产品与化学物质公共检验与测试平台、生命科学与新材料技术研发平台，重点发展与环境科技、生物医药、高效农业相关的科技服务业。两个科技创业特区内同时规划布局综合配套服务区和毕业企业产业转化区，吸引优秀专业技术人才和技术咨询服务专业机构入驻，建立深度孵化模式，打造从政策咨询、工商注册手续的办理到创业指导，从技术转移、开发信息的发布到科技计划项目的申报，从人才招聘、市场拓展到融资扶持等服务的“一站式”创业服务平台。

(3)以企业为导向，通过建立综合服务平台，构建科技服务链。改变模块式、离散式的科技服务，形成围绕“研发—中试—孵化—市场化—产业化”

---

① 科技创业特别社区是南京市科技创新创业的载体和平台，指以科技创新创业为驱动力，充分利用高校、科研机构等创新资源，依托完备的综合服务体系和浓郁的创业文化氛围，推动科技创新向科技创业高效转化。南京科技创业特别社区以服务科技创新创业人才、孵化科技创业企业、培育新兴产业和现代服务业为目的，最大限度整合创业资源，重构创业政策制度，打造创新创业平台，营造创业生态环境，以高端的建设水准和服务能力，建成具有“特殊的制度创新、特别的政策支撑、特定的区域载体、特有的功能体系”的创新创业特别社区。

全程的、综合的“服务链”(见图6),以此为切入点推动科技管理创新。利用现代信息技术,整合现有各类科技创新服务载体,建立面向创业人才和企业的科技服务综合服务平台,通过窗口服务、在线服务及实地走访,为入驻的人才和项目提供成果对接、市场开发、融资服务、政策咨询等专业化、多方位、全过程公共服务。综合服务平台选派业务骨干深入到企业和科研院所、孵化器,走访创业家、企业家、技术专家和科研人员,充分调研企业的科技服务需求、资源存量以及制约瓶颈,组织协调科研机构,以及金融、法律等第三方专业服务机构,帮助企业解决技术难题,推动企业运用技术进行改造提升,实现设备仪器等资源共享,帮助中小企业提高技术创新能力和综合竞争力。每个企业培训一名科技信息员,负责企业的信息采集和与综合服务平台的联系,为企业争取科技资金、科技人才、科技项目等方面开展服务。在综合服务平台网站开发“一门式”服务窗口,对科技创新项目进行网上管理服务。尝试建立科技信贷员和技术经纪人两支队伍,促进银企对接、技术转让和转化。

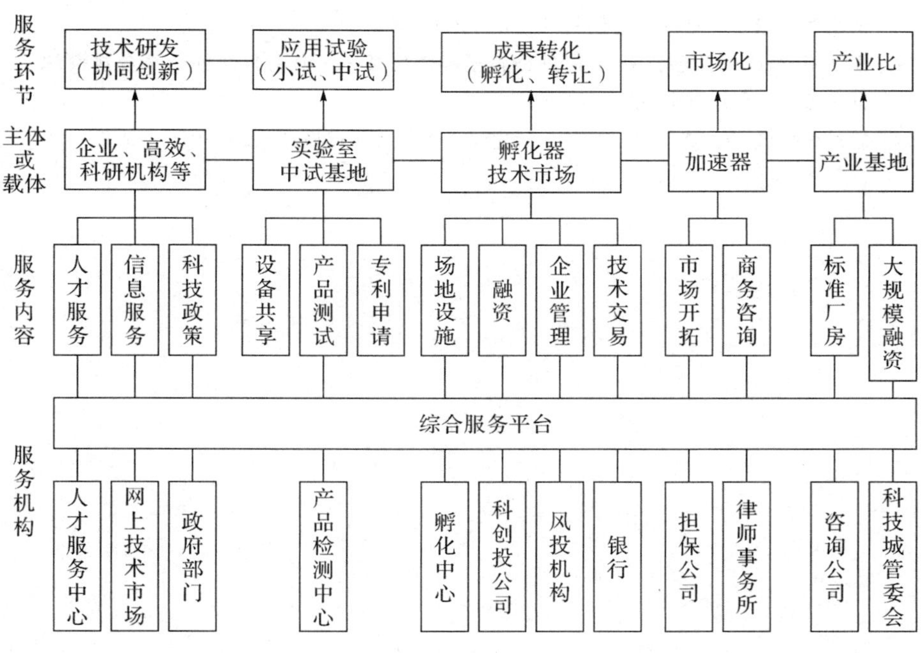


图6 科技服务链

## 参考文献

[1] 中共浙江省委关于全面实施创新驱动发展战略加快建设创新型省份的决定[N]. 浙江日报,2013-06-07.

[2] 贺小刚. 上海市区县创新能力调查研究[M]. 上海:上海财经大学出版社,2010.

[3] 周叔莲,吕铁,贺俊. 加强创新驱动发展问题的研究[N]. 光明日报,2012-11-23.

[4] 艾青,周雪. 孵化器、加速器及科技产业园比较研究[J]. 科技创业月刊,2012(8).

[5] 陈勇星,屠文娟,季萍,等. 江苏省实施创新驱动战略的路径选择[J]. 科技管理研究,2013(4).

[6] 戴维新. 关于南京实施创新驱动战略的若干思考[J]. 中共南京市委党校学报,2010(1).

[7] 于进,张朝登. 取舍之间 革故鼎新——上海积极探索创新驱动转型发展系列综述[N]. 中国经济导报,2012-03-31.

[8] 龚静,王春. 精准定位 借笼养鸟——青浦园创新发展之路初探[N]. 科技日报,2011-09-19.

[9] 江永."借笼养鸟"招来"金凤凰"[N]. 青浦报,2012-05-25.

[10] 创新服务模式,提高服务效率——青浦区科技综合服务平台(创新驿站)多措并举助推企业发展[J]. 青浦科技与创新发展,2012(1).

[11] 曹小明. 搭建科技创新平台 促进创新型经济发展——嘉兴科技创新平台建设的实践与思考[J]. 当代社科视野,2012(3).

[12] 嘉兴科技城:从"梦想之城"到"乐活之城"[N]. 嘉兴日报,2012-03-07.

# 驱动县域产业发展的红利因素研究[①]

## ——以余杭、萧山、鄞州三地为分析样本

**内容提要** 在产业发展的第一阶段，余杭、萧山、鄞州三地通过把握发展红利实现了粗放式的发展；在产业发展第二阶段，世界经济新形势倒逼三地以制度红利为统领，深入挖掘出人口红利、城镇化红利的根本内涵，推进技术红利开发，破解区域产业发展路径依赖，使各项资源要素优化配置。文章还在比较三地产业发展基础上，就浙江省区县如何实现经济转型升级提出具体建议。

**关键词** 县域产业；发展红利；余杭萧山鄞州

改革开放的30余年，是余杭、萧山、鄞州三地产业腾飞的30年。余杭、萧山、鄞州三地产业发展从"村村点火、镇镇冒烟"的乡镇企业起步到现代产业制度改革、走品牌化战略，从各镇街无序布局逐步过渡到各级平台建设，从低端加工、农产品外销到传统产业升级、高新产业建设，均取得了优异成绩。这与30年来三地根据自身资源禀赋特点，紧紧抓住并运用发展红利，积极谋划和落实产业发展战略是分不开的。本文将首先对发展红利进行理论分析，并以三地跨入居民人均收入3000美元(即中等收入线)的2003年

---

【作者简介】单凯，杭州市委党校余杭区分校办公室主任，讲师；占张明，杭州市委党校余杭区分校校长；薛李林，杭州市委党校余杭区分校主任科员，高级讲师；冯利斐，杭州市委党校余杭区分校讲师。

①基金项目：杭州市社科联立项课题(编号：2013HZSL-ZC 002)。

前后为分界线，选取数据分析三地在运用发展红利实现产业转型升级、突破中等收入陷阱上的举措，同时就余杭区如何扬长避短，用好三大发展红利打造余杭产业升级版提出具体建议。

## 一、发展红利的概念、性质及分类

红利最初是指普通股股东所获得的超过股息部分的利润。后来延伸到经济范畴，是指一个国家和地区在特定发展阶段所具有的发展优势，以及利用这种发展优势所带来的好处。所以又称发展红利。在中国，发展红利则特指处于社会主义初级阶段的中国，具有其他国家或地区具备或不具备的、在改革开放后推动社会经济快速发展的比较优势因素。

发展红利具有历史阶段性、政府主导性的共性特征以及比较个性特征。在过往 30 余年里，引领中国巨变的主要有制度红利、人口红利、城镇化红利、贸易红利、技术红利、环境红利这六大红利，其中制度红利、人口红利、城镇化红利的政府主导性特征明显。

制度红利是核心主导红利，它是指政府主导的各个层次体制机制安排。合理的制度安排能够激发业主创业和创新激情，在各种红利中起统领和推动力作用。改革是中国最大的发展红利[①]。正是起始于 1978 年的改革开放为中国发展源源不断地释放出各种红利。

人口红利提供了取之不竭的劳动力资源，20 世纪 50、60 年代宽松的生育政策为改革开放和经济增长带来不断上升的劳动年龄人口和合理的人口年龄结构[②]；制度红利的运用又驱动农村人口向城市转移、欠发达地区人口向发达地区聚集。

城镇化红利是指城镇建设驱动的产业发展和居民生活质量改善。拔地而起的座座新城不仅成为中国现代化的标志之一，城市（城镇）还有力吸纳了从农业生产中转移出来的人口，直接或间接地推动第三产业蓬勃发展。

贸易红利是指中国产品在世界市场中所占据的巨大份额。它的获得，一方面得益于 20 世纪 70 年代前后开始的世界产业结构梯度转移，另一方

---

① 李克强总理在全国综合配套试点改革工作座谈会上指出：改革是中国最大的红利。此处的红利指的即是制度红利。

② 新中国成立后人口结构的变化为改革开放以及经济增长创造了有力条件。蔡昉（2004、2009）、陈友华（2008）、毛新雅（2012）等学者的分析研究表明了这一点。

面受益于国内对制度红利的充分利用，主动接轨世界市场，加入世界贸易组织。相比存在于改革开放之前并一直活跃至今的其他红利，贸易红利的历史延续性相对较短，并受世界市场波动影响较大。

技术红利是指科技创新所驱动的产业转型升级以及给人们带来的更广阔的市场、更高的生活质量、更便捷的生活方式。它的运用效益主要由政府引导和社会、企业自主创新决定，世界市场的技术转移也在其中起到积极作用，在某些领域更是关键因素。刚刚兴起的以新材料、新能源、新信息技术为代表的第三次工业革命，为实现跨越发展再一次提供机遇。

环境红利是指一个地区发展所承担的生态环境成本，它受制于环境容量及自然自身变化。纵观人类产业发展史，各国在产业发展低级阶段倾向于以资源环境消耗为代价发展经济，在产业发展高级阶段则通过技术创新和制度安排主动抑制污染。

## 二、余杭、萧山、鄞州发展红利运用的实证分析

### 1. 产业发展第一阶段发展红利运用特征

在产业发展第一阶段（1978—2003 年），世界形势呈现新变化，中国进入了战略机遇期。其中世界产业结构的梯度转移为贸易红利的运用提供了经济前提；更为关键的是，中国开启以改革开放为核心的发展红利运用模式，抓住了本次战略机遇期。

改革开放引领的制度红利为产业发展提供两大条件：一是国家层面的制度改革培育出蓬勃发展的乡镇企业，现代企业制度又进一步壮大民营企业，家庭联产承包责任制的实施提供第一次人口红利并一直延续至今。二是地方制度创新、赶超战略的实施以及 GDP 政绩导向的行政晋升制度也起到统领和推波助澜作用。作为改革开放前沿的三地，浙江省“省直管县”政策[①]极大地激发了三地的经济活力；在区级层面上，三地行政审批制度改革也走在全国前头。

繁荣的世界市场为三地产业发展带来巨额贸易红利，有力地改善了人

---

① 浙江“省直管县”体制核心是三个方面：首先是财政意义上的“省直管县”体制；其次是县（市）委书记、县（市）长由省里直管的干部管理制度；再次是四轮“强县扩权”所赋予县的社会经济管理权限。

民生活水平，并为产业再次腾飞做好资金储备。另一方面，低端产品的畅销反向压制技术红利运用动机，这一时期三地主要形成四五类传统支柱产业。

包括三地在内的东部沿海地区是第一次人口红利的最大受益者，每年都可获得几十万以上的外来劳动力资源，目前一些地区外来劳动力数量已超过本地户籍居民人数。

进入20年代90年代中后期，政府主导城镇化红利进一步推动三地产业特别是服务业的快速发展。通过经营土地资源积累建设资金成为三地发展区域产业的重要抓手，土地财政路径依赖开始形成。

对环境红利的过度依赖放任三地质量低、收益快、污染大的产业发展冲动。环保的意识淡薄不仅造成当地生态环境恶化，同时制约产业转型升级。

从三地产业发展的第一阶段来看，改革首先从制度红利运用开启，对于贸易红利、人口红利、环境红利、城镇化红利的把握推动三地在全国率先跨出低收入阶段，进入到人均收入3000美元的中等收入社会。同时这一时期发展红利运用模式表现出“过多依赖低端产业、过多依赖低成本劳动力、过多依赖资源环境消耗[①]”的特征。

作为第一批迈出低等收入阶段的三地，粗放式发展模式也逐步暴露出其弊端，并在繁荣的世界市场(2008年世界金融危机之前)推动下进一步路径锁定，直接制约其他红利的高质量开发。对城乡统筹发展经验的缺乏(特别是在三地撤县建区后)，以及对环境过度消耗造成个别地区陷入低质量开发越充分生活环境越差的发展怪圈，“中等收入陷阱”已是各地不得不正视的问题。

### 2. 产业发展第二阶段发展红利运用特征

陷阱就在前方，我们还有多少时间？为突破“中等收入陷阱”[②]，三地更加重视发展红利的高质量开发利用，并成功在2010年前后迈进人均收入1万美元的中等偏上收入阶段。然而，世界形势新变化以及在改革中出现的新情况、新问题都对发展红利的运用提出了更高要求。

---

① 之江平. 打造浙江经济升级版[N]. 浙江日报，2013-04-12.

② 世界银行《东亚经济发展报告(2006)》提出了“中等收入陷阱”的概念，基本涵义是指：鲜有中等收入的经济体成功地跻身为高收入国家，这些国家往往陷入了经济增长的停滞期，既无法在工资方面与低收入国家竞争，又无法在尖端技术研制方面与富裕国家竞争。

(1)贸易红利

随着美国等发达国家推出再工业化战略,越南、墨西哥等发展中国家进入世界廉价劳动力市场,我国贸易红利受到冲击。这一时期,世界金融危机造成了2009年前后各地对外贸易数据的较大波动。在外资利用方面,余杭一直落后于其他两地,这从一个侧面反映出余杭"机器换人"步履较慢,在2011年这一态势得到有力扭转(见图1)。

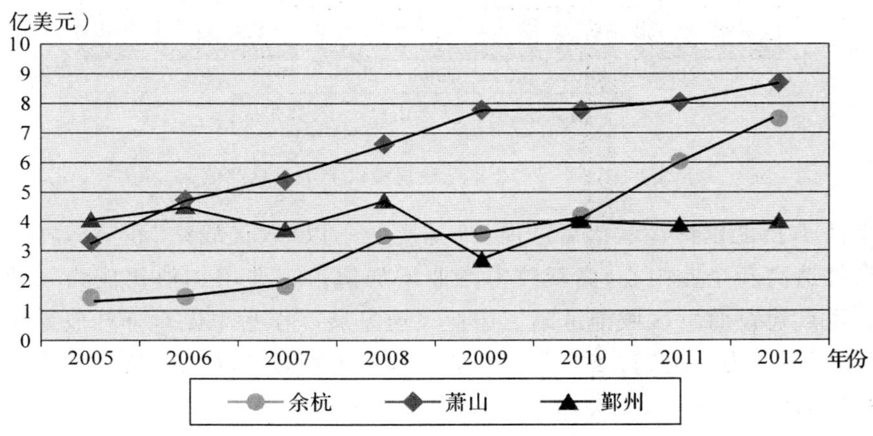


图1 2005—2012年三地实际利用外资情况

(2)制度红利

制度红利的运用主要体现在"省直管县"经济政策的延续,三地均获得313项地级市经济管理权限;其次是撤县建区,三地城镇化进程由于主城区的外扩而加速推进,县域产业体系逐步向都市产业体系演进;第三,当地产业发展引导战略是三地产业制度创新的共同举措,直接影响三地产业集群发展的规模、集聚度。

1)发展战略选择

萧山坚持工业化主导战略,率先建立更高质量的工业发展制度体系,工业总产值长期领先(见图2)。2006年确立"工业兴区、工业强区"战略,健全工业企业长效服务机制。2007年,启动商贸"双十"工程,第三产业在第二产业和城镇化的带动下长足发展。

鄞州更加偏重高新产业发展,2003年以来连续10年出台经济发展1

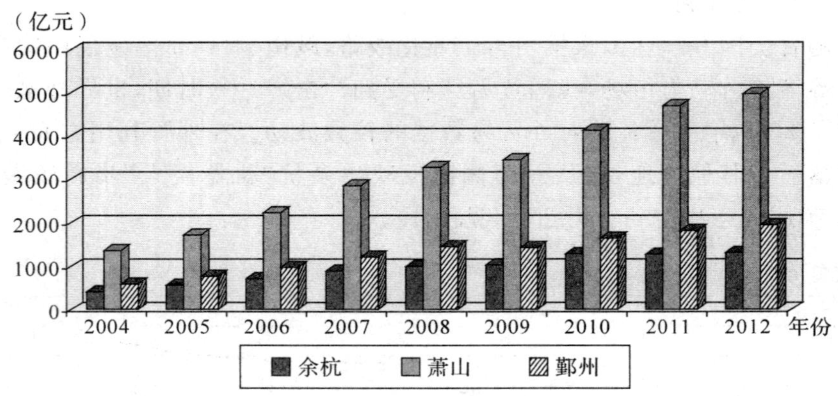


图 2　2004—2012 年三地规模以上工业总产值

号文件[①]，持之以恒淘汰落后产能，腾笼换鸟[②]，以"双优战略"和"双高工程"重点打造高新企业中心，高新技术产业增加值占工业增加值比例为三地最高。重点建设商贸区域推进第三产业飞速发展。作为率先对外开放地区之一，外贸出口为三地翘首，但第二产业与萧山差距逐步拉大的现实使这一殊荣难以为继。

余杭由于工业化、城镇化战略选择摇摆，这一时期工业投入、技改投入较大幅度落后于其他两地，直到 2011 年后才有所改观(见图 3)，龙头企业、品牌引导培育力度相对不足[③]。城镇建设缺乏重点导致第三产业发展较慢。

2)产业集聚引导

工业用地模式一般分为分散用地、空间集聚、内涵集聚、生态集聚四个

① 如 2013 年，鄞州区政府出台《关于 2013 年全区经济发展的若干政策意见》，提出全面深入打造质量新鄞州，深入推进经济转型升级，促进区域经济又好又快发展。

② 自 2008 年以来，鄞州主动对作为支柱产业之一、能耗高、污染大的铸造业实行梯度转移。

③ 相关分析请参考：占张明等. 余杭萧山鄞州三地区域发展比较研究[J]. 战略观察，2012(1).

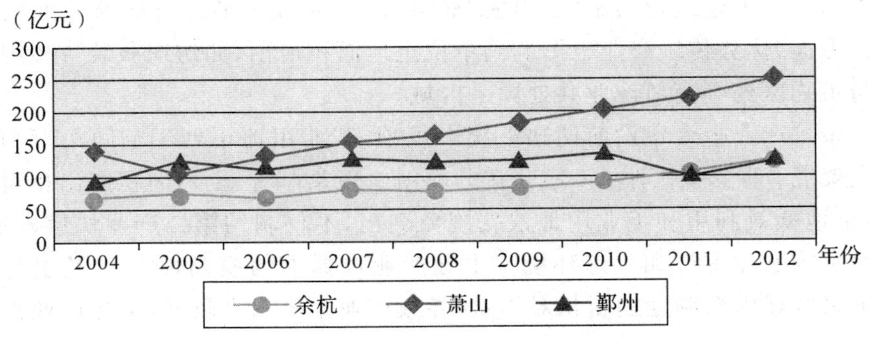


图3 2004—2012年三地工业投资情况

发展阶段[①]（见图4）。在优化工业土地利用，引导产业集聚上，鄞州、萧山在过去十年相对领先。

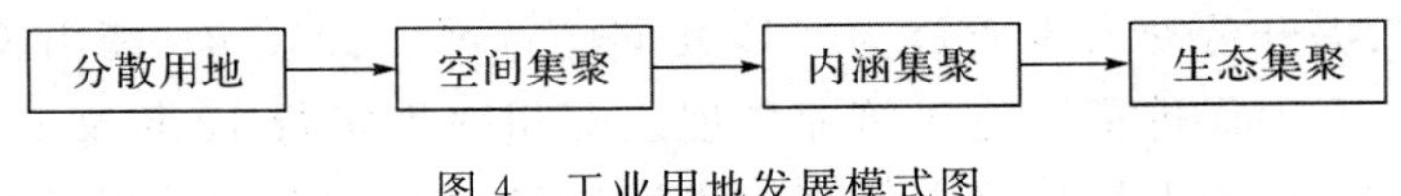


图4 工业用地发展模式图

鄞州在产业平台建设上后发优势明显，率先采用产业导向开发区建设模式，无论是打造高新产业中心还是建设2.5产业（即生产性服务业）园区，都更加注重内涵集聚用地。

萧山自20世纪90年代以来形成多层次、分产业类别的多元开发区发展模式，最早从分散用地模式跨入到空间集聚用地模式，上下链产业内涵集聚发展特色初显，如在建立较为成熟的钢结构产业、园林绿色产业基础上，

① 分散型工业用地是指以单个企业生产、用地为单位，空间上周围不存在其他企业的集聚，基础设施不和其他企业共享，不具有任何规模优势。空间集聚是指多家企业集中在被分割或开发的大面积地域内，企业之间有比较紧密的联系，又共享这基础设施的一种用地方式。与空间集聚相比，内涵集聚更强调工业园区内突出"产业链"和"产业类别"的产业集聚，企业之间高度分工协作，经济联系非常密切，区域变得更加开放，不再是单纯的生产基地，二是融通类产业的制造、产品创新研发、人才交流、价格形成、信息交流和物流等一体的开放型区域，形成了专业产业基地。生态工业用地模式表现为两种：一种是建立在生态工业基础上的生态工业园区；另一种是建立在规模经济和绿色环保基础上的绿色工业园区。参见董伶俐，《基于可持续发展的工业用地模式研究——以浙江省为例》[M]，经济管理出版社，2012年。

大力引导本地建筑业实施"走出去"战略,2011年成为浙江省建筑业强区①。另一方面,优势传统产业也影响到单位土地面积产出,如纺织服装等传统产业与生物医药等高新产业共处同一区域。

余杭产业平台建设前期缺乏统一规划,工业用地正处于空间集聚和内涵集聚混合阶段,个别乡镇还存在分散用地现象,单位土地面积产出相对不高,土地低效利用和工业用地浪费现象突出,不仅制约第二产业快速发展,同时影响农业生产和生态环境。主导产业选择上的模糊性②,以及引导产业集聚区域内部制度创新相对不足,导致产业集聚水平较低,主导产业占规模以上工业比重为三地最低③。2011年,当地"三区八园"格局发展为"五城一基地"建设模式,产业发展平台得到进一步优化。

(3)人口红利

人口红利在这一时期出现用工难与就业难"两难"困境。引进培养中高层次人才、提升劳动力素质成为三地共同的选择。2007年,萧山设立工地民工学校,有力促进了当地建筑业发展。鄞州率先实行12年义务教育,逐年组织政府、企管人员去国内外高校进行经济产业方面素质提升培训。余杭以国家级"千人计划"和省级"千人计划"(简称"国千"、"省千")为代表的高层次人才引进工作成效卓越,以人才带动项目优势初显;另一方面,职业教育成绩一般,高等大专院校建设差距甚远,这可能对今后某些项目实现余杭本土产业化造成不利影响(见图5)。

(4)技术红利

技术红利因素越发受到重视。三地开启新一轮产业结构转型升级,全要素生产率等得到进一步提升。余杭第二产业贡献率连年居于末位,产业结构相对脆弱,受世界经济变化影响更大(见图6)。

在高新科技企业数量、地区专利申请与授予数量等指标上,余杭的相对落后反映出其运用技术红利推进产业特别是工业转型升级能力相对较弱,技术红利运用任重道远④(见图7)。

---

① 2008年,萧山区出台《关于加强建筑业发展的若干意见》,实施建筑业"走出去"战略。现萧山拥有二级以上建筑企业87家,其中特级资质企业1家。

② 如余杭经济开发区直到2008年后才建立起清晰的产业发展导向。

③ 相关分析请参考:余杭区统计局.总体实力稳中有升,竞争压力依然较大——余杭及省、市及"十七强"主要经济指标比较分析[J].决策参考,2013(1).

④ 2012年鄞州的发明专利授予数位472件,领先余杭252件,领先萧山227件。

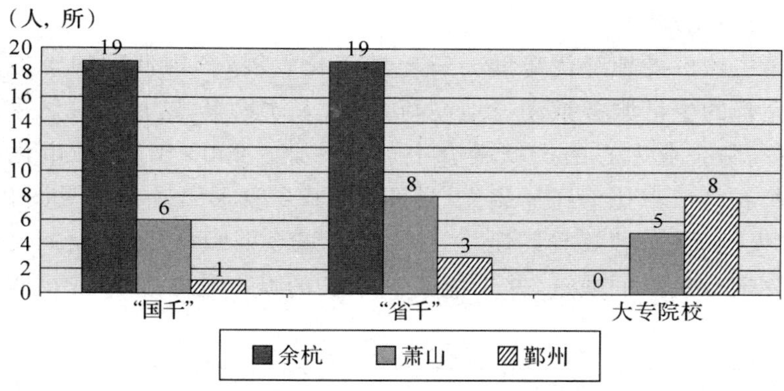


图 5　2012 年三地人才建设情况

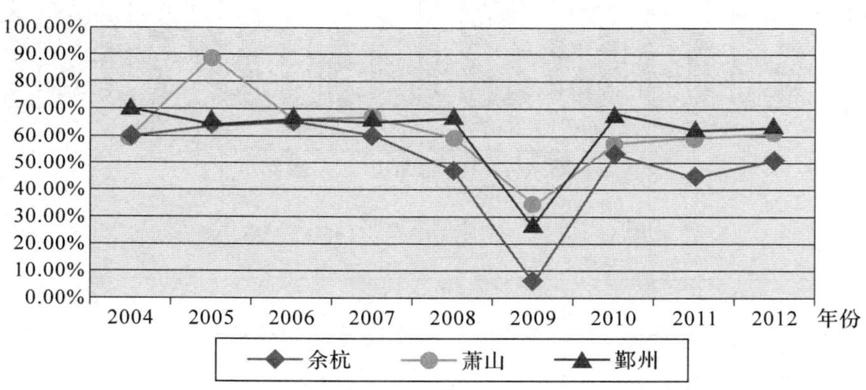


图 6　2004—2012 年三地第二产业贡献率

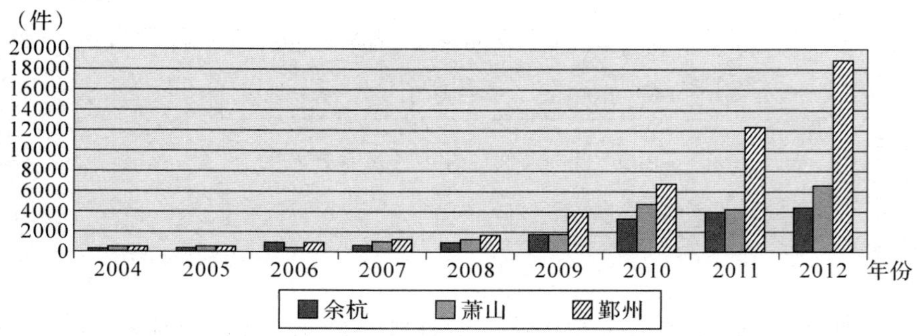


图 7　2004—2012 年三地专利授权情况

(5)城镇化红利

接壤主城区的地缘优势助力三地城镇化发展，较为低廉的土地成本和主城区完善的生活服务推动三地高新企业、人才集聚，这从余杭区未来科技城、鄞州高新企业中心的产城融合中可见一斑。2006年后，城市化战略助推余杭非农人口占比值遥遥领先(见图8)，城乡收入比最小①(见图9)，这反映余杭"人的城镇化"效益最佳。另一方面，城乡两级格局、户籍制度的制约以及相关配套机制的缺乏，并未能给高增长的城市化水平带来相匹配的市民化率②。

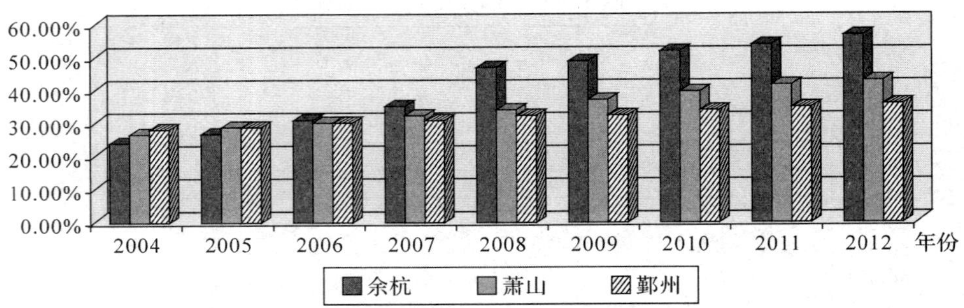


图8　2004—2012年三地非农业人口占比

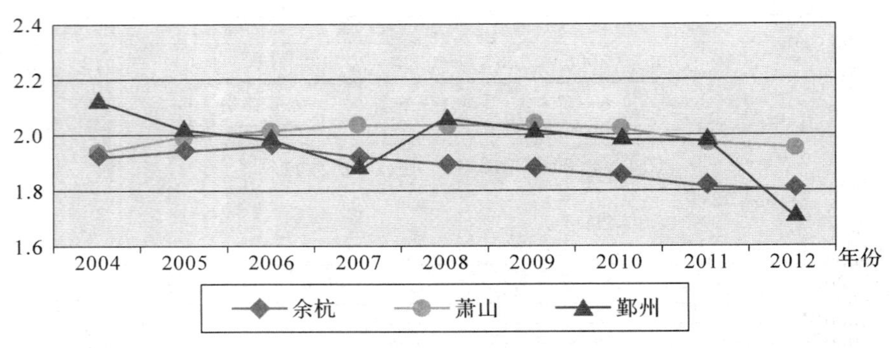


图9　2004—2012年三地城乡收入比

① 鄞州在2007年、2012年城乡收入比(分别为1.88、1.70)低于余杭(2007，1.92；2012，1.80)，但近10年来，鄞州城乡收入比曲线波动幅度较大，余杭城乡收入差距缩小，幅度整体走势较缓。

② 如余杭2011年城市化水平约为62%，非农业人口占比为52.9%。

尽管余杭第三产业比重一直居三地之首，第三产业贡献率领先，但缺乏商贸中心以及主城区的“虹吸效应[①]”压制了本土消费，社会消费品零售总额增长缓慢（见图 10）。与主城区隔河相望的萧山商贸业自成体系发展迅速。鄞州则因县城与主城区的无缝对接，承担宁波新的都市中心、商业中心功能，当地服务业发展喜人。

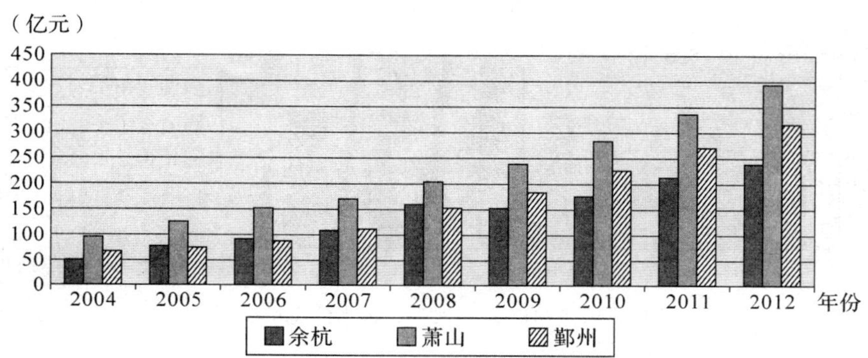


图 10　2004—2012 年三地社会消费品零售总额情况

与鄞州同样三面环抱主城区的地缘优势刺激余杭房地产业发展（见图 11）。而与鄞州重点建设新城区不同，缺乏发展层次、全面开花的城镇化不仅制约服务业的集聚发展，同时占用余杭产业转型升级机会成本。

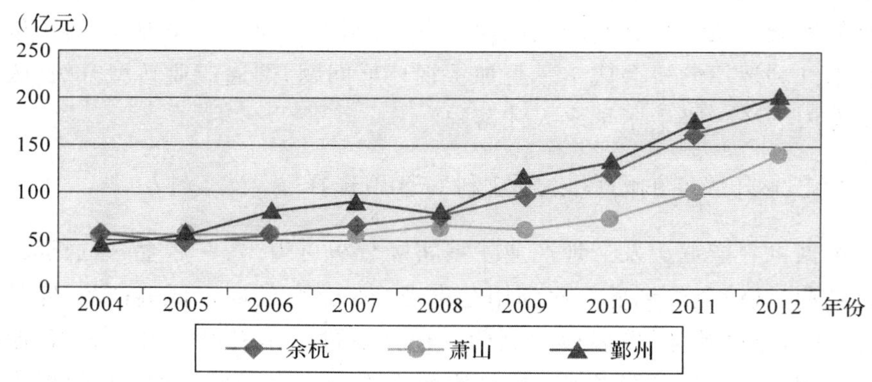


图 11　2004—2012 年三地房地产投资情况

① 由于本地缺乏较高档次的城市消费服务，在周末等节假日，具有较强购买力的余杭市民偏好前往杭州主城区消费，形成了具有当地特色的“周末摆渡”现象。

(6)环境红利

近年三地环境问题得到一定改善,空气质量仍堪忧,其中余杭生态镇街建设较为领先(见图12)。随着公民收入提高,对美丽家园的追求愈发强烈。实现绿色发展、循环发展、低碳发展,让经济成长与生态保护和谐共进成为三地的共同选择,争创国家级生态区是当前的共同目标。

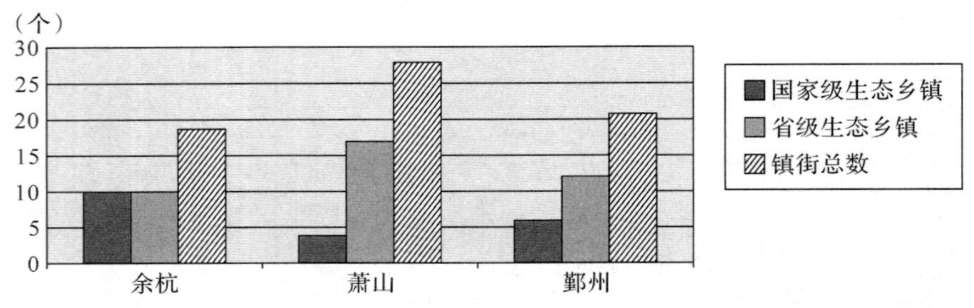


图12　2012年三地生态镇街建设情况

从产业发展的第二阶段来看,三地发展红利运用模式局部调整,破解中等收入陷阱取得一定成效。制度红利运用的主要问题在于行政制度、经济制度、产业制度未形成系统建设,配套制度进展缓慢。贸易红利、人口红利仍处于低层次开发范畴,高层次人才引进和从业人员培训提上重要议程。技术红利被放在更关键位置,及时的产业升级较为成功地经受住来自金融危机的考验。城镇化红利的低层次开发,特别是房地产业非理性增长,侵蚀了技术红利运用的机会成本。更加重视环境问题,倒逼产业转型升级,改善的生态人居环境吸引了更多人才落户。

### 3. 产业升级新的阶段发展红利的运用选择

根据世界产业史及三地产业发展实际分析可得出:在后金融危机时代,人口红利、城镇化红利低层次利用已出现"双刃剑"效应,"低端产品、廉价劳动力、环境过度消耗"发展模式制约三地产业进一步升级。另一方面,制度红利运用仍将发挥统领作用,深入挖掘出人口红利、城镇化红利的根本内涵,推进技术红利开发,破解区域产业发展路径依赖,使各项资源要素优化配置。随着第三次工业革命的到来,运用技术红利不仅将推动产业转型升级,赋予传统优势产业新生机,同时突破产业发展本身,进入资源节约型、环境友好型社会建设范畴。城镇化红利不仅将为产业转型升级提供生态发展环境保障，解决新能源国内市场需求不足问题，扩大第三产业蓝海，同时助推“人口红利”二次释放。

改革是实现“中国梦”的不竭动力，是实现产业转型升级的根本手段，是破解中等收入陷阱的唯一途径。根据中央的统一部署，下一阶段，国家层面将围绕户籍制度改革，省、市层面都将推出制度创新，美丽中国建设要求愈加迫切。通过制度创新、技术创新，充分挖掘出第二轮贸易红利、人口红利、城镇化红利将是三地围绕产城融合推进产业转型升级、打造生态城区的必由之路。

目前，三地具备四大产业发展机遇：一是制度创新机遇。无论是国家层面的制度创新，还是未来科技城等作为浙江省新一轮制度改革重心，都为三地用好制度红利提供了新的机遇。二是区位发展机遇。随着主城区扩张向三地腹地纵深发展，将使三地城镇化红利运用更具比较优势。三是技术创新机遇。未来科技城等核心产业平台创新、阿里巴巴等龙头项目带动以及先进制造业建设，为引进国内外高新人才、项目，实现信息化和工业化融合发展，抓住第三次工业革命机遇提供技术可能。四是生态环境机遇。优良的生态环境不仅会吸引更多层次的人才落户，同时有利于高新产业、2.5 产业的引进培育。

产业转型升级需要完善的城市配套服务，城乡统筹发展需要强劲的产业支撑，产业发展和城市建设所需人才更需要优良的生态环境和健全的社会管理服务来吸引、培育。下一阶段，浙江区县产业发展应立足产城融合建设、城乡统筹发展、社会管理创新“三位一体”建设格局，即以制度创新为保障，以技术创新为动力，深入挖掘以招引多层次人才为重点的第二次人口红利、以发展产城融合为抓手的城镇化红利的潜力，根据生态产业体系建设要求，打造县域产业升级版，让改革创新成为区县产业发展的第一竞争力，让美丽浙江更快走来。

## 三、浙江县域产业发展的具体建议

### 1. 打造县域产业升级版，让制度红利更好更快地释放社会创新创业激情

坚持制度安排向创新者倾斜，而在制度落实过程中，特别是在不同时期的重点产业发展和城市建设的机会成本选择上，力求避免战略执行摇摆。

(1)提供更为便捷的行政审批服务

加强政府企业互动,加快行政审批体制改革步伐,分行业、建设区域设计许可准入标准。取消区级前置审批条件,赋予产业核心建设区块部分或全部区级审批权限,优化联合审批、并联审批标准化机制,简化审批环节,加快网上审批建设,同步完善网上审批监管体系,实现行政审批标准一体化、环节整体化、进度同步化、过程透明化。

(2)培育相对完善的2.5产业园区

在产城融合背景下,成熟的生产性服务业市场将是县域产业发展的新蓝海,不仅能为产业发展提供生产性服务,降低生产成本,同时能有效解决当地就业,吸引各层次中介人才落户。鄞州区创新128园区[①]为其他区县2.5产业园区发展提供了经验。设立基金支持企业发展、政府入股政企共建、购买服务等形式,结合中介人才培养,着力培育未来产城融合急需的金融、设计、法律、职业教育等中介企业。

(3)建设较为成熟的产业信任体系

制定相关政策,引导行业协会组织成员共同制定集体规范或标准,对一些合作关系进行规范,提高产业集群内基于制度的信任水平。不仅鼓励龙头企业和有一定竞争力的企业先行成长,更要避免陷入扭曲竞争的误区,为小微企业提供公平、公正的竞争环境。

(4)设计科学合理的政府考核指标

全区全县规划一盘棋,"一对一"或"分层次"设计更有针对性、区域性的产业发展和"一把手"考核体系,摆脱"一刀切"式评价标准,鼓励根据各镇街资源禀赋发展产业,淘汰落后产能,形成特色的"产镇融合"模式。

### 2.打造县域产业升级版,让技术红利更高质量地护送"浙江制造"进入第一方阵

产业转型升级的关键在于由规模效应转向技术效应,由创新驱动提升

① 创新128园区是由宁波市政府同意建设,鄞州区政府强力助推依托鄞州区政府优越的投资环境而建的宁波市鄞州区现代服务业示范园区。鄞州区政府特别鼓励创新128园区的发展,区政府针对创新128园区在买、租、税收财政奖励、人才引进、高新技术产业发展、技术研究开发、引进融资担保机构、创业投资企业、提供项目信息支持、物业管理等各方面,都出台了前所未有令人心动的优惠政策。

企业内涵和竞争力，更要在生态产业体系建设上摸索出一条具有当地特色的新路子。

(1)存量升级，增量扩张

技术合作实现从校企区联合转变为向全球体系攫取优秀技术。建立工业技改投入指标体系，对符合条件的企业给予设备更新补贴①，实行专款专用。鼓励企业集中资源开发拳头产品，警惕以转型升级之名盲目扩张。根据中国特色军民融合发展机遇②，引导军用技术引入当地企业，扩大军民两用产品研发投入力度。为新能源、节能环保设备等制造企业的引进、培育提供更多政策支持。协助对外出口行业协会建设公共服务平台应对国外技术性贸易措施③。鼓励以园内资源循环利用、市民"农业生产"体验式服务为特色的生态农业园区建设④。

(2)内涵集聚，组团发展

产业集聚突出上下产业链合作发展、高新产业与传统产业并进。乡镇产业园区为"五城一基地"等重点建设区块提供生产用地，配套发展(见图13)。引导信息行业、先进制造业实现信息化工业化融合。鼓励建筑业、房地产业与物业管理等行业实现横向联合，与新能源行业开展技术合作，引导本地建筑业在环保建筑上做出特色⑤。

(3)网络搭台，服务唱戏

由政府牵头，选择试点区域，引导区域内外企业、科研院校、行会组织、风险基金共建"创新资源需求——供给交易网络"，成立创新资源评估机构。交易网络分层次归类、实时发布产城融合发展所需创新项目，引导区域外机构特别是小微企业、个人提供创新产品或服务，由创新资源评估机构进行评估，按不同标准由政府、企业、大学、个人共同入股投入发展资金。

---

① 如萧山对在本区工商登记的具有独立法人资格、注册资本在50万元以上并有项目研发的，区财政一次性给予设备投资额30%的资助。

② 军民结合产业以每年20%的增速高速发展。

③ 技术性贸易壁垒已成为继汇率外影响我省如鄞州等出口强区对外贸易的第二大外部因素，2011年以来影响逐日扩大。

④ 引导城市消费者作为股东在种植季节向农场主提供足以承担年度生产费用的固定数额的预付款，作为回报，他们享有采摘、饲养等体验式服务，以及送货上门或分配给指定消费网点的新鲜瓜果蔬菜肉类等。

⑤ 可以预计，未来城市发展对建筑业、房地产业的环保技术利用要求会越来越高。

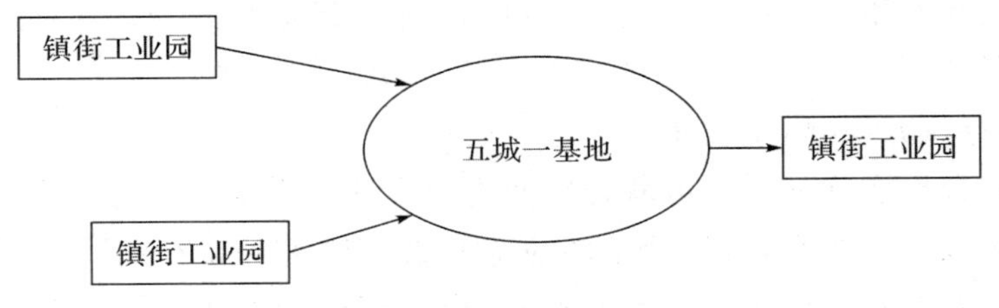


图 13　配套发展工业园区模型

(4)生态目标,产业支撑

有步骤地实现工业用地向生态集聚模式发展,围绕大项目招商、零增地招商优化工业用地。有条件的园区逐步向生态园区过渡,企业相互提供或吸纳本园区内副产品,将污染排放消耗在产业循环体系内(见图 14)[①]。有可能会成为主城区城市垃圾掩埋的区块,充分考虑今后 5～10 年余杭及主城区城市发展规模和垃圾增长趋势,要求省、市科技配套支撑,建设垃圾无害处理生态产业园区[②],争取在垃圾处理产业化上走在全国前头。在引进瑞典、挪威等国工业固废处理技术上可作尝试。

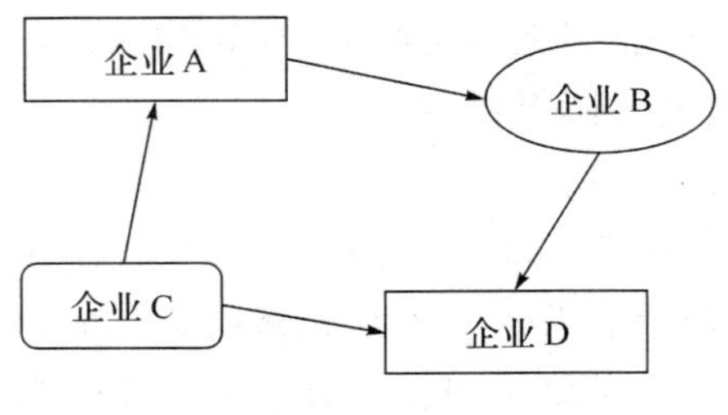


图 14　生态工业园区模型

### 3. 打县域产业升级牌,让城镇化红利更有层次地推进产城融合跨越发展

城镇化红利的深度利用不仅要求坚持错位重点建设,同时实现城镇化、

① 当前浙江省以生态工业园区命名的园区有很多家,但除衢州生态工业园区和开化县工业园区以外,多数只停留在名义上,而且很大程度上混淆了生态工业园区和绿色工业园区的含义。

② 在这里,城市垃圾将不再会影响掩埋区域附近空气及威胁地下水资源。城市废弃物将被转化为电力、热力及其他可利用资源。

工业化、信息化、农业现代化协调互动，通过产业发展和科技进步推动产城融合，实现城乡统筹发展和农村文明延续，推动“三农”问题解决和生态环境改善。

(1)坚持有重点有层次新发展

纵观各国经济发展史可以看出，区域间均衡发展大多是政府一厢情愿的政策安排，实际上，往往是区域间的非均衡发展造就了现代经济强国、强区，同时也缩小了区域间的贫富差距。充分利用无缝接轨主城区的天然优势，未来3～5年集中财力、物力，重点建设产业核心区块。副城区确立大城市体建设方向，分不同时期，分步实施发展重点区域，形成“城市—开发区”共享商业、公共服务，为各级开发区人才服务提供完善的配套设施。

(2)创新环境友好城市新机制

新能源的利用是资源节约、环境友好型社会建设的重要内容。新能源国内市场的开发一方面来自企业新能源利用，另一方面依靠生态城镇建设。未来生态城市建设将采用更多的节能环保建材，利用更多的太阳能等清洁能源，生活用水来源将更加多元化。选取村(社区)、企业、城市小区，通过政府补贴、引导金融行业、民间资本开辟“绿色贷款”、积极申请上级政策支持①等形式，试点推行城市建筑、农村宅基地建筑太阳能发电、生活用水饮用水双管道等项目建设。

(3)推进户籍制度试点新改革

推进城市人口扩张，实际消化各地房产存量。扩大城市服务业消费需要大量“有实际购买力的人才”。全力抓住户籍制度改革机遇，主动试点创新，设计更为科学化的“市民化率”指标体系，根据人口落户与产业调整、城市建设相同步的原则，设计出台不同的落户标准，吸引不同层次人才，结合职业培训、公租房等体系建设，引导公共资本投向社会福利、教育等民生事业，真正实现上楼农民、进城务工人员“人的城镇化”，进一步刺激城市消费。

(4)健全多元人才教育新系统

创新发展的关键是人才，谁拥有了高端科技人才，谁就占据了国际竞争制高点；谁拥有更多高级专业技术人才，谁就能更好更快地将技术创新转化

---

① 当前国家、省、市对新能源项目的实施提供一定的支持，如国家金太阳示范工程项目，余杭区浮法玻璃深加工有限公司工业园区以及东阳、慈溪、富阳等地相关项目都得到了50%～70%工程总投资补助。

为生产销售。人才培养和就业保障需要多元化教育。根据未来十大产业布局，引导各方资金投入到多元教育体系中，在引进高端产业人才基础上，主动接轨企业，协助企业人才培训，加强就业人口特别是外来务工人员的职业教育，培养多层次产业人才。

## 参考文献

[1] 之江平. 打造浙江经济升级版[N]. 浙江日报，2013-04-12.

[2] 董伶俐. 基于可持续发展的工业用地模式研究——以浙江省为例[M]. 北京：经济管理出版社，2012.

[3] 斯国新. 萧山模式研究[M]. 杭州：杭州出版社，2008.

[4] 毛新雅，彭希哲. 城市化、对外开放与人口红利——中国 1979—2010 年经济增长的实证[J]. 南京社会科学，2012(4)：31－39.

[5] 陈燕萍. 浙江人口红利研究[J]. 人口研究，2010，34(4)：76－88.

[6] 李月，周密. 跨越中等收入陷阱研究的文献综述[J]. 经济理论与经济管理，2012(9)：64－72.

[7] 聂辉华，邹肇芸. 中国应从"人口红利"转向"制度红利"[J]. 国际经济评论，2012(6)：124－135.

[8] 张乐才. 环境禀赋与污染红利[J]. 财经问题研究，2011(8)：22－28.

[9] 蔡. 人口转变、人口红利与刘易斯转折点[J]. 经济研究，2010(4)：4－13.

[10] 林毅夫. 发展战略、人口与人口政策[M]. //曾毅，李玲，顾宝昌，林毅夫主编. 世纪中国人口与经济发展. 北京：社会科学文献出版社，2006.

[11] 孙斌栋. 制度对于区域产业发展的影响研究[J]. 人文地理，2009，24(4)：56－61.

[12] 刘迎秋. 我国潜在发展红利与战略机遇期的机会与选择[J]. 国家行政学院学报，2012，19(1)：4－7.

[13] 张占斌. 新型城镇化的战略意义和改革难题[J]. 国家行政学院学报，2011(1)：23－27.

[14] 成思危，厉以宁，吴敬琏，林毅夫等. 改革是中国最大的红利[M]. 北京：人民出版社，2013.

# 杭州市副城区“产城融合”背景下的生态文明建设研究①

## ——以余杭、萧山为实证样本

**内容提要**　实现“产城融合”与生态文明建设协调发展是当前各地发展的共同目标。对处于改革前沿、争取率先基本实现现代化的杭州市副城区（萧山区、余杭区），在保持经济稳步增长的同时实现这个共同目标要求更高，时间更为急迫，难度也更大。本文选取萧山区、余杭区为实证案例，通过对两地2004—2013年10年数据分析，试图为杭州市副城区等经济较为发达地区面临的“产城融合”和生态文明协调发展问题提供决策参考建议。

**关键词**　副城区；产城融合；生态文明；余杭萧山

## 一、“产城融合”背景下生态文明建设历史及理论发展

### 1.“产城融合”发展历史及其对生态建设的影响

“产城融合”目前还不是一个十分严谨的学术概念。可以说，是各地在

【作者简介】单凯，杭州市委党校余杭区分校办公室主任，讲师；占张明，杭州市委党校余杭区分校校长；薛李林，杭州市委党校余杭区分校主任科员，高级讲师。

①　本文为2013年杭州市哲学社会科学规划常规性立项课题“副城区产城融合背景下的生态文明建设比较研究——以萧山、余杭为实证样本”(D13ZZ01)研究成果。

城市、产业协调发展的实践中逐步形成的一个新的认识，最初在2010年前后，"产城融合"作为一个重要的城市、产业发展方向提出[①]。新中国成立后，工业，特别是重工业的发展助推了一批重工业城市的诞生，如大庆、抚顺。这一批诞生于第二次工业革命背景下的城市发展呈现出城市依托工业发展的特征。产业发展具有高能耗、高污染的特点，也即黑色发展模式[②]。改革开放后，在东部沿海地区，一方面乡镇企业的蓬勃发展吸引人口聚集，农村逐渐向城市(城镇)过渡；另一方面，各级开发区的建设使得新型的城市空间出现。20世纪80、90年代，在充足、廉价的土地资源供给下，城区、产业开发区各自为政、单线发展。尽管这一时期因人口集聚，城市(城镇)对产业结构进行了适当调整，农业、工业比重下降，第三产业比重逐步提升，但整体上，这一批次城市的发展并没有摆脱黑色发展模式，反而将生态破坏问题从大城市扩展到了中小城市以及城市触角所能接触到的任何地区。进入到21世纪，产业开发区结构单一、与城市发展脱节等问题愈发突出。随着土地资源的紧张和对生态问题的日益重视，各地开始探索"产城融合"发展道路。目前这一过程仍在进行中。但由于历史上对自然生态的无序掠夺，与人均收入增长相伴随的却是自然系统生态赤字的逐步扩大和人民生态福利的逐年下降。

### 2."产城融合"发展驱动对生态文明建设认识的深入

随着城市建设和产业发展实践，各界对生态文明建设的认识愈加深入。1994年国务院出台第一个国家级可持续发展战略——《中国21世纪人口、环境与发展白皮书》，标志着可持续发展理念已然形成。从1995年开始，全国建立了387个国家级生态示范区。2002年，党的十六大报告提出了科学发展观，走资源节约型、环境友好型道路，是对过去以消耗资源环境为特征的粗放型发展道路的反思和认识进步。这一阶段，环境保护、生态安全等内容开始被纳入到城市、产业可持续发展的理论、政策研究中，如仇保兴等人对杭州市的研究[③]。

随着居民生活水平的提高，对生态破坏的"低容忍"甚至"零容忍"已是

---

① 李文彬，陈浩. 产城融合的内涵解析与规划建议[J]. 城市规划学刊，2012(7).

② 胡鞍钢. 中国创新绿色发展[M]. 北京：中国人民大学出版社，2012.

③ 仇保兴. 城市经营、管制和城市规划的变革[J]. 城市规划，2004年(2).

社会共识，这在过往几年多地爆发的生态问题群体性事件中可见一斑。2007 年，党的十七大报告第一次提出了生态文明建设理念，对生态文明的认识逐渐从“不影响下一代人的生活”的可持续发展模式提升到“人与自然和谐相处”新的阶段。这一时期，对城市产业协调发展和生态文明建设关系探讨更加深入，研究者有陈安国①(2011)等人。另一方面，这一时期理论研究也存在着实证研究数量较少等问题，且已有的研究成果多集中于经济相对不发达、原生态环境较好的案例。对于经济相对发达的东部沿海地区近年所出现越来越严重的雾霾、癌症村、蓝藻事件等问题，理论成果与现实需求严重不符，而这一区域恰恰是城市化进程迅速、产业加快转型升级的重要地区。这方面的研究有，2008 年中央编译局发布了“生态文明建设(城镇)指标体系”；同年《贵阳市建设生态文明城市指标体系》发布②；2010 年以张家港市为研究案例的《生态文明建设区域实践与探索》出版；此外，朱坦(2009)等人对天津中新生态城③、王威(2010)对江西城镇生态建设④进行了实证分析。

2012 年，党的十八大报告总结过往经验并进行理论创新，将生态文明建设置于“政治、经济、文化、社会、生态”五位一体建设格局中。这意味着对生态文明建设的认识到了一个全新的高度，各地“产城融合”发展和生态文明建设脱轨情况开始得到有力的扭转。杨伟民(2013)等人对生态文明建设与市场经济的关系进行了深入的探讨，并提出要将生态文明建设的理念全面融入城市发展的全过程⑤。

### 3. 生态文明建设是“产城融合”发展的应有之意和必然路径⑥

十八大报告将工业化与城镇化同时提出，即坚持走中国特色新型工业

① 陈安国，张孝德，樊继达. 扬弃与超越中的城镇村三元文明模式[J]. 上海城市管理，2011(3).

② 贵阳市委市政府. 贵阳创新首部“生态文明城市指标体系”[J]. 领导决策信息，2008(43).

③ 朱坦，吕建华. 生态文明视角下的生态城市建设模式探讨[C]. 2009 城市发展与规划国际论坛论文集，2009.

④ 王威. 生态文明视域下江西省城镇化建设研究[D]. 江西师范大学，2010.

⑤ 杨伟明. 推进生态文明的城市化[J]. 中国投资，2013(1).

⑥ 因本文为对策性研究论文，对产城融合发展与生态文明建设的内在逻辑仅做简要分析。

化、信息化、城镇化、农业现代化道路。新型工业化摆脱过去以黑色发展为特征的高能耗、高污染的工业发展模式，坚持以信息化带动工业化，以工业化促进信息化，就是科技含量高、经济效益好、资源消耗低、环境污染少、人力资源得到充分发挥的工业化道路①。新型工业化为经济发展、人均收入提高、城市质量提升提供了重要动力，引发城市人口集聚，同时又为生产性服务业(即 2.5 产业)提供了市场。而城镇化的发展不仅能带动第三产业比重的提高，推进农业现代化建设，优化三产结构，同时为产业发展提供人才服务。

“产城融合”发展模式是社会、经济系统协调发展的必然结果。然而，仅局限于该两个系统的二维发展模式，走可持续发展之路，仅能抑制生态赤字的再扩大，并不能带来人民生态福利的改善。理论的突破点在于从可持续发展模式转向绿色发展，实现以人为本的社会、经济系统和自然生态系统复合发展，马世俊(1984)较为超前地提出了相关观点②，之后胡鞍钢等人以其自然、社会、经济系统发展思想为基础，提出了生态文明建设的“经济系统绿色增长、自然系统绿色财富、社会系统绿色福利”的“三圈理论”模型②。

因此，“产城融合”发展意味着黑色发展向绿色发展的跨越、生态赤字向生态盈余的转变、社会福利向生态福利的提升。三维发展系统的运作还要求健全激励制度、传播绿色发展文化等保障机制。总之，“产城融合”与生态和谐发展包含了政治文明、经济文明、社会文明、文化文明和生态文明的统一，生态文明建设是“产城融合”发展的应有之意和必然路径。

## 二、余杭、萧山“产城融合”背景下生态文明的实践比较

从各地实践来看，对“产城融合”发展与生态文明建设关系的认识不断深入，并逐步达成共识。目前，各地特别是经济相对发达地区面临的主要问题是在已深入进行的“产城融合”发展中如何走好生态文明建设道路。可以说，建设是长期性的，但急迫的现实需求使之更具补救性的特征。下文将就余杭区、萧山区自 2004—2013 年在“产城融合”发展实践中开展生态文明建设情况进行实证研究。而在实证对比研究之前，需设计可供综合比较的评价体系。

---

① 王佳宁.工业化与城镇化融合发展:重庆例证[J].重庆社会科学,2012(12).

② 马世骏,王如松.社会—经济—自然符合生态系统[J].生态学报,1984(4).

### 1."产城融合"背景下生态文明建设评价体系构建理论及现实依据

国内目前就生态文明建设评价体系构建有诸多尝试,理论实践研究主要呈现三个特点:一是评价体系范畴广。主要分为三大类,一类是就生态文明建设本身进行评价指标设计,如"中国省域生态文明建设评价指标体系"(韦贵红,2011)①等;第二类是就生态文明建设某一个方面进行评价指标设计,如"'森林重庆'发展目标"(重庆市林业局,2008年)等;第三类则是在诸如现代化指标体系等系统中,将生态文明建设作为其中一个重要内容进行指标设计,如"2010—2020中国经济社会发展主要指标"(胡鞍钢,2012)②等。二是评价体系架构各有侧重。如"中国省域生态文明建设评价指标体系"以"总指标—考察领域—具体指标"三层指标为框架,以生态活力、环境质量、社会发展和协调程度为四大核心考察领域,对各省生态文明建设情况进行对比;"绿色北京"建设指标体系(2005—2015)则包含了绿色生产、绿色消费、生态环境3类20项指标,并相应出台了《绿色北京行动计划(2010—2012年)》。三是近年定量研究模式被更多地采用。采取分年段设计发展指标是大多生态文明建设评价体系的做法;设计绿色GDP核算也是其中一种评价模式,较早有国家统计局和国家环保总局联合发布的《中国绿色国民经济核算研究报告2004》、上海的GDP一般增长核算与绿色GDP核算(王铮等,2006)③等;近期如温怀德(2011)设计了杭州市绿色GDP核算指标体系,并指出环境保护与经济增长可以实现共赢④。

对副城区在"产城融合"背景下生态文明建设情况进行评估,要充分考虑到这些地区的发展基础、"产城融合"发展特点等,主城区向副城区延伸的趋势等也是重要的参考内容。

一是产城融合特点。不同于主城区有序外迁第二产业,副城区内除靠近主城区区块重点建设生活功能区外,在其他区域建立的新城必定是坚持产业城市互进原则,也就是生活区块和产业区域在扩大中实现有机融合,而

---

① 韦贵红.中国省域生态文明建设评价报告[J].中国环境法制,2011(2).

② 胡鞍钢.2020中国全面建成小康社会[M].北京:清华大学出版社,2012.

③ 王铮,刘扬,周清波.上海的GDP一般增长与绿色GDP核算[M].地理研究,2006(2).

④ 温怀德.杭州市绿色GDP核算指标体系及应用研究[J].经济技术与管理研究,2011(2).

这将在短期内完成。新城区的产业准入门槛对生态文明建设影响重大。

二是地形地貌变迁。建区以后，两地建成区面积、产业区面积急速扩大，在很大程度上改变了副城区地表形态。原先的湿地、森林逐步消失，城市“肺”日益缩小。

三是人口快速增加。快速增加的人口特别是城市居民的增加和生活水平的改善，对用水、用电、用车、垃圾处理提出了更高的要求。人口规划本身也刺激当地土地财政，驱动地方政府将更多的土地投入到生活区块建设中。

四是主城区的影响。主城区的垃圾运往城市郊区焚烧、填埋处理是目前大多数城市的做法。自来水供应部分水源地在副城区（如杭州祥符自来水厂取水自流经余杭区的东苕溪，占杭州市主城区日供水量的15%）也倒逼副城区加大生态保护。而主城区由于地域有限，城市人口将得到进一步控制，中短期内人口向周边副城区扩散不可逆转。

五是跨区协作机制。副城区多与其他地级市接壤，在河流治理、森林保护中，需要通过相关方上级政府的协调管理。如2011年临安市工业园区污染苕溪事件一度造成余杭区部分地区水质性缺水。

### 2.“产城融合”背景下生态文明建设评价体系内容

“产城融合”背景下生态文明建设评价体系构建要充分考虑到以上五个影响因素，主要从绿色投资、绿色城市、绿色生产、绿色生活四个方面进行综合评价[①]。

(1)绿色投资

绿色投资主要指当地政府为加快生态文明建设在科技教育及环境治理方面的投入。以下为部分参考指标，分别为教育投入占GDP比重、R&D占GDP比重、环保投入占GDP比重、污水处理率、酸雨发生率等。环保投入占GDP比重反映当地政府对生态建设的重视程度和对生态建设机会成本的取舍。R&D占GDP比重、每万人口发明专利授予数则反映当地为改进生产工艺、节能减排所进行的科技投入。教育科技的投入将对绿色城市、绿色生产和绿色生活产生深远影响。酸雨发生率等则反映出当地环保投入

---

① 以下相关数据采集自杭州市、余杭区、萧山区统计局、教育局、环保局等部门。因部分数据缺失，一些指标在本文中将被作为辅助参考内容。此外，2013年数据为初步统计数据。

的成效如何。

(2)绿色城市

绿色城市主要是指城市(城镇)化建设给当地生态带来的正负面影响，主要参考数据为建成区面积、国家/省级生态镇街占比、耕地保有量、森林覆盖率、建成区公共绿地面积占比、城市化率、户籍人口等。耕地保有量不仅是当地人口的粮食安全保证，同时耕地也是浙东北平原人工湿地的主要构成部分。森林覆盖率评价当地丘陵、山地的生态保护情况。城市化率、建成区公共绿地面积占比等指标共同反映出随着人口增加、城区面积的扩大，当地对生态建设的重视程度。

(3)绿色生产

绿色生产主要是指近年来在生态文明建设理念指导之下的“产城融合”发展情况，其中节能减排等指标是重要参考内容，包括第三产业占比、万元GDP能耗下降率、高新产业产值占规模以上工业产值比重、工业二氧化硫排放总量、工业废水排放总量、工业固体废物产生量、排放权交易总金额等。其中第三产业贡献率、高新产业产值占规模以上工业产值比重反映当地产业转型升级的成果。万元GDP能耗下降率、工业二氧化硫排放总量、工业废水排放总量、工业固体废物产生量等反映节能减排的实际成效。排放权交易总金额反映绿色生产的市场化发展方向。

(4)绿色生活

绿色生活主要指人民生活模式上的低碳化。水电设施等生活环境的改善以及大幅度增加的私家车、生活垃圾排放量等是重要参考内容，包括人口平均预期寿命、城市小区生活垃圾分类达标率、生活化学需氧量、私家车增长量、生活垃圾排放量及年增长率、主城区生活垃圾排放量及年增长率、居民用电、用水量等。

### 3. 副城区生态文明建设评价体系综合分析

(1)绿色投资

在教育、科技投入方面，余杭、萧山两区在2011年前后达到约12年的平均受教育年限，高中教育基本实现全覆盖。同期教育投入占GDP比重仍然过小，特别是副城区要承担更大比例的外来人口教育服务(余杭、萧山两地外来人口总数占杭州市外来人口总数的一半)。工业的强劲发展刺激了对科技的投入，R&D占GDP比重、万人发明专利授予量得到较大幅度增长，反映出副城区在提高生产效率、改进工艺上的努力（见表1）。节能环保投入与发达国家平均1.5%左右的GDP占比相比，仍然较小，这直接导致两区环保基础设施建设较大落后于产业、城市发展进度，水土污染较为严重，污水处理率较低（两区部分镇街生活污水处理率不足50%），且水质最差的河流断面往往集中于人口稠密地区。在治理空气的投入方面，两区近年来进展缓慢，特别是缺乏有效的空气质量检测指标，导致两区对空气质量问题重视不够，全年中度污染、重度污染天数位居杭州市八区五县市前列，酸雨发生率等指标居高不下（见表2），2013年余杭临平城区环境空气质量达标率仅为42.5%。而近年对雾霾等问题的措手不及，一定程度上说明当地政府在环境保护、治理方面仍处于单兵作战状态，在信息快速处理上存在结构性缺陷。令人欣慰的是，这些情况在2012年后得到了转变，PM2.5等指标开始被采用，水质问题也在近年得到真正重视，以“五水共治”为突破口，越来越多的社会力量将被投入到生态建设中。

**表1　科技数据**

| 年　份 | | 每万人口发明专利授予数(件) | | | R&D投入占GDP比重(%) | | |
|---|---|---|---|---|---|---|---|
| | | 2011 | 2012 | 2013 | 2011 | 2012 | 2013 |
| 区域 | 余杭 | 1.60 | 2.83 | 2.86 | 1.64 | 1.85 | — |
| | 萧山 | 1.44 | 1.84 | 1.95 | 2.2 | 2.3 | 2.3 |

**表2　酸雨发生率**　　（单位：%）

| 年　份 | | 2004 | 2005 | 2006 | 2007 | 2008 | 2009 | 2010 | 2011 | 2012 | 2013 |
|---|---|---|---|---|---|---|---|---|---|---|---|
| 区域 | 余杭 | — | — | — | 83.9 | 78.8 | — | 75.7 | 77.6 | 84.2 | 76.6 |
| | 萧山 | — | — | 57.9 | 76.1 | 44.6 | 78.2 | 64.6 | 85.6 | 95.7 | — |

（2）绿色城市

近年两区城市化率显著提高（均达到63%以上），城市人口数量增长迅速，一方面来自农民向居民的转变（见表3），一面来自外来人口的进入（在萧山、余杭等地，外来人口与本地户籍人口几乎达到1∶1）。城区面积自2000年来增长迅速，其中2012年萧山城区面积是其2000年时城区面积的3倍，而余杭城区面积增长到3倍仅用了6年时间（2007年，19.24平方公里；2013年，59.03平方公里）。两区的城区绿地覆盖率从10年前的不足30%跃升并稳定在40%左右，这反映出城市绿化得到了更多的重视。另一方面，伴随着城市面积增加的是湿地面积的大幅减少，如余杭区人工湿地主要组成部分的耕地面积自1978年以来下降幅度超过三分之一，萧山自2000年以来粮食种植面积减少了近40%。对湿地的各种破坏、地面硬化等问题，近年来逐渐在雨季中频频出现的城区内涝事件中暴露出来。余杭因山区丘陵占比大，森林覆盖率相对较大；萧山得益于20世纪50年代开始的"围垦造田"，耕地保有量较大(见表4)。但就生态建设本身来说，余杭区领先萧山，是国家级生态区并实现国家级生态镇街、省级生态镇街的全区覆盖；萧山在2013年创建成功省级生态区。各地新型墙体等节能环保建筑材料被强制性使用(由经信局、住建局等部门监管)，近年新建城市住宅小区均建有完善的雨污分流设施，以"金太阳工程"为代表的太阳能等新能源项目被鼓励使用但尚未大范围铺开。

**表3　户籍非农人口**　(单位:万人)

| 年　份 | | 2004 | 2005 | 2006 | 2007 | 2008 | 2009 | 2010 | 2011 | 2012 | 2013 |
|---|---|---|---|---|---|---|---|---|---|---|---|
| 区域 | 余杭 | 20.00 | 21.44 | 25.10 | 28.54 | 38.17 | 41.90 | 43.79 | 46.39 | 49.32 | 51.74 |
| | 萧山 | 31.39 | 33.81 | 35.60 | 38.11 | 40.09 | 44.09 | 47.65 | 50.65 | 52.52 | 54.59 |

**表4　2013林水状况**

| 区　域 | 森林覆盖率(%) | 耕地保有量(万亩) |
|---|---|---|
| 余杭 | ≈37.5 | ≈58.75 |
| 萧山 | ≈20 | ≈77.72 |

(3)绿色生产

自2006年浙江省具体提出"凤凰涅槃"、努力摆脱对粗放型增长模式的依赖、大力提高自主创新能力、推进"腾笼换鸟"、促进产业结构调整以来，两区在工业技改、节能减排、"退二进三"方面做了较大动作(部分数据见表5)。到2013年，余杭、萧山高新产业产值占规模以上工业产值比重分别接近40%和20%，绿色生产对生态文明建设的积极作用从近年万元GDP能耗下降率及2007年后工业废水、二氧化硫、氨氮排放量等数据的逐年下降可见一斑(部分数据见表6)(需要指出的是，2013年两区万元GDP能耗下降率均未能完成预定目标)。工业固体废物减量化、资源化和无害化是两区的努力方向，排放量在多年增长后趋于稳定并开始下降(见表7)，工业固废利用率逐步趋向100%。同时需要指出的是，工业排放的减少同期受到世界金融危机对当地工业生产的影响。随着城市的发展，两区第三产业比重在过去10年从30%增长到近50%。但与余杭相比，萧山因其强大的工业基础，第三产业贡献率近10年增长有限(除2008—2009年世界金融危机对其第二产业造成较大冲击外)(见表8)，这在一定程度上说明目前萧山区第二产业仍然是实现绿色生产的中心，产业结构优化调整压力更大；相比之下，余杭绿色生产则呈现出二、三产业"两轮驱动"特点。在产业园区建设方面，中水回用工程等城市环保基础设施建设开始得到更多的重视，有助于在下一阶段较大幅度减少工业废水排放量。排污权交易额逐年上升，市场运作对生态建设的推动作用开始显现。此外，这一时期人们逐渐意识到低技术含量的农副加工产业对生态的破坏问题[①]。

**表5 工业技改投入** (单位:亿元)

| 年份 | | 2004 | 2005 | 2006 | 2007 | 2008 | 2009 | 2010 | 2011 | 2012 | 2013 |
|---|---|---|---|---|---|---|---|---|---|---|---|
| 区域 | 余杭 | — | 30.8 | — | — | — | — | — | 83.75 | 105.77 | 110 |
| | 萧山 | — | — | — | — | 71.8 | 70.5 | 123.7 | 79.7 | 105.5 | 220.8 |

**表6 万元GDP能耗下降率** (单位:%)

| 年份 | | 2004 | 2005 | 2006 | 2007 | 2008 | 2009 | 2010 | 2011 | 2012 | 2013 |
|---|---|---|---|---|---|---|---|---|---|---|---|
| 区域 | 余杭 | — | — | — | — | — | — | — | 6 | 6 | 3.6 |
| | 萧山 | — | — | — | — | 4.93 | 5.11 | 3 | 4.52 | 6 | 0.28 |

**表7 工业固体废物产生量** (单位:万吨)

| 年份 | | 2004 | 2005 | 2006 | 2007 | 2008 | 2009 | 2010 | 2011 | 2012 | 2013 |
|---|---|---|---|---|---|---|---|---|---|---|---|
| 区域 | 余杭 | 45.30 | 44.24 | 47.52 | 49.41 | 44.60 | — | — | 62.31 | 51.99 | — |
| | 萧山 | — | — | — | 213.8 | 221.0 | 186.4 | 181.8 | 181.6 | 171.6 | — |

**表8 (2004—2013)第三产业贡献率** (单位:%)

| 年份 | | 2004 | 2005 | 2006 | 2007 | 2008 | 2009 | 2010 | 2011 | 2012 | 2013 |
|---|---|---|---|---|---|---|---|---|---|---|---|
| 区域 | 余杭 | 34.6% | 22.9% | 32.1% | 37% | 51% | 83.6% | 43.8% | 51.2% | 61.7% | 85.8% |
| | 萧山 | 38.8% | 9% | 32.1% | 30.8% | 38.3% | 60.4% | 40.8% | 38.2% | 35.5% | — |

① 如余杭区在2009年前后鼓励大力发展甲鱼等生态渔业集聚区，但随之是粗陋的养殖工艺带来的重大空气污染，该区于2013年12月决定关停低技术甲鱼养殖区。

(4)绿色生活

随着城市化的发展,越来越多的农民走进城市,生活质量提升的同时带来了更高的能源消耗和更多的生活垃圾排放,特别是余杭区民生能源消耗总量与其第三产业能源消耗量相近,且近年年增长值大于第二产业能源消耗量增加值。两区居民用水量等数据一直攀升,居民用电量、生活垃圾年均增长率多年维持在10%左右的水平线上(见表9、表10),这与近10年两区总人口(含外来人口)的较大增长有关,但同期民众用电用水缺乏节能环保理念等问题也是不争的事实。生活垃圾将是困扰两地生态文明建设的一大难题(如2012年余杭一日产近1400吨生活垃圾,而当地余杭、乔司垃圾焚烧厂日均处理垃圾能力为1200吨,同时还要负责处理部分来自主城区的生活垃圾)。因环绕主城区的地理因素,杭州市年均10%以上的生活垃圾增长更需要副城区的支持[①]。近年两区机动车数量增长迅速,2013年余杭民用汽车量超过25万辆,萧山机动车保有量超过50万辆,除造成交通拥堵外,汽车尾气对空气质量恶化影响较大(杭州市机动车尾气尘对PM2.5的贡献率为39.5%[②])。尽管两区人均预期寿命已达到发达国家水平(≈80岁),但近年来空气、水土质量问题以及饮食安全问题导致呼吸道疾病等问题逐渐增多并将产生深远影响。而在小区生活垃圾分类方面,尽管参与小区逐年增加,但形式大于实质,居民热情度不高,且缺乏有效的监管手段。

**表9 居民用电量** (单位:亿千瓦时)

| 年 份 | | 2004 | 2005 | 2006 | 2007 | 2008 | 2009 | 2010 | 2011 | 2012 | 2013 |
|---|---|---|---|---|---|---|---|---|---|---|---|
| 区域 | 余杭 | 2.67 | 3.12 | 3.92 | 4.77 | 5.50 | 6.64 | 7.90 | 9.04 | 10.65 | 12.48 |
| | 萧山 | — | — | 5.66 | 6.73 | 7.60 | — | — | 11.00 | 12.71 | |

① 根据杭州市城管局统计,2006—2013年,杭州市区(含萧山、余杭)生活垃圾年均增长率为10.9%。2013年杭州市区(含萧山、余杭)生活垃圾产生总量308.67万吨,日均8456.78吨(其中主城区日均4614.18吨)。

② 杭州市环境监测中心站.杭州市大气灰霾成因及关键污染因子预防控制研究[R].2013.

**表 10　生活垃圾年处理量**　　（单位：万吨）

| 年　份 | | 2011 | 2012 | 2013 |
|---|---|---|---|---|
| 区域 | 余杭 | 45.31 | 51.18 | 56.97 |
| | 萧山 | — | 68.8 | 83.28 |

## 三、“产城融合”背景下生态文明建设的启示及建议

### 1. 生态文明建设不能脱离“产城融合”发展，“产城融合”发展更要“量容而行”

生态文明建设并不意味着要回到“鸡犬相闻”的小农社会，而是在人与自然和谐相处的过程中实现人的全面解放。就现阶段来说，生产工艺的改进、生活水平的改善以及由此带来的教育投入的增加和人的认知水平的提高、补救性的环境治理投入等都不能脱离“产城融合”发展。而在现有的科技条件下，地形地貌、水土资源容量等对生态文明建设起到重要作用。在从县域经济迈向都市圈经济的发展过程中，因地制宜推进城镇（城市）化进程，避免一哄而上的大城市发展模式，充分评估中长期（10 年以上）“产城融合”发展所需水、土、气等生态资源容量，制定产业转型升级、城镇（城市）化发展规划。结合当地生态实际推进城区、工业园区建设，借鉴“绿色北京”等生态建设指标体系，针对其无法预测雾霾发生等情况，建立符合当地实际、操作性强的生态动态监测体系。加大对湿地区块的保留和保护力度，在现有地方法规体系中，开展湿地保护等地方立法工程[①]，对诸如在萧山、余杭的湿地地区扑杀季节性候鸟等行为进行严惩。

### 2. 工艺的改进和产业结构优化能够大幅减少生产性污染，提升产业污染可控性

多年的“退二进三”、淘汰落后产能政策的实施，是余杭、萧山等地实现产业污染可控性的坚实基础。坚持以“五水共治”为突破口，将更多固定资产投资投向产业技改、基础设施改善和环保项目，多措并举推进民营中小企业、“个转企”企业的技改项目。加大对工业偷排的监管力度，高度重视在城

---

① 2011 年，《杭州西溪国家湿地公园保护管理条例》公布实施。

乡接合部等地区的环境污染监管落后问题。以循环经济建设理念开展各级开发区、现代农业园区建设。有步骤地实现工业用地模式向生态集聚模式发展，围绕大项目招商、零增地招商优化工业用地。产业集聚突出上下产业链合作发展、高新产业和传统产业并进。有可能会成为主城区城市生活垃圾处理的区块，充分考虑今后5～10年副城区及主城区城市发展规模和垃圾增长趋势，争取在垃圾处理产业化上走在全国前头。

### 3.生活能耗、污染的增加来自人口数量及生活水平的较快提高和现有基础设施容量有限的矛盾

低碳城市建设要适度超前，特别是在副城区本地户籍人口和外来人口已达到1∶1比例以及“土地财政”依赖前提下，科学的人口规划至关重要。在现实生活中，草率的人口规划往往带来“不堪重负”的城区或者“人烟罕至”的鬼城。人口规划是“产城融合”规划的决定性因素，不仅直接决定土地分配，同时以土地指标等形式刺激当地政府的“土地财政”依赖，并反过来促使当地追求更多的土地指标、更大的城市人口容量，建造更大面积的产城新区，更大程度地改变当地地表、地下生态环境。在当前城镇建设高峰时期，加快制定完善当地建筑强制性使用规定，将节能建材的使用程度和使用范围列入正面清单，鼓励新建建筑节能环保材料的运用，加强对建筑垃圾偷排问题的惩罚力度。在有序降低生活污染排放的同时，科学选址生活污水、生活垃圾处理区域，提高排放处理能力，变废为宝。根据城区中长期规划设计中水项目，在新建小区和旧小区改造中开展雨水截留工程，加快中水回用工程建设速度。

### 4.信息传递与宣传互动是当前生态文明建设的弱项，政府主导模式需及时向社会共同参与模式转变

当前生态文明建设政府和社会之间欠缺互动，生态产品仍属于公共产品范畴。民众日常主动参与环境保护意识淡薄，习惯被动式回应涉及个人利益的环境污染问题①。在自媒体时代，又常常由于缺乏畅通的信息传递渠道，容易演化成突发性群体事件。要利用多种媒介加大资源节约型、环境

---

①　近几年，余杭区涉及环境问题的投诉占政府公开电话受理投诉的30%以上。而另一方面，居民无视小区雨污分流设施，垃圾分类设施成为摆设等情况比比皆是。

友好型社会建设宣传，进一步明确生态文明建设"人人有责"的理念。宣传、物质鼓励和考核惩戒并行，将城市小区垃圾分类真正落到实处，探索城市小区雨污分流实施情况的监管方式。在诸如垃圾焚烧场等涉及生态问题的重大投资项目时，充分评估当地生态环境容量及当地群众的接受程度，听证会是可供选择的方案。在健全公共交通、提高公共交通出行率的基础上，鼓励民众采用更环保的出行方式，减少非新能源类私家车的使用次数。

# 基于泰尔指数的杭州市区域经济差异多指标测度分析[①]

**内容提要** 统筹城乡区域发展，是杭州贯彻落实科学发展观的重要实践，基于泰尔指数测度方法对杭州市1978—2011年人均GDP、人均社会固定资产投资、人均社会零售总额、人均城乡居民储蓄存款等4项指标的区域差异进行测度分析，数据测算结果证明：杭州市区域经济差异整体上在缩小，区域经济差异主要是各区域之间的差异，余杭与萧山、五县（市）之间的经济差异有可能进一步扩大，需要引起关注。

**关键词** 区域差异；泰尔指数；多指标；测度；杭州市

加强城乡区域统筹，是杭州贯彻落实科学发展观的重要实践，也是建设美丽杭州的题中之意。改革开放特别是“十二五”以来，杭州市认真贯彻中央和省委的决策部署，推动市县联动壮大郊区经济，以新型城市化为主导加强城乡区域统筹发展，扎实推进“以城带乡、以东带西”，城乡区域统筹协调发展取得明显成效。同时必须清醒地看到，杭州市农村与城市、五县（市）与杭州市区发展水平还有较大差异，“东快西慢、东强西弱”的发展格局还没有根本性改变。[②]近年来，占全市行政区划面积81.5%的五县（市）生产总值占

---

【作者简介】颜林，中共临安市委党校市情研究中心副主任，讲师。

① 本文获2013年杭州市党校系统理论研讨会一等奖。

② 参见《中共杭州市委杭州市人民政府关于以新型城市化为主导进一步加强城乡区域统筹发展的实施意见》。

全市生产总值比重从2009年以来一直维持在20%，这说明杭州市区域经济发展差异明显。所谓区域经济差异，一般意义上是指一定时期内各区域之间的人均意义上的经济发展总体水平非均等化现象。对区域经济差异做出定量测度，能为区域经济发展提供实证分析和决策参考

## 一、研究方法及数据说明

### 1. 泰尔指数

我们选取泰尔指数(Theil index)作为本文的分析工具。泰尔指数原是用来衡量收入分布公平性的一种方法，计算公式为

$$T=\sum_{i=1}^{N}\left(\frac{Y_i}{Y}\lg\frac{Y_i/Y}{P_i/P}\right) \tag{1}$$

式中：$T$表示泰尔指数；$P_i$为$i$区域的人口数；$P$为整个区域的人口数；$Y_i$为$i$区域的收入(或其他经济变量，下同)；$Y$为整体区域的经济变量；整个区域可以划分为$N$个区域。

泰尔指数主要通过考察人口及其相应的收入(或其他经济变量)是否匹配来判断资源分布的公平性：当各组所占的收入比例和人口比例相同时，泰尔指数值为0，表示绝对公平。当某区域所占收入比例大于其人口比例时，$Y_i/Y$大于$P_i/P$，取对数后为正数，表明这个区域对泰尔指数的贡献为正值；而当某区域所占收入比例小于人口比例时，$Y_i/Y$小于$P_i/P$，取对数后为负数，表明这个区域对泰尔指数的贡献为负值。泰尔指数越大，表明区域差异越大，泰尔指数的大小，取决于这多个区域正负相抵的综合结果。为了加入人均收入这个因素，将公式(1)稍作处理，变为

$$T=\sum_{i=1}^{N}\left[\frac{P_i}{P}\frac{y_i}{\bar{y}\lg\frac{y_i}{\bar{y}}}\right] \tag{2}$$

式中：$y_i$为$i$区域人均收入；$\bar{y}$为整个区域的人均量。

泰尔指数具有把整体差异分解成组内与组间差异的优点①，其分解公式为

① 参见：刘志伟. 收入分配不公平程度测度方法综述[J]. 统计与信息论坛，2003，18(5)：28－32.

$$T = \sum_{g=1}^{G}\left(\frac{Y_g}{Y}T_g\right)+\sum_{g=1}^{G}\left(\frac{Y_g}{Y}\lg\frac{Y_g/P_g}{Y/P}\right) = T_w + T_b \quad (3)$$

式中：$T_w$ 表示每组内各区域之间的人均收入差异；$T_b$ 表示各组之间的人均收入差异；$Y_g$ 表示第 $g$ 组收入占总体收入的比重；$P_g$ 则表示第 $g$ 组人口占区域总人口的比重；$T_g$ 表示衡量第 $g$ 组差异的泰尔指数；整个区域可以划分为 $G$ 组。

利用该分解公式，可以计算出泰尔指数分解的组内差异和组间差异的泰尔指数值（绝对贡献度）及其各自占整体差异的比重（相对贡献率）。为了能加入人均收入这个因素，将公式(3)稍作处理，变为

$$T = \sum_{g=1}^{G}\left(\frac{P_g}{P}\frac{\overline{y}_g}{\overline{y}}T_g\right)+\sum_{g=1}^{G}\left(\frac{P_g}{P}\frac{\overline{y}_g}{\overline{y}}\lg\frac{\overline{y}_g}{\overline{y}}\right) \quad (4)$$

式中：$\overline{y}_g$ 表示第 $g$ 组人均收入。

**2. 研究述评**

关于城乡区域差异研究的理论性文章较多，主要对全国东、中、西、东北四大区域以及省际或单一某个省内部区域差异、成因以及对策进行分析。定量分析工具包括绝对差异分析和相对差异分析两大类。相对于绝对差异分析方法来说，相对差异分析方法能较细致地反映区域差异的结构性特征，具体工具包括变异系数、基尼系数和泰尔指数三种（校荟萃、刘富华，2010）。单独研究某个城市区域差异的文章比较少，研究杭州城乡区域差异的实证研究则更少，目前仅见到两篇研究城乡收入差异的。韩留富(2007)通过对城乡居民收入比这一指标的研究，指出在研究时段内杭州市城乡居民收入差异有拉大趋势，指出城镇居民内部和村民内部贫富差异扩大，并对此提出了相关的建议措施。冯婷(2011)通过对城乡居民收入、人均 GDP、财政收入等指标的比较，指出杭州市城乡居民收入差异呈逐步拉大趋势，在此基础上分析了城乡居民收入差异的构成，提出了缩小城乡居民收入差异的对策。目前尚未见到以杭州市区域经济差异为视角的定量分析。

**3. 区域划分和数据来源**

本文将杭州市划分为主城区（包括上城、下城、西湖、拱墅、江干、滨江）、近郊区（萧山、余杭）、五县市（富阳、临安、桐庐、建德、淳安）三个区域，在此

基础上计算区域经济差异。在时序上，选择 1978—2011 年连续时间序列。本文所有 1978—2008 年数据来源于浙江省统计局编制的《浙江 60 年统计资料汇编》，2009—2011 年数据来源于杭州市统计局编制的《杭州市统计年鉴》。

### 4. 变量指标的选取

用于测度区域经济差异的统计指标通常有两类：一类是生产性指标，如 GDP、工农业总产值、国民收入、社会固定资产投资；另一类是生活性指标，如城镇居民储蓄存款、社会商品零售总额、城镇居民居住面积、农村与城镇居民人均消费支出等。为了克服单一指标的片面性，结合数据的可获得性，本文选取人均 GDP、人均社会固定资产投资、人均城乡居民储蓄存款和人均社会商品零售总额等 4 个指标，运用泰尔指数方法进行测度分析，揭示杭州市区域经济存在的差异，以反映改革开放以来杭州市城乡区域发展的演变轨迹。为使面积、人口不等的地理区域间具有可比性，采用地理区域的人均变量指标来衡量区域差异状况。

## 二、杭州市区域差异测度及分析

### 1. 区域总差异测度及分析

根据公式(2)计算出 1978—2011 年杭州市主城区及七区(县、市)4 个指标区域经济总体差异的泰尔指数值，测算结果见表 1 和图 1。

**表 1　1978—2011 年杭州市四项指标的泰尔指数**

| 年份 | 人均GDP① | 人均全社会固定资产投资② | 人均社会消费品零售总额 | 人均城乡居民储蓄存款 | 年份 | 人均GDP | 人均全社会固定资产投资 | 人均社会消费品零售总额 | 人均城乡居民储蓄存款 |
|---|---|---|---|---|---|---|---|---|---|
| 1978 | | | 0.1737 | 0.1884 | 1995 | 0.0696 | 0.0842 | 0.1703 | 0.1062 |
| 1979 | | 0.0657 | 0.1673 | 0.1539 | 1996 | 0.0650 | 0.0966 | 0.1484 | 0.1033 |
| 1980 | | 0.0758 | 0.1684 | 0.1461 | 1997 | 0.0643 | 0.1120 | 0.1474 | 0.1023 |

① 由于《浙江 60 年统计资料汇编》中缺 1978—1980 年、1981—1986 年建德市人口数据，而且 1978—1990 年间建德市生产总值和人均生产总值数据显得异常，故人均 GDP 泰尔指数从 1991 年算起。

② 缺 1978 全社会固定资产投资相关数据，略。

续表

| 年份 | 人均GDP | 人均全社会固定资产投资 | 人均社会消费品零售总额 | 人均城乡居民储蓄存款 | 年份 | 人均GDP | 人均全社会固定资产投资 | 人均社会消费品零售总额 | 人均城乡居民储蓄存款 |
|---|---|---|---|---|---|---|---|---|---|
| 1981 | | 0.0850 | 0.1666 | 0.1560 | 1998 | 0.0623 | 0.1202 | 0.1476 | 0.0991 |
| 1982 | | 0.0995 | 0.1567 | 0.1457 | 1999 | 0.0597 | 0.1159 | 0.1439 | 0.0981 |
| 1983 | | 0.1181 | 0.1570 | 0.1439 | 2000 | 0.0587 | 0.1078 | 0.1418 | 0.0964 |
| 1984 | | 0.1443 | 0.1623 | 0.1516 | 2001 | 0.0504 | 0.0867 | 0.1358 | 0.1026 |
| 1985 | | 0.1188 | 0.1735 | 0.1373 | 2002 | 0.0472 | 0.0641 | 0.1303 | 0.1082 |
| 1986 | | 0.1113 | 0.1728 | 0.1166 | 2003 | 0.0471 | 0.0409 | 0.1225 | 0.1253 |
| 1987 | | 0.0861 | 0.1742 | 0.1187 | 2004 | 0.0478 | 0.0490 | 0.1187 | 0.1206 |
| 1988 | | 0.0646 | 0.1695 | 0.1194 | 2005 | 0.0439 | 0.0320 | 0.1133 | 0.1183 |
| 1989 | | 0.0413 | 0.1736 | 0.0992 | 2006 | 0.0430 | 0.0251 | 0.1077 | 0.1114 |
| 1990 | | 0.0682 | 0.1849 | 0.0940 | 2007 | 0.0413 | 0.0342 | 0.1049 | 0.1070 |
| 1991 | 0.0595 | 0.0539 | 0.1934 | 0.0889 | 2008 | 0.0406 | 0.0379 | 0.1025 | 0.1072 |
| 1992 | 0.0617 | 0.0484 | 0.1830 | 0.0796 | 2009 | 0.0404 | 0.0376 | 0.1005 | 0.1041 |
| 1993 | 0.0665 | 0.0523 | 0.2007 | 0.0756 | 2010 | 0.0374 | 0.0363 | 0.0993 | 0.0940 |
| 1994 | 0.0613 | 0.0623 | 0.1828 | 0.0896 | 2011 | 0.0369 | 0.0526 | 0.0960 | 0.0888 |

根据表 1 和图 1，四项指标的泰尔指数曲线整体上都呈下降趋势。在 1991—2011 年间，杭州市人均 GDP 的泰尔指数平缓下降。从 1991 年开始，人均 GDP 的泰尔指数连续上升，在 1994 年暂时下降后再次上升，于 1995 年达到最大值 0.0696，表明以人均 GDP 衡量的杭州市区域经济差异有所扩大，此后基本上逐年下降，到 2011 年降到 0.0369。

人均全社会固定资产投资水平在一定程度上代表着地区未来的生产力和经济发展潜力。与人均 GDP 的泰尔指数平缓下降相比，人均全社会固定资产投资泰尔指数波动频率和幅度都较大。1979—2011 年之间，杭州市人均全社会固定资产投资泰尔指数大体上可以分为五个阶段：从改革开放以来到 1984 年是第一个阶段，在这个时期里泰尔指数急剧上升，于 1984 年达到最大值 0.1443；1985—1989 年，泰尔指数从最大值降至 0.0413，在 1990 年短时反弹之后马上又回落了；1992—1998 年，泰尔指数迅速上升至

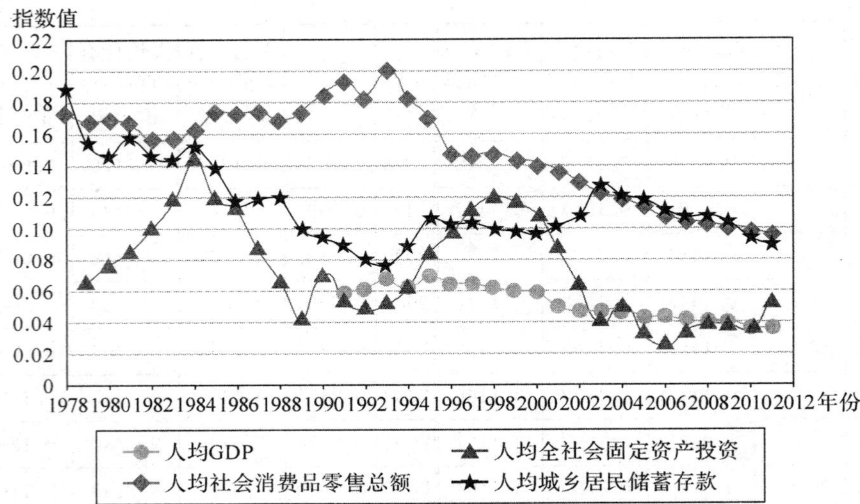


图 1　1978—2011 年杭州市区域差异演变

0.1202;1999—2006 年(除 2004 年外)泰尔指数又迅速回落至 0.0251,人均全社会固定资产投资衡量的区域经济差异迅速缩小;从 2007 年开始,泰尔指数又有上升趋势,特别是 2011 年,上升明显。

人均社会消费品零售总额泰尔指数整体波动较小,1978—1993 年呈平缓下降后平缓上升的趋势,从 1994 年到 2011 年,泰尔指数逐年下降。1993—2011 年,泰尔指数从 0.1828 一直降到 0.0960,这在一定程度上反映出 1993 年以来,杭州市城乡居民生活水平都得到了较大幅度的提升,消费水平的差异在缩小。

人均城乡居民储蓄存款与人们的生活水平密切相关。1978—2011 年杭州市人均城乡居民储蓄存款泰尔指数曲线呈下降—上升—下降趋势。1978 年人均城乡居民储蓄存款泰尔指数为 0.1884,到 2011 年,下降到了 0.1 以下,特别是 2003 年以来,杭州市城乡居民储蓄存款差异稳步缩小。

### 2. 区域间差异测度及分析

根据泰尔系数具有按区域分解的特性,依据公式(4),对杭州市区域经济总差异进一步进行分解,即将杭州市区域经济总差异分解成主城区、两郊区(萧山、余杭)和五县市三个区域之间的差异以及各区域内部的差异。测算结果见表 2 和表 3。

表 2　1978—2011 年杭州市主城区、近郊区与五县(市)三个区域间的泰尔指数及其占比重

| 年　份 | 人均 GDP | | 人均全社会固定资产投资 | | 人均社会消费品零售总额 | | 人均城乡居民储蓄存款 | |
|---|---|---|---|---|---|---|---|---|
| | 泰尔指数 | 比重% | 泰尔指数 | 比重% | 泰尔指数 | 比重% | 泰尔指数 | 比重% |
| 1978 | | | | | 0.1732 | 99.73 | 0.1739 | 92.30 |
| 1979 | | | 0.0571 | 86.96 | 0.1667 | 99.65 | 0.1433 | 93.11 |
| 1980 | | | 0.0690 | 91.05 | 0.1676 | 99.50 | 0.1366 | 93.49 |
| 1981 | | | 0.0796 | 93.67 | 0.1658 | 99.55 | 0.1505 | 96.43 |
| 1982 | | | 0.0929 | 93.37 | 0.1561 | 99.60 | 0.1419 | 97.35 |
| 1983 | | | 0.1122 | 95.04 | 0.1563 | 99.56 | 0.1421 | 98.74 |
| 1984 | | | 0.1369 | 94.86 | 0.1615 | 99.55 | 0.1500 | 98.94 |
| 1985 | | | 0.1095 | 92.20 | 0.1728 | 99.57 | 0.1361 | 99.12 |
| 1986 | | | 0.1049 | 94.27 | 0.1717 | 99.37 | 0.1148 | 98.49 |
| 1987 | | | 0.0726 | 84.34 | 0.1731 | 99.37 | 0.1164 | 98.06 |
| 1988 | | | 0.0478 | 74.05 | 0.1678 | 99.01 | 0.1170 | 98.00 |
| 1989 | | | 0.0360 | 87.37 | 0.1715 | 98.79 | 0.0963 | 97.03 |
| 1990 | | | 0.0656 | 96.09 | 0.1826 | 98.78 | 0.0899 | 95.65 |
| 1991 | 0.0573 | 96.29 | 0.0502 | 93.07 | 0.1911 | 98.82 | 0.0847 | 95.35 |
| 1992 | 0.0590 | 95.54 | 0.0416 | 86.00 | 0.1798 | 98.25 | 0.0754 | 94.82 |
| 1993 | 0.0627 | 94.29 | 0.0432 | 82.70 | 0.1986 | 98.95 | 0.0738 | 97.63 |
| 1994 | 0.0565 | 92.20 | 0.0546 | 87.65 | 0.1791 | 98.03 | 0.0876 | 97.84 |
| 1995 | 0.0642 | 92.20 | 0.0757 | 89.88 | 0.1665 | 97.75 | 0.1044 | 98.24 |
| 1996 | 0.0608 | 93.49 | 0.0931 | 96.42 | 0.1457 | 98.17 | 0.1014 | 98.23 |
| 1997 | 0.0607 | 94.37 | 0.1088 | 97.08 | 0.1449 | 98.36 | 0.1004 | 98.22 |
| 1998 | 0.0591 | 94.73 | 0.1178 | 97.98 | 0.1456 | 98.67 | 0.0971 | 97.97 |
| 1999 | 0.0563 | 94.28 | 0.1121 | 96.65 | 0.1421 | 98.70 | 0.0961 | 97.95 |
| 2000 | 0.0551 | 93.76 | 0.1042 | 96.70 | 0.1400 | 98.70 | 0.0944 | 97.89 |
| 2001 | 0.0465 | 92.27 | 0.0815 | 94.05 | 0.1340 | 98.61 | 0.1007 | 98.12 |
| 2002 | 0.0429 | 90.91 | 0.0587 | 91.57 | 0.1283 | 98.49 | 0.1062 | 98.17 |

续表

| 年份 | 人均 GDP | | 人均全社会固定资产投资 | | 人均社会消费品零售总额 | | 人均城乡居民储蓄存款 | |
|---|---|---|---|---|---|---|---|---|
| | 泰尔指数 | 比重% | 泰尔指数 | 比重% | 泰尔指数 | 比重% | 泰尔指数 | 比重% |
| 2003 | 0.0420 | 89.21 | 0.0356 | 86.90 | 0.1205 | 98.37 | 0.1236 | 98.68 |
| 2004 | 0.0423 | 88.50 | 0.0429 | 87.53 | 0.1167 | 98.37 | 0.1189 | 98.60 |
| 2005 | 0.0381 | 86.80 | 0.0277 | 86.50 | 0.1114 | 98.27 | 0.1165 | 98.52 |
| 2006 | 0.0374 | 87.05 | 0.0206 | 81.99 | 0.1057 | 98.14 | 0.1095 | 98.25 |
| 2007 | 0.0354 | 85.68 | 0.0301 | 88.05 | 0.1028 | 98.02 | 0.1052 | 98.29 |
| 2008 | 0.0348 | 85.60 | 0.0343 | 90.41 | 0.1004 | 97.99 | 0.1050 | 98.00 |
| 2009 | 0.0349 | 86.53 | 0.0341 | 90.56 | 0.0985 | 97.93 | 0.1017 | 97.70 |
| 2010 | 0.0317 | 84.58 | 0.0244 | 69.75 | 0.0973 | 97.93 | 0.0916 | 97.38 |
| 2011 | 0.0305 | 82.65 | 0.0420 | 79.83 | 0.0960 | 97.87 | 0.0869 | 97.82 |

从表 2 和图 2 可知，杭州市区域差异主要是区域间的经济差异。在人均 GDP 方面，1991 年反映三个区域间差异的泰尔指数为 0.0573，占杭州市区域经济差异的 96.29%，2011 年降至 82.65%（图 2）；在全社会固定资产投资方面，1979 年区域间差异对整体差异的贡献率（比重）为 86.96%，2011 年下降为 79.83%。杭州市人均社会消费品零售总额区域差异基本上体现在区域之间的差异上，贡献率始终在 97.75%以上。杭州市人均城乡居民储蓄存款区域差异虽然也是区域差异的主要部分，但与其他三项指标不同，其比重是上升的，贡献率从 1978 年的 92.30%上升到 2004 年的 97.82%。

### 3. 区域内部差异测度及分析

从四项指标看（见表 3、图 3），萧山和余杭在人均社会消费品零售总额和人均城乡居民储蓄存款方面的差异很小，也很稳定，1982 年以后这两项指标的泰尔指数始终低于 0.001。从人均 GDP 来看，泰尔指数从 1991 年的 0.0003 上升到 2011 年的 0.0024，说明萧山区和余杭区的经济差异有扩大趋势。1991—1999 年里，两区经济差异比较稳定，但从 1998 年开始，泰尔指数迅速上升，说明在人均 GDP 方面，余杭落后了，并且和萧山的差异扩大了。2006—2010 年，两区人均 GDP 差异比较稳定，但到 2011 年，差异再次拉大，泰尔指数从 0.0018 扩大到 0.0024。人均全社会固定资产投资差

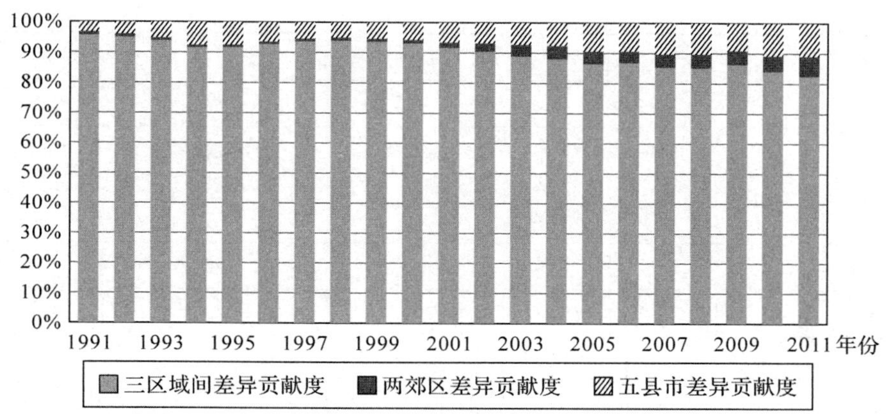


图 2 杭州市人均 GDP 区域差异分解图

异波动最大,改革开放初期泰尔指数稳定在 0.0003,从 1986 年开始到 2002 年,泰尔指数在 0 到 0.007 之间反复波动,这说明两地社会固定投资都很活跃。

**表 3 1978—2011 年杭州市两郊区、五县(市)的泰尔指数**

| 年份 | 萧山、余杭经济差异 | | | | | | | |
|---|---|---|---|---|---|---|---|---|
| | 萧山 | | | | 余杭 | | | |
| | 人均 GDP | 人均全社会固定资产投资 | 人均社会消费品零售总额 | 人均城乡居民储蓄存款 | 人均 GDP | 人均全社会固定资产投资 | 人均社会消费品零售总额 | 人均城乡居民储蓄存款 |
| 1978 | | | 0.0002 | 0.0018 | | | 0.0002 | 0.0127 |
| 1979 | | 0.0003 | 0.0003 | 0.0011 | | 0.0082 | 0.0003 | 0.0095 |
| 1980 | | 0.0003 | 0.0003 | 0.0016 | | 0.0065 | 0.0005 | 0.0080 |
| 1981 | | 0.0003 | 0.0003 | 0.0012 | | 0.0051 | 0.0005 | 0.0043 |
| 1982 | | 0.0008 | 0.0001 | 0.0003 | | 0.0058 | 0.0006 | 0.0036 |
| 1983 | | 0.0001 | 0.0000 | 0.0000 | | 0.0058 | 0.0007 | 0.0018 |
| 1984 | | 0.0001 | 0.0000 | 0.0001 | | 0.0073 | 0.0007 | 0.0015 |
| 1985 | | 0.0008 | 0.0000 | 0.0000 | | 0.0084 | 0.0007 | 0.0012 |
| 1986 | | 0.0001 | 0.0000 | 0.0001 | | 0.0063 | 0.0011 | 0.0017 |
| 1987 | | 0.0049 | 0.0000 | 0.0001 | | 0.0085 | 0.0011 | 0.0022 |

续表

| 年份 | 萧山、余杭经济差异 | | | | | | | |
|---|---|---|---|---|---|---|---|---|
| | 萧山 | | | | 余杭 | | | |
| | 人均GDP | 人均全社会固定资产投资 | 人均社会消费品零售总额 | 人均城乡居民储蓄存款 | 人均GDP | 人均全社会固定资产投资 | 人均社会消费品零售总额 | 人均城乡居民储蓄存款 |
| 1988 | | 0.0068 | 0.0003 | 0.0000 | | 0.0100 | 0.0014 | 0.0024 |
| 1989 | | 0.0021 | 0.0000 | 0.0001 | | 0.0032 | 0.0021 | 0.0028 |
| 1990 | | 0.0007 | 0.0004 | 0.0003 | | 0.0020 | 0.0019 | 0.0038 |
| 1991 | 0.0003 | 0.0015 | 0.0001 | 0.0003 | 0.0019 | 0.0023 | 0.0022 | 0.0038 |
| 1992 | 0.0002 | 0.0035 | 0.0000 | 0.0004 | 0.0025 | 0.0033 | 0.0032 | 0.0037 |
| 1993 | 0.0002 | 0.0015 | 0.0000 | 0.0000 | 0.0036 | 0.0075 | 0.0021 | 0.0018 |
| 1994 | 0.0002 | 0.0021 | 0.0000 | 0.0000 | 0.0046 | 0.0056 | 0.0036 | 0.0019 |
| 1995 | 0.0002 | 0.0030 | 0.0000 | 0.0001 | 0.0052 | 0.0055 | 0.0038 | 0.0018 |
| 1996 | 0.0001 | 0.0000 | 0.0000 | 0.0001 | 0.0041 | 0.0034 | 0.0027 | 0.0018 |
| 1997 | 0.0001 | 0.0007 | 0.0000 | 0.0001 | 0.0035 | 0.0026 | 0.0024 | 0.0017 |
| 1998 | 0.0001 | 0.0004 | 0.0000 | 0.0003 | 0.0032 | 0.0020 | 0.0020 | 0.0017 |
| 1999 | 0.0002 | 0.0025 | 0.0000 | 0.0004 | 0.0032 | 0.0014 | 0.0019 | 0.0017 |
| 2000 | 0.0003 | 0.0027 | 0.0000 | 0.0004 | 0.0033 | 0.0008 | 0.0018 | 0.0017 |
| 2001 | 0.0007 | 0.0036 | 0.0001 | 0.0004 | 0.0032 | 0.0015 | 0.0018 | 0.0015 |
| 2002 | 0.0012 | 0.0025 | 0.0001 | 0.0004 | 0.0031 | 0.0029 | 0.0019 | 0.0016 |
| 2003 | 0.0017 | 0.0001 | 0.0001 | 0.0002 | 0.0033 | 0.0053 | 0.0019 | 0.0015 |
| 2004 | 0.0020 | 0.0000 | 0.0001 | 0.0004 | 0.0035 | 0.0061 | 0.0018 | 0.0013 |
| 2005 | 0.0019 | 0.0002 | 0.0001 | 0.0004 | 0.0039 | 0.0041 | 0.0019 | 0.0013 |
| 2006 | 0.0017 | 0.0000 | 0.0001 | 0.0006 | 0.0039 | 0.0045 | 0.0019 | 0.0013 |
| 2007 | 0.0018 | 0.0000 | 0.0001 | 0.0005 | 0.0041 | 0.0041 | 0.0019 | 0.0014 |
| 2008 | 0.0018 | 0.0000 | 0.0001 | 0.0008 | 0.0041 | 0.0036 | 0.0020 | 0.0013 |
| 2009 | 0.0018 | 0.0000 | 0.0001 | 0.0010 | 0.0036 | 0.0035 | 0.0020 | 0.0014 |
| 2010 | 0.0018 | 0.0001 | 0.0002 | 0.0008 | 0.0040 | 0.0105 | 0.0019 | 0.0016 |
| 2011 | 0.0024 | 0.0002 | 0.0002 | 0.0004 | 0.0040 | 0.0104 | 0.0019 | 0.0015 |

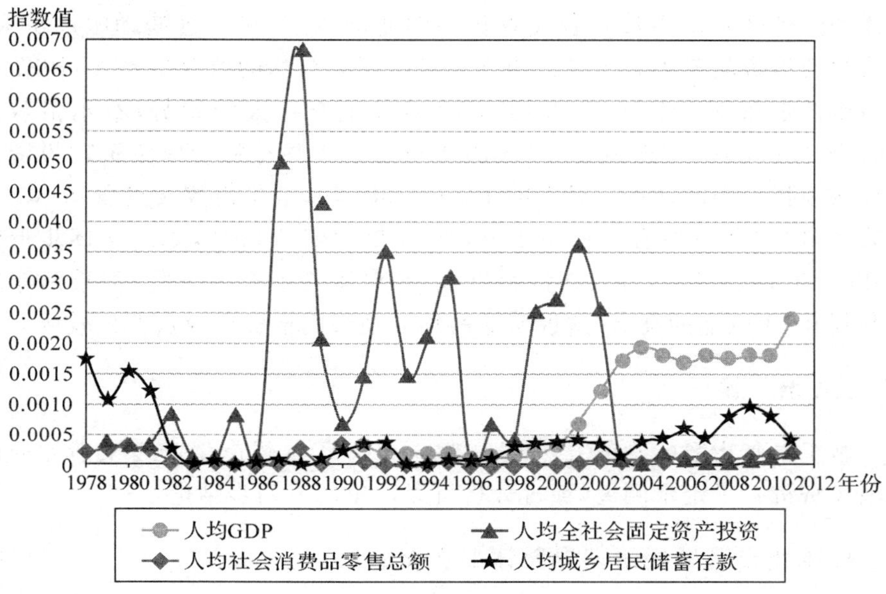


图 3 萧山和余杭经济差异的演变

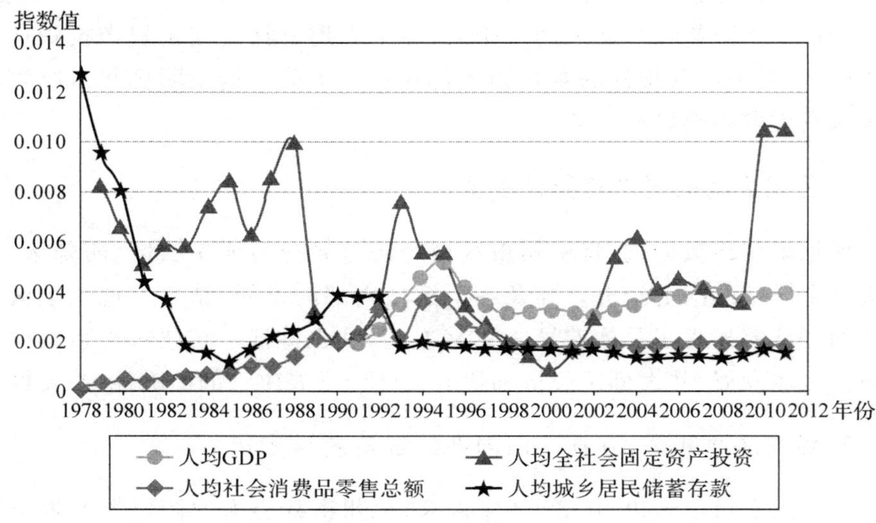


图 4 杭州五县(市)经济差异的演变

从四项指标来看五县市内部差异(见表3、图4),发现五县市泰尔指数曲线和两郊区泰尔指数有着大致相同的变动轨迹,只不过变动幅度更大。人均社会消费品零售总额和人均城乡居民储蓄存款的差异也不大,1982年以后也稳定在0.001以下;人均GDP差异也有扩大的趋势,泰尔指数从1991年的0.0019上升到2011年的0.0040。人均全社会固定资产投资差异在四项指标中波动也是最大的1979—1989年,泰尔指数大致在0.007上下波动,1989年以后有过稳步上升,1993年达到0.0075,之后又逐步下降至2000年的0.0008,进入新世纪以来,经历了先上升后下降,但近两年又上升到0.01以上的高点,这说明这两年五县市固定资产投资差异较大。

## 三、结　论

基于泰尔指数的测度方法对1978—2011年杭州市生产与生活方面的四项经济进行了定量测度,经过分析可以得出以下初步结论:

### 1. 杭州市区域经济差异整体上在缩小

从人均GDP、人均全社会固定资产投资、人均社会消费品零售总额和人均城乡居民储蓄存款这四项指标中的任何一项指标来看,杭州市区域总体差异都呈下降趋势。从近两年来看,除了人均全社会固定资产投资这一项指标外,其他三项指标的泰尔指数都在逐年下降。这说明杭州市统筹城乡区域发展取得较好的成效。

### 2. 区域之间的经济差异是主要的

根据泰尔指数公式,将杭州市区域经济差异分解成主城区、两郊区、五县市三个区域之间的经济差异及各个区域内部的差异,结果发现三个区域之间的经济差异占了总体差异的90%左右,这也佐证了杭州市委市政府统筹城乡区域发展、壮大郊区经济加快五县(市)发展决策的前瞻性、必要性。

### 3. 要关注两郊区、五县(市)内部的经济差异变化

从数据上可以看出,从2008年以来,杭州市社会人均固定资产投资区域差异有所扩大,突出表现在五县(市)内部。由于投资代表了经济增长的潜力,这可能意味着将来五县(市)经济差异将会扩大。这种发展的差异虽然不可避免,但应该控制在一定范围之内,如果差异过大,可能会对区域统

筹协调发展造成影响。此外，萧山和余杭的经济差异也有扩大的趋势。

**4. 杭州市区域经济差异的测度有待深入研究**

一是选取更恰当的指标。本文选取指标时考虑到数据的可获得性，舍弃了一些比较重要但数据不容易获得或者数据没有系统性的指标，例如社会保障方面的指标。二是研究有待进一步深入。区域差异分析除了定量描述差异外，还有成因分析、对策分析等。造成杭州市区域差异的成因或动力是什么？可以采取哪些有效的对策？这些问题有待进一步研究。三是研究领域可以进一步拓展。区域差异不仅存在于经济领域，除了本文中涉及的生产、生活外，当前尤为重要的是生态方面，这也可以用泰尔指数方法进行研究。

## 参考文献

[1] 校荟萃，刘富华. 云南省区域经济差异分析[J]. 经济与管理，2010 年，24(9).

[2] 韩留富. 经济发达省市城乡居民收入差异问题研究——以杭州为例[J]. 北方经济，2007(5).

[3] 冯婷. 城乡居民收入差异：现状、构成及对策——对 2010《杭州统计年鉴》有关居民收入数据的解读[J]. 浙江学刊，2011(5).

[4] 刘志伟. 收入分配不公平程度测度方法综述[J]. 统计与信息论坛，2003，18(5)：28－32.

[5] 胡志远，欧向军. 基于泰尔指数的江苏省区域差异多指标测度[J]. 经济地理，2007，27(5)：719－723.

[6] 关于推进市县联动壮大郊区经济加快五县(市)发展的若干意见[Z]. 杭州市委〔2010〕1 号.

[7] 中共杭州市委杭州市人民政府关于以新型城市化为主导进一步加强城乡区域统筹发展的实施意见[Z]. 杭州市委〔2010〕17 号.

# Chapter

# 03 县域社会篇

# “撤县设区”后城市化发展调查研究[①]

## ——基于余杭、萧山、鄞州和柯桥的实证分析

**内容提要** 1978 年改革开放以来，浙江省通过积极的机制创新和体制变革，推进了区域经济市场化和工业化的进程，提高了城乡一体化和城市化的发展水平，形成了独具特色的“浙江模式”。这其中，行政区划调整作为上层建筑变革的一部分，对浙江省的经济社会和城市化发展都起到了基础性的作用。本文选取萧山、余杭、鄞州和柯桥这四个经济社会发展均居于浙江省领先地位的地区，从城市化的视角展开比较分析，调查研究在新一轮的都市区经济发展浪潮中“撤县设区”对城市化发展的实际效应，并提出相应的政策建议。

**关键词**　撤县设区；城市化；实证分析

诺贝尔经济学奖得主斯蒂格利茨认为：“中国的城市化是与美国的新经济并列的世界经济增长的两个轮子。”加速城市化发展是当前政府的核心议题，而城市化的发展又须臾离不开政府的推进与引导。1978 年改革开放以来，浙江省克服资源小省和地域小省的劣势，通过积极的机制创新和体制变革，稳步推进了区域经济市场化和工业化的发展，提高了城乡一体化和城市化的发展水平，形成了独具特色的“浙江模式”。在这其中，“撤县设区”作为行政区划调整的一种模式，作为上层建筑的重要组成部分，对城市化的推进起着基础性的作用。回顾历史，“撤县设区”后的余杭、萧山和鄞州都已经走过近 10 年的城市化发展历程，2013 年绍兴县也已“撤县设区”。在这一背

【作者简介】杨乾忠，中共绍兴市柯桥区委党校教师。

① 本文获 2014 年度浙江省党校系统优秀调研成果二等奖。

景下，分析研究“撤县设区”对城市化发展的实际效应和当下柯桥区城市化发展所面临的问题无疑具有重要的理论价值和实际意义。本文通过对余杭、萧山和鄞州经济社会发展数据(均来自相关统计年鉴)的研究和柯桥区城市化发展调查问卷的分析，对这一问题进行探讨，并提出相关的政策建议。

## 一、问题的提出

中国当代的行政区划设置一般分为4个层级，即省级、地市级、县区级和乡镇级。浙江省的特殊实践在于：在保持省级以下3级行政层级的同时，背后实质的权力分配上却有意设置了类似于双层制的行政管理体制。即在改革开放初期，财政上由省直接与县进行结算和县主要领导由省进行任命的管理体制。1992年以来，浙江省继续下放行政管理权限，赋予了市以及一些经济实力较强的县以较大的行政权力。1992年，出台了扩大萧山、余杭、鄞州等13个县(市)部分经济管理权限的政策，主要有扩大固定资产投资项目审批权、外商投资项目审批权等4项。1997年，省政府同意萧山、余杭试行享受市地一部分经济管理权限，主要有固定资产投资审批权等11项。2002年，省委、省政府第三次出台政策，进一步扩大和完善23个经济强县(市)的经济管理权限，其中萧山、余杭和鄞州3区比照执行。扩大的权限有计划、经贸等10大类，共计16项。这一系列做法，有力地促进了广大基层和群众的创新创业，极大地推动了浙江的市场化进程和经济发展，增强了基层政府的管理协调能力，强化了省直接领导县(市)的体制。[①]

中国20世纪80年代普遍推开的“市领导县”体制，在某种程度上是一种都市区各个不同层级的地方政府协同合作的管治方式。推行这种模式的目的主要是为了精简机构，为省域亚中心的集聚发展提供制度保障。但随着社会主义市场经济的逐步建立和完善，政府通过行政手段制造“城市中心”越来越力不从心。并且，市对县的管辖遇到了县(县级市)不同程度的消极对待，县从“地区”体制下获取的权利，不具备立法权的市无法合理获得，而县级市更是在法律上只是由市代管而已。相反，不少县(县级市)和地级市之间的矛盾还有所增加。由于地级市具有“市领导县”体制所形成的大都市区政府的双重属性：它既是整个地级市范围内的联合政府，又是它所驻地

① 卓勇良著.挑战沼泽：浙江制度变迁与经济发展[M].北京：中国社会科学出版社，2004：270.

城市(往往是核心城市)的地方政府。行政区划体系呈现出一种"复式结构"的状态。各级地方政府权力的划分上又很不明确,上下级政府之间的职能相互交叉、重叠,双重身份的地方政府可能倾向于将资源更多地投入其驻地城市,而剥夺县级政府的资源或干涉其权限内的事务。①

2001 年,余杭、萧山"撤县设区"。2002 年,鄞州"撤县设区"。2013 年,绍兴县"撤县设区",改名为柯桥区。目前所推行的"撤县设区"模式,使都市区经济呈现出一种"双层结构"的特征:都市区政府对辖内的区级政府统一行使管理权限,各区级政府则地位相同,并与都市区政府形成合理分权。"市管县"模式与"撤县设区"模式相比,后者因为有一个相对权威和集权的行政主体,在当前中国经济社会发展的形式下,更可能有效促进城市化的发展。本文选取余杭、萧山、鄞州和柯桥四个具有代表性的地区,进行实证分析,研究"撤县设区"后城市化发展的实际情况。

## 二、"撤县设区"后余杭、萧山和鄞州城市化发展的特征

1994 年实行的分税制改革是我国中央和地方财税关系的新起点。本文选取 1993 年为研究的起点,对比研究"撤县设区"前 8 年(1993—2001 年)和后 9 年(2010—2010 年)经济和社会发展都处于全省领先地位的余杭、萧山和鄞州的城市化发展情况,并取同样经济发达的绍兴县为研究的参照对象。

### 1. 城市化率

城市本质上是一种有效率的或高效率的组织管理方式。城市化的定义有很多,但内涵不外乎两个方面:一是物质层面的城市化,主要指生产领域的城市化,可以用非农人口占总人口的比重表示;二是精神层面的城市化,主要指生活和思想领域的城市化,本文用社会消费品零售总额衡量这一城市化水平。

按户籍人口中非农人口占总人口的比重来计算的城市化率年均增速如表 1 所示。从表中可以看出,1993—2001 年,余杭和绍兴县的城市化率增速接近,萧山和鄞州的城市化率增速也是在同一水平上。2001—2010 年,

---

① 范今朝著.仁政必自经界始——中国现当代城市化进程中的行政区划改革若干问题研究[M].杭州:浙江大学出版社,2011:277.

即"撤县设区"的后9年,萧山和鄞州继续保持着相近的城市化率增速,而余杭区和绍兴县却异军突起,有着两位数的城市化率增速。截至2010年,按照户籍人口计算,绍兴县的城市化率为42%,鄞州区的城市化率为33.3%,余杭区的城市化率为50.9%,萧山区的城市化率为39%。可以看出,余杭区和绍兴县的城市化率是居于领先地位的。余杭区融入杭州都市区的发展是其城市化率显著提升的原因。绍兴县依靠"中国轻纺城"将大多数的农业人口转变成了城市人口,也加速提高了其城市化率。反观萧山和鄞州,其经济发展过多依赖于外来人口,导致按户籍人口计算的城市化率并不高,这反映出两地在外来人口落户和经济产业结构中存在不足。

**表1 城市化率年均增速**

| 城市 | 1993—2001年 | 2001—2010年 |
|---|---|---|
| 萧山区 | (14.4%~22.7%)5.8% | (22.7%~39%)6.2% |
| 余杭区 | (18.2%~21.5%)2.1% | (21.5%~50.9%)10% |
| 鄞州区 | (12.7%~19.2%)5.3% | (19.2%~33.3%)6.3% |
| 绍兴县 | (12.3%~14.8%)2.3% | (14.8%~42.1%)12.3% |

注:按户籍人口计算,括号内为城市化水平。

从表2可以看出,"撤县设区"后,萧山、余杭和鄞州在"精神层面"上的城市化发展是迥异的,萧山基本维持原有的发展速度,余杭的增速加快了,鄞州的增速反而减缓了。这说明,政府通过行政区划调整推动的城市化在转变农村意识和生活方式上还存在很大的不确定性。

**表2 社会消费品零售总额年均增速**

| 城市 | 1993—2001年 | 2001—2010年 |
|---|---|---|
| 萧山区 | 17% | 17% |
| 余杭区 | 14.7% | 16.5% |
| 鄞州区 | 20.2% | 19.2 |
| 绍兴县 | 13.5% | 14.9% |

## 2. 经济发展

同为发达的县域经济,我们以绍兴县为参照物,可以发现(见表3):本来与绍兴县处于同一发展态势的余杭和鄞州"撤县设区"后的经济发展平均速度均高于绍兴县；萧山由于一直保持在高位运行，受金融危机和产业结构单一的影响，其经济发展平均增速有所回落。但不可否认的是，“撤县设区”对县域经济的发展具有积极的提速效应。

表 3　GDP 年均增速

| 城市 | 1993—2001 年 | 2001—2010 年 |
| --- | --- | --- |
| 萧山区 | 21% | 18% |
| 余杭区 | 16% | 16.8% |
| 鄞州区 | 15.5% | 18.8% |
| 绍兴县 | 16% | 16% |

### 3. 财政收入

与预期的不同，“撤县设区”后，萧山、余杭和鄞州的财政收入增速都有了明显的提高(见表 4)。与它们相比，作为独立行政主体的绍兴县，财政收入增速一直保持低位，严重阻碍了城市化的发展进程。

表 4　财政收入年均增速

| 城市 | 1993—2001 年 | 2001—2010 年 |
| --- | --- | --- |
| 萧山区 | 10.6% | 33.8% |
| 余杭区 | 7.87% | 36.5% |
| 鄞州区 | 22.4% | 38.4% |
| 绍兴县 | 16.6% | 19.9% |

### 4. 产业结构

随着经济的发展，二、三产业占 GDP 的比重是逐渐增加的。由表 5 可知，萧山区作为老牌的工业强“县”，在“撤县设区”前后的发展对比上，增速依然明显。而作为杭州郊区的余杭县在“撤县设区”之后，迎来了二、三产业的迅速发展。鄞州区的二、三产业也同样保持着较高的发展速度。而作为参照物的绍兴县，在 2001 年二、三产业的发展就领先于萧山、余杭和鄞州。在“撤县设区”后，其他三个地区的二、三产业发展才逐步与绍兴县缩短了差距。

**表 5　二、三产业占 GDP 比重**

| 城市 | 1993 年 | 2001 年 | 2010 年 |
|---|---|---|---|
| 萧山区 | 86% | 91% | 96% |
| 余杭区 | 86.4% | 87.6% | 93.95% |
| 鄞州区 | 88.9% | 92.9% | 96.1% |
| 绍兴县 | 86.8% | 93.8% | 96.3% |

社会经济结构的转变是城市化的一个重要体现。由表 6 可知，余杭区在融入杭州大都市区的过程中，经济结构调整迅速。鄞州和萧山在二、三产业比重已较大的情况下，也保持了相当的调整速度。反观绍兴县，在 2001 年之前，其经济结构的调整速度是最高的。但占比在接近高位后，开始出现疲软的发展态势。在 2001 年“撤县设区”的节点之后，绍兴县二、三产业占比的年平均增长率明显低于另外三个地区。

**表 6　二、三产业占比年均增速**

| 城市 | 1993—2001 年 | 2001—2010 年 |
|---|---|---|
| 萧山区 | 0.7% | 0.60% |
| 余杭区 | 0.17% | 0.77% |
| 鄞州区 | 0.55% | 0.38% |
| 绍兴县 | 0.97% | 0.29% |

### 5. 交通状况

交通状况是衡量一个地区城市化水平的重要指标。本文用公路里程数来衡量一个地区交通发展的水平。由表 7 可知，“撤县设区”后，萧山、余杭和鄞州在都市区的统一规划下，交通水平都有了长足的发展。

**表 7　公路里程数年均增速**

| 城市 | 1993—2001 年 | 2001—2010 年 |
|---|---|---|
| 萧山区 | 1.94% | 15.2% |
| 余杭区 | 0.02% | 11.2% |
| 鄞州区 | 1.19% | 8.64% |
| 绍兴县 | 0.42% | 8.64% |

### 6. 固定资产投资

在省政府下放给下级政府的行政权力中，固定资产投资项目审批权是很重要的一项行政权力。固定资产投资是城市发展的基础，由表8可以看出："撤县设区"后，萧山、鄞州和余杭的固定资产投资增速与绍兴县相比，明显拉开了差距。行政区划调整后，这三个地区的固定资产投资审批权限受到了较大的影响，进而拖延了城市化的进程。

表8 固定资产投资年均增速

| 城市 | 1993—2001年 | 2001—2010年 |
| --- | --- | --- |
| 萧山区 | 8.47% | 24.8% |
| 余杭区 | 6.91% | 30.6% |
| 鄞州区 | 19.8% | 10.2% |
| 绍兴县 | 20.94% | 58.3% |

## 三、柯桥区城市化发展现状研究

2013年，绍兴县"撤县设区"，改名为柯桥区。我们针对柯桥区委党校举办的新型城镇化理论研修班，共发放城市化建设调查问卷100份，回收有效问卷90份，回收率90%。调查的对象为各镇(街道、开发区)分管领导、城建办主任；区有关部门(建设局、交通局、建管局、水利局、轻纺城建管委、中纺CBD指挥部办公室)分管领导；区规划系统业务骨干。他们对柯桥区的城市化发展都有较为全面的理解。

### 1."撤县设区"后柯桥区城市化发展现状调查

在本次调查中我们发现，大部分人认同柯桥区城市化发展进程：44%的被调查者认为在城市化进程中城市对农村起着积极的沟通协调作用(见图1)；62%的被调查者认为在城市化的过程中，他们的幸福感增强了(见图2)；58%的被调查者认为在城市化征用土地进程中，农民的权益得到了良好的保护。

但在城市化的发展过程中也存在不少问题(见图3)：48%的被调查者认为在城市化的建设过程中，环境污染问题变严重了；74%的被调查者认为城市化建设过程中，出行交通变得更拥堵了；只有24%的被调查者认为柯

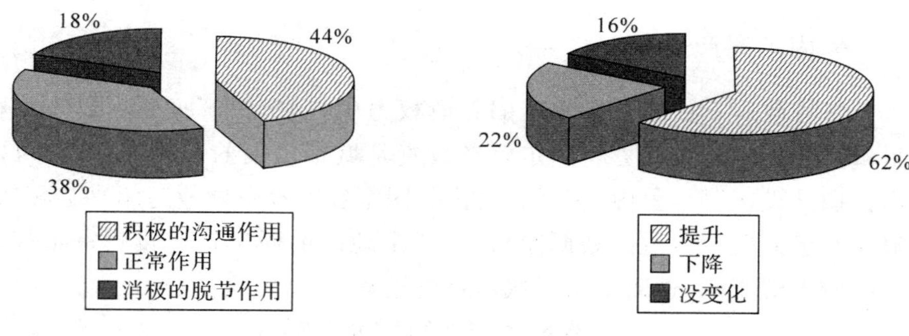


图1 城市化进程对城市和农村的作用　　图2 城市化过程中的幸福感

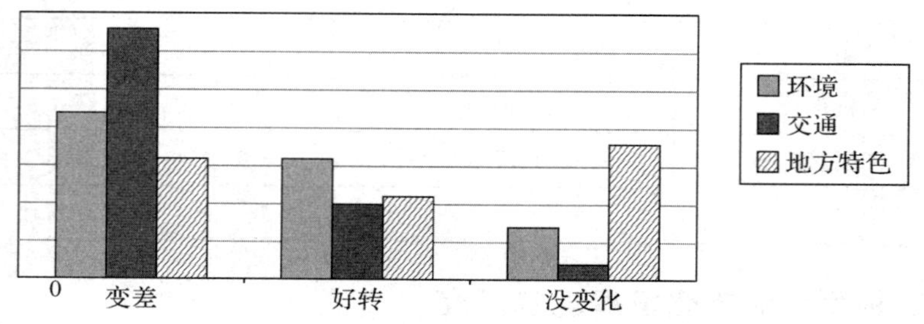


图3 城市化对环境、交通和地方特色的影响

桥区的城市化建设过程中很好地保护了地方特色。

针对城市化的建设问题(见图4、图5、图6),55.6%的被调查者认为柯桥区城市化的规划只能用一般形容;48.9%的被调查者认为城市化的规划目标过快、过急;37.8%的被调查者认为城市化的建设速度稍快。总的来说,大部分被调查者认同现阶段柯桥的城市化规划不够细,建设速度太快。

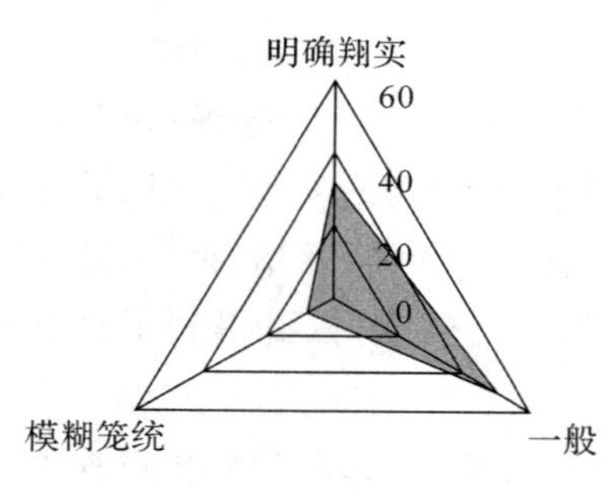


图4 柯桥区城市规划

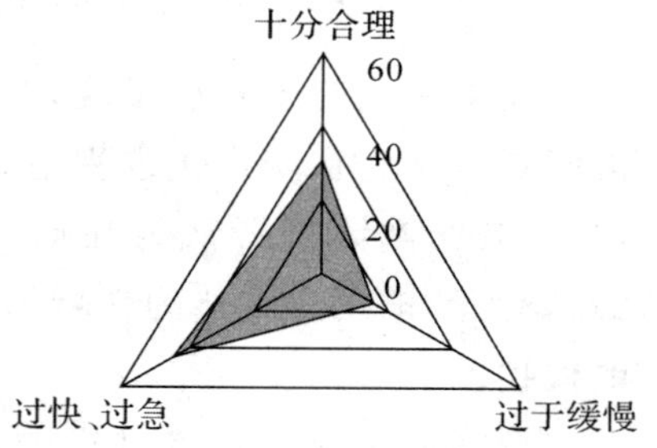


图5 柯桥区城市化建设目标

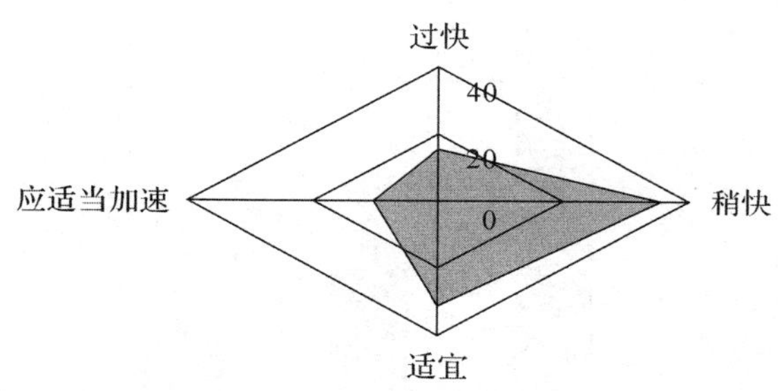


图 6 柯桥区城市化建设速度

另外,49%的被调查者认为在城市化进程中基础设施建设暴露了很多问题;44%的被调查者认为在城镇化过程中,老城区的建设与发展被忽视了,变得更加人迹罕至。这说明柯桥区城市化的推进过程中存在着基础设施分布不均、轻视老城区改造等问题,缺乏一定的统筹规划。

在针对城市化进程推动力的调查中(见图 7),58%的被调查者认为现阶段柯桥区城市化的主要推动力来自于政府;在这一进程中,33%的被调查者认为开发商是主要获利方,36%的被调查者认为征地农民是主要受益方;46%的被调查者认为城市化建设的资金投入不足。

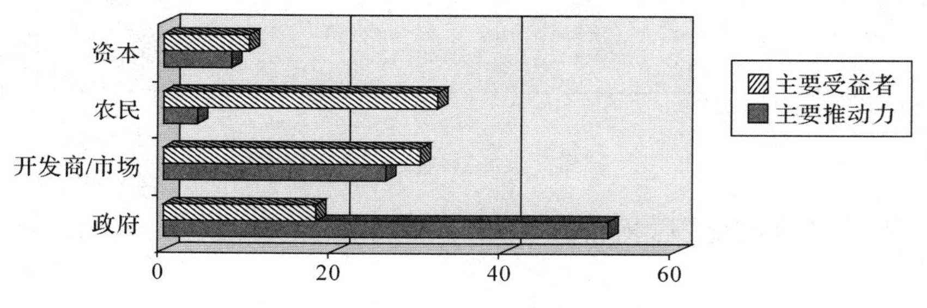


图 7 城市化主要受益者和推动力

### 2. "撤县设区"对柯桥区城市化发展影响调查

在本次调查中(见图 8),42%的被调查者认为"撤县设区"对柯桥区的城市化发展影响较大。

"撤县设区"后,72.3%的被调查者认为财政分配问题是他们最关心的问题;65.9%的被调查者认为城市建设规划问题是"撤县设区"后城市化发展的核心问题;62.3%的被调查者认为交通问题是"撤县设区"后的关键问题;52.3%的被调查者认为"撤县设区"后会出现虚假城市化;42.1%的被调

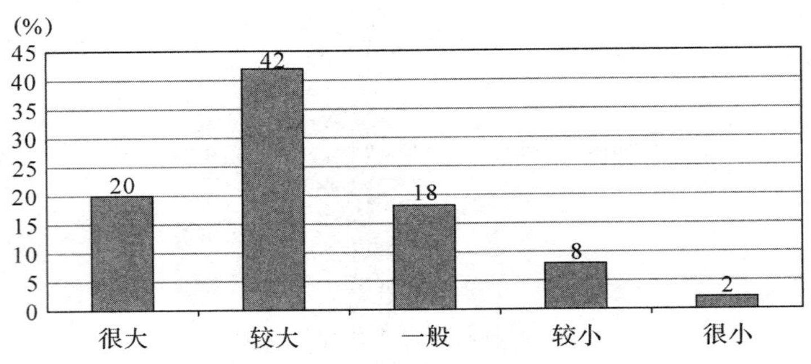


图 8 "撤县设区"对柯桥区城市化的影响

查者认为经济发展会被拖累;50.2%的被调查者认为绍兴市主导产业布局将影响柯桥区的城市化发展;82.3%的被调查者认为地方政府行政权力下降将使发展受阻(见图 9)。

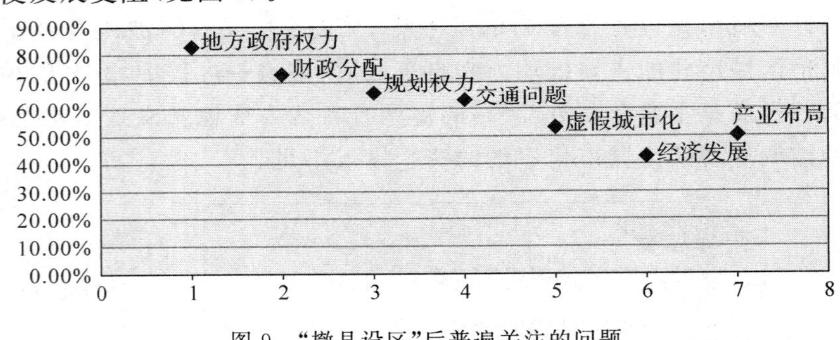


图 9 "撤县设区"后普遍关注的问题

## 四、"撤县设区"后柯桥区城市化发展的政策建议

### 1. 重视两个层面的城市化建设

城市化不仅仅是物质层面上的城市化,更是精神层面上的城市化。通过上述的调查研究,萧山、余杭和鄞州在"撤县设区"后 9 年的城市化发展并不尽如人意。而作为参照物的绍兴县反而走在了城市化发展的快车道上。这说明行政区划调整并不会在户籍人口的层面迅速转变某一地区的城市化率,"撤县设区"在本质上并不会直接加速城市化的进程。我们不能认为政府通过行政权力重新分配的强力推动就必然会带来城市化率的迅速提升;更不能认为"撤县设区"是一劳永逸的、"撤县设区"之后的城市化发展是水到渠成的。人口从农业向非农的转变最终还得依靠经济的转型升级。除了

按户籍人口衡量的城市化率以外，我们还要重视精神领域的城市化。这主要是指生活和思维的城市化。上文中用社会消费品零售总额来衡量这一层面的城市化，因为农村生活方式的本质是自给自足的，而城市生活方式的本质是分工协作的。从上文的调查数据可知，“撤县设区”之后，萧山、余杭和鄞州的精神层面上的城市化水平有增有降。这说明，“撤县设区”对这一层面的城市化影响是模糊的，不显著的。在今后的发展中，我们不能过分高估了“撤县设区”对城市化发展的积极效用。在“撤县设区”背后，城市化不会自然而然地发生，我们必须重视两个层面的城市化建设。

**2. 把握经济发展的机遇期**

从上文的调查数据可知，“撤县设区”前后的两个时间段内，除了萧山由于一直处在高位运行而 GDP 增速有所放缓之外，余杭与鄞州的经济增速都是加快的，而绍兴县则没有变化。这说明，“撤县设区”对当地的经济发展而言，是一个机遇期。通过融入都市区经济的发展浪潮之中，本地区经济会得到一个突飞猛进的发展。

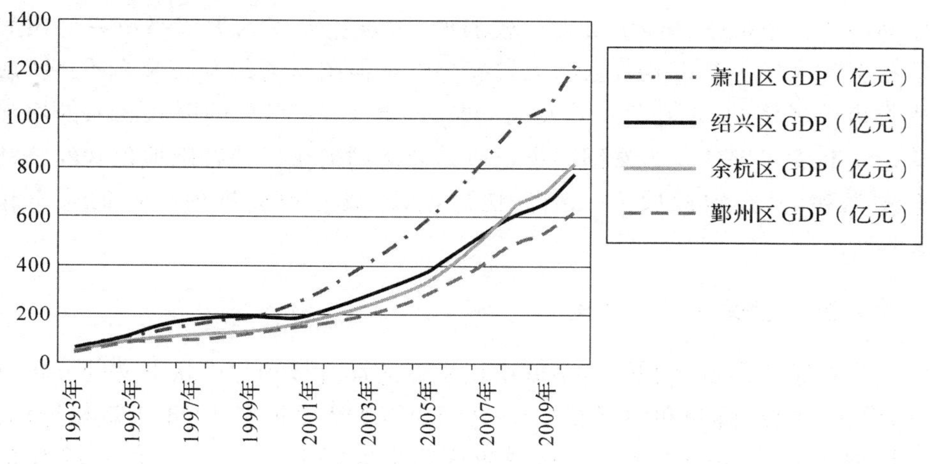


图 10　1993—2010 年四地区 GDP

由图 10 可知，鄞州的“撤县设区”后 9 年的发展势头惊人，已经赶超了绍兴县。“撤县设区”后的 9 年发展时间内，鄞州坚持高强度投入、高效率开发，累计投资超 1000 亿元，建成 33 平方公里核心区域，构建 80 平方公里城市框架，新建各类建筑 1500 万平方米。城市化迅速发展的背后是经济的高速增长。经济发展是城市化建设的最根本动力，把握住经济融合的机遇期，在都市区城市分工中合理定位，是“撤县设区”后城市化发展需要重点注意的问题。

### 3. 加大财政支持力度

在上文的调查中，58%的被调查者认为现阶段柯桥区城市化的主要推动力来自于政府；46%的被调查者认为城市化建设的资金投入不足。这说明，在城市化进程中，政府的财政收入是最重要的约束条件之一。

“撤县设区”后最引人注目的一点是，萧山、余杭和鄞州的财政收入水平都得到了大幅度提高，甚至远远高于绍兴县的增加水平。这是颇令人感到意外的，在对柯桥的调查问卷中，有72.3%的被调查者最为关注这一问题，他们担心“撤县设区”后，上级政府将会拿走很大一块的财政收入，而导致下级政府财政上的捉襟见肘。但现实情况恰恰相反，融入都市区经济发展后，地方政府的财政收入增速都大大提高了。2001—2010年。萧山、余杭和鄞州的财政收入增速都在30%以上，与之相比，绍兴县接近20%的增速显得稍微有些缓慢了。杭州和宁波，一个是省会，一个是计划单列市，夹在它们中间的绍兴市似乎是经济实力比较弱的，也难免大家认为绍兴市吞并绍兴县将会带来绍兴县财政收入的大幅度降低。但绍兴县的发展最终还是要融入都市区经济的，现在早一点融合，早一点规划，对以后的财政收入的增加肯定是利大于弊的。当然绍兴市也应该考虑到柯桥区的特殊地位和经济社会发展趋势，在财政收入上尽量扶持，从而更好地促进柯桥区的城市化发展。

### 4. 进一步优化产业结构

产业结构的调整和转变是城市化发展的最直接动力。从上文的分析可知，萧山、余杭、鄞州和绍兴县二、三产业占GDP比重在1993年是相近的，发展到2010年也相差无几。这说明这四个地区1993—2010年这17年的产业结构发展历程是相似的。但以2001年作为节点就可以明显看出，绍兴县的产业结构在2001年之前调整迅速。而2001年后其优势不再，萧山、余杭和鄞州的产业结构调整速度开始占据上风。这说明，尽管绍兴县前期存在一定的发展优势，但随着经济的发展，已越来越与萧山、余杭和鄞州的发展拉开差距。因为这三个地方通过“撤县设区”，已经完成了经济的融合和分工协作发展，经济的发展明显动力更足，后劲更强。2013年绍兴县的“撤县设区”也是大势所趋，地方政府要顺应这种变化，加快融合到绍兴经济圈内，合理配置产业，依托主城区，大力推进城市化发展。

**5. 统筹城市规划、公共交通和环境整治等公共服务的供给**

建筑设计大师贝聿铭有句名言：“对一个城市来说，最重要的不是建筑，而是规划。”2013年“撤县设区”后，柯桥区人民政府按照辖区管理原则，继续行使经济发展、社会事务管理、城乡建设管理等方面的职权；财政体制按省对县的财政结算标准，由市对柯桥进行具体结算。土地管理和规划管理按市管区体制逐步调整到位。2011年，绍兴县住房与城乡建设规划局一分为二，拆分为住建局与规划局两个单位。2013年“撤县设区”后，柯桥区规划局变为绍兴市规划局柯桥分局，发展规划和土地管理作为地方行政管理的最主要内容，在形式上已全部过渡完毕。但据相关人员的描述，现在柯桥分局的处境是“亲妈不疼、后娘不爱”。绍兴市规划局作为“后妈”，难以贯彻其规划意图；柯桥区党委作为“亲妈”，对于已经送养的“孩子，”也心存芥蒂，不能有效管控。由上文的调查可知，49%的被调查者认为当前柯桥区的城市化目标过快、过急，56%的被调查者认为目前的城市化规划一般，37%的被调查者认为城市化的推进速度稍快。这些都说明柯桥区目前的规划工作亟待整合和统筹。

由上文的分析可知，“撤县设区”后萧山、余杭和鄞州的公路里程数都有了很快的发展。作为参照物的绍兴县，就其公路里程的发展来说是滞后的。48%的被调查者认为在城市化的过程中，环境问题进一步加重了，而环境保护是一个外部性很强的工作，需要政府之间的统筹管理和协调。“撤县设区”后的柯桥区公共交通、图书馆等公共服务的提供也存在很大的问题。如柯桥区的公共自行车卡不能在市区使用，而市区的也不能在柯桥区使用；图书馆的借书证市区的可以到柯桥来使用，柯桥的不能到市区使用。表面上看这是政府部门之间沟通不畅及不作为的表现，深层次上却是市级政府与刚“撤县设区”的柯桥区政府在公共行政资源间重新分配而引发的一系列不畅与矛盾。

在“撤县设区”后的城市化发展阶段，我们要妥善处理城市的规划安排，不能错过城市规划发展的机遇期；在交通、环境等公共服务的提供上也要增强政府间统筹协调的能力。

### 6. 维护地方政府的自主性和创新性

张五常认为：经济权力越大，地区竞争愈激烈。今天的中国，主要经济权力不在村，不在镇，不在市，不在省，也不在北京，而是在县的手里。① 县级经济的竞争是中国改革开放30年来经济发展突飞猛进的重要驱动因素。"撤县设区"后城市化发展的一个重要制约因素就是县域经济变为都市区经济，原来的一些行政权力消散了。在城市的发展过程中，决定土地使用的权利是最重要的，由此衍生出了其他一系列的权利。在上文的分析中，固定资产投资审批权是一个由土地使用权衍生出来的重要行政权力。可以看出，在"撤县设区"的前8年中，萧山、余杭和鄞州虽然与绍兴县的固定资产年平均增速也有一定的差距，但在"撤县设区"的后9年中，这一差距明显扩大了。2001年至2010年，萧山和鄞州是固定资产投资年平均增速最慢的地区，相应的其城市化率年均增速也是最低的。地方政府的自主性和创新性是城市化发展中的重要动力，"撤县设区"后在积极稳妥地推进行政权力的重新分配的同时，更应该在体制机制上有所创新，保持一定区级经济的发展活力。

## 参考文献

[1]白小虎.城市化进程中行政区划调整与城市产业空间变迁——以浙江省杭州市为例的实证研究[J].区域发展，2008(9).

[2]范今朝.仁政必自经界始——中国现当代城市化进程中的行政区划改革若干问题研究[M].杭州：浙江大学出版社，2011.

[3]高琳.快速城市化进程中的"撤县设区"：主动适应与被动调整》[J].经济地理，2011(4).

[4]罗小龙等.不完全的再领域化与大都市区行政区划重组——以南京市江宁区撤县设区为例[J].地理研究，2010(10).

[5]刘盛和等.半城市化地区的动力机制与发展前景初探——以浙江省绍兴县为例[J].地理研究，2005(4).

[6]盛广耀.城市化模式研究综述[J].城市化发展研究，2011(7).

[7]魏立华.快速城市化中城市规划和行政区划的关系研究[J].规划研究，2004(2).

[8]汪明宇.中国的城市化与城市地区的行政区划体制创新[J].规划研究，2002(6).

① 张五常.中国的经济制度[M].北京：中信出版社，2009：144.

[9]张蕾等.撤县设区的区划兼并效应再思考——以镇江市丹徒区为例[J].城市问题,2007(1).
[10]张五常.中国的经济制度[M].北京:中信出版社,2009.
[11]卓勇良.挑战沼泽:浙江制度变迁与经济发展[M].北京:中国社会科学出版社,2004.

# 区县基本公共服务均等化现状比较

## ——以余杭、萧山、鄞州为研究对象

**内容提要** 基本公共服务均等化是实现社会公平公正的重要途径之一，也是现代政府的目标之一。本报告分析了浙江省较发达的三个区——余杭、萧山、鄞州的基本公共服务均等化实现现状，并提出发达区县市实现基本公共服务均等化的三条建议：夯实基本公共服务均等化的制度基础、创新基本公共服务均等化的运行机制和加强基本公共服务均等化的财政支持。

**关键词** 基本公共服务；均等化；现状比较

## 一、基本公共服务均等化理论及其在中国的提出和演进

### 1. 基本公共服务范围的界定

基本公共服务是现代经济学的一个重要概念，但对其范围的界定一直处于争论之中。《国家基本公共服务体系"十二五"规划》将基本公共服务定义为：建立在一定社会共识基础上，由政府主导提供，与经济社会发展水平和阶段相适应，旨在保障全体公民生存和发展基本需求的公共服务。笔者认为，要准确界定基本公共服务的范围，可以从基本公共服务的特征去判断：(1)基础性特征。所谓基础性包括两层含义，一是指人们必需的、直接关

【作者简介】章秀华，杭州市委党校余杭区分校社会培训科科长，讲师。

系最基本人权、保护公民最基本生存权和发展权的公共服务；二是指与经济社会发展水平相适应，政府和社会能够承担的公共服务。(2)阶段性特征，即基本公共服务的范围是随着经济水平的提高、社会制度的改善等动态变化的。(3)国际性特征。随着国际化程度的加深，基本公共服务范围的一致性在不断提高，因此，可以参考与我国生产力水平相似的国家或发达国家在与我国生产力发展水平相似阶段对基本公共服务范围的界定。① 根据这些特征，结合余杭、萧山、鄞州三地的财政承受能力和居民实际需求，笔者赞同《浙江省基本公共服务体系"十二五"规划》对基本公共服务范围的界定，即将基本公共服务划为四大领域(见表1)，下文对余杭、萧山、鄞州推进基本公共服务均等化的研究即以此为准。

**表1 基本公共服务的范围**

| | | |
|---|---|---|
| 基本公共服务 | 基本生活服务 | 劳动就业服务：含就业服务、职业技能培训、劳动关系协调和劳动权益保护 |
| | | 社会保障：含社会保险、社会救助、社会福利、优抚安置 |
| | | 基本住房保障：含城镇基本住房保障、农村困难家庭危房改造 |
| | 基本发展服务 | 基本公共教育：含九年义务教育、普惠性学前教育、高中阶段教育、特殊教育 |
| | | 基本医疗卫生：含公共卫生服务、医疗服务、药品供应和安全保障、 |
| | | 人口和计划生育：含人口发展服务、计划生育服务、 |
| | | 公共文化体育：含公益性文化、广播影视、新闻出版、群众体育 |
| | 基本环境服务 | 生活基础设施：含公共交通、供水供电、社区服务设施、农贸市场 |
| | | 公共信息基础设施：含邮政通信、气象设施、地名服务 |
| | | 环境保护：含环境质量、环境安全、生态保护与建设 |
| | 基本安全服务 | 生活安全：含食品安全、交通安全、社会治安、消防安全、消费安全 |
| | | 生产安全：含安全生产、职业危害防治、安全教育 |

### 2. 均等化的内涵

《国家基本公共服务体系"十二五"规划》对基本公共服务均等化的定义

---

① 省发改委课题组. 加快浙江基本公共服务均等化研究[J]. 载于《浙江区域经济发展报告(2009—2010)》.

是指全体公民都能公平可及地获得大致均等的基本公共服务，其核心是机会均等，而不是简单的平均化和无差异化。从该定义中可以看出，基本公共服务均等化强调的是机会均等，即确保所有公民都有平等享受基本公共服务的权利；底线均等，即确保所有公民都享有一定水准之上的基本公共服务；相对均等，即在全体公民都能公平地获得大致均等的基本公共服务的基础上，允许基本公共服务差距的存在，并将差距控制在社会可接受的范围内。

### 3. 基本公共服务均等化理论在中国的提出及演进

公共服务均等化概念最早是由西方国家提出的。基于社会契约论、人权论和正义论等思想的提出，人们认为"政府的天然职责就是为社会中的每个公民提供公共服务，只有这样才能有效实现社会公平与正义"，同时，公共产品理论、公共财政理论和福利经济学理论为公共服务均等化奠定了理论基础，要求政府"要通过公共服务均等化或消除国民收入分配不均等的状况来增进全社会的总福利"。[①] 公共服务均等化理论被引入中国，则是源于改革开放后的财政公共化改革。从发展历程看，公共服务均等化理念在中国的确立主要经历了三个阶段：

(1)引入阶段

20 世纪 80 年代末在酝酿分税制试点时，我国较多地学习和借鉴了主要发达国家财政体制尤其是政府间财政转移支付的做法和经验，公共服务均等化概念就是在这一时期引入国门的，此后这一概念在我国各种文献中出现的频率不断增多。[②] 1994 年我国正式在全国范围内实施国际通行的分税分级财政体制，不久就有学者明确提出也要将公共服务均等化作为我国财政体制改革的目标。[③] 1998 年，全国财政工作会议提出初步建立公共财政基本框架的改革目标，由此，公共财政理论正式被政府决策部门所接受，但公共服务均等化并没有立即引起决策层的重视而成为国民经济和社会发

① 张开云，张兴杰. 公共服务均等化：制度障碍与发展理路[J]. 浙江社会科学，2011(6).

② 王玮. 公共服务均等化——基本理念与模式选择[J]. 中南财经政法大学学报，2009(1).

③ 庄乾志. 中国财政均等化问题研究[J]. 财政研究，1995(8).

展的目标。

(2)确立阶段

进入21世纪以来,我国开始由生存型社会向发展型社会过渡,公民公共需求的快速增长同公共产品短缺的矛盾日益突出,推进基本公共服务均等化已经成为我国经济社会发展的紧迫任务。和谐社会思想和科学发展观的提出,使公共服务均等化的基本理念逐步为我国的理论界和决策层所接受。2005年10月党的十六届五中全会通过的《中共中央关于制定国民经济和社会发展第十一个五年规划的建议》提出,要"按照公共服务均等化原则,加大国家对欠发达地区的支持力度,加快革命老区、民族地区、边疆地区和贫困地区经济社会发展",公共服务均等化首次在我国的公共决策中被确认。2006年3月全国人大通过的《中华人民共和国国民经济和社会发展第十一个五年规划纲要》明确提出,要"加快公共财政体系建设,明确界定各级政府的财政支出责任,合理调整政府间财政收入划分。完善中央和省级政府的财政转移支付制度,理顺省级以下财政管理体制,有条件的地方可实行省级直接对县的管理体制,逐步推进基本公共服务均等化"。2006年10月党的十六届六中全会通过的《中共中央关于构建社会主义和谐社会若干重大问题的决定》又进一步提出将"完善公共财政制度,逐步实现基本公共服务均等化"。自此,基本公共服务均等化在建设和谐社会中的重要作用得到了党和政府的高度重视,成为学术界和社会关注的热点。

(3)发展阶段

2007年10月,党的十七大报告提出,要以实现基本公共服务均等化为重点,加快社会改革进程。为此,要调整公共政策,加大公共服务供给,实现基本公共服务均等化,以解决民生问题为重点推进社会进步,使人民过上殷实、幸福的生活。党的十八大也提出了相应的要求。随着基本公共服务均等化作为国民经济和社会发展的目标被确立,从国家到各个地方都开始了基本公共服务均等化的实践探索。在实践过程中,什么是基本公共服务、基本公共服务的范围有多大、什么是均等化、均等化的标准如何确立、基本公共服务均等化的现状如何以及如何构建基本公共服务均等化的体制和机制保障等一系列问题逐渐浮现。相应的,理论和实务界开始对公共服务均等化的内涵、现状、存在问题、体制保障和机制构建等方面展开研究,对基本公共服务均等化的认识不断深入,一些概念的界定逐渐清晰,也达成了部分共识。2012年,我国出台了基本公共服务领域首部国家级专项规划——《国家基本公共服务体系“十二五”规划》，该规划明确了“十二五”时期基本公共服务的范围和项目，按照服务对象、保障标准、支出责任、覆盖水平等四个方面，提出了每一项基本公共服务的国家基本标准，较为全面、系统地勾勒了国家基本公共服务的各项制度性安排。

## 二、基本公共服务均等化的现状：对余杭、萧山、鄞州三地的实践比较

杭州市的余杭区和萧山区、宁波市的鄞州区是浙江省内较为发达的三个区县，开展基本公共服务均等化建设的条件及理论和实践基础较好，余杭和鄞州被评为2008—2012年基本公共服务均等化行动计划实施工作优秀县(市、区)，分别名列全省22个县级单位的第一和第三，在全省具有一定的影响力和典型性。为此，本文采取典型城市抽样调查法，综合选取这三个区县作为基本公共服务均等化建设的研究样本。

### 1. 三地推进基本公共服务均等化的基础条件

(1)外部条件

三地基本公共服务均等化实践的开展离不开浙江省推进基本公共服务均等化实践这个大环境的依托。浙江省是基本公共服务均等化实践起步较早的省份之一，基本公共服务均等化推进工作一直走在全国前列。2008年，浙江省启动全国首个《基本公共服务均等化行动计划(2008—2012)》，推出就业促进、社会保障、教育公平、全民健康、文体普及、社会福利、社区服务、惠民安居、公用设施、民工关爱等“十大工程”，计划建立健全多层次、全覆盖的社会保障体系，配置公平、发展均衡的社会事业体系，布局合理、城乡共享的公用设施体系，经过5年的努力，圆满完成了行动计划的五年目标任务。2012年，浙江省发布《浙江省基本公共服务体系“十二五”规划》，对基本公共服务的总体要求、范围、基本标准、保障机制等都做了相应规定，对各市、区(县、市)结合实际开展基本公共服务均等化工作进行指导。省级政府对基本公共服务均等化工作的重视和为之所做的努力为各地开展基本公共服务均等化工作营造了良好的外部环境。

(2)内部条件

余杭、萧山、鄞州三地基本公共服务均等化实践的有效开展也得益于三地自身良好的基础和条件。第一，三地经济发展起步早、速度快，在2008年

三地的人均 GDP 均已达 6 万元以上(余杭:60320 元;萧山:81567 元;鄞州:82052 元),良好的经济基础为基本公共服务均等化提供了较好的财政保障;第二,三地均较早实行政务公开,公民参与和民主决策发展较为充分,为公共服务均等化奠定了良好的政治基础;第三,三地均具有完善的市场体制和较为发达的民营企业,有助于政府充分发挥市场效用推动有序竞争和多元参与的基本公共服务供给体制的形成。

**2. 三地基本公共服务均等化实践的主要内容**

(1)基本生活服务

基本生活服务主要包括劳动就业服务、社会保障和基本住房保障等内容,政府围绕"人人享有"这一目标,立足稳定和扩大就业、健全社会保障体系、强化社会福利和社会救助等工作,保障公民的基本生存权利。

1)劳动就业服务

余杭区通过加强就业虚拟市场建设,优化就业扶持政策,健全以高校毕业生和被征地农民为重点的就业公共服务体系,加大职业技能培训和创业扶持力度,深入推进就业创业工作,2012 年被评为省级创业先进城市。萧山区以高校毕业生、农村转移劳动力和困难群体为重点人群开展就业辅导和帮扶工作,加强公共就业服务机构的建设和管理,通过倡导企业履行社会责任、稳定企业就业岗位,大力开发公益性就业岗位和完善落实鼓励自主创业、自谋职业的政策三结合的方式来稳定和扩大就业。鄞州区通过建立和完善政策扶持、就业培训、创业服务三位一体工作机制,推动高校毕业生、农村劳动力、城镇失业人员的就业。从统计数据看,三地的城镇登记失业率均保持在 2%～3%,处于较低态势,并呈逐年下降趋势(见表 2),每年新增城镇就业人口也保持在一定的体量(见表 3),显示政府在推进劳动就业服务上的努力和较好的工作成效。同时,三地通过开展"无欠薪"余杭(萧山、鄞州)建设,主动加强清欠工作预防预警,加大监管执法力度,初步形成了常态化、长效化的防范处置企业拖欠工资行为的工作机制。

**表 2　2011—2013 年三地城镇登记失业率**

| 年　份 | | 2011 | 2012 | 2013 |
|---|---|---|---|---|
| 区域 | 余杭 | 2.92% | 2.88% | 2.85% |
| | 萧山 | 3.05% | 2.53% | 2.36% |
| | 鄞州 | 3.1% | 3.2% | 2.2% |

**表 3　2011—2013 年三地年度新增城镇就业人口**　　（单位：人）

| 年　份 | | 2011 | 2012 | 2013 |
|---|---|---|---|---|
| 区域 | 余杭 | 21272 | 16501 | 17384 |
| | 萧山 | 35039 | 20820 | 21916 |
| | 鄞州 | 23086 | 22420 | 24380 |

2)社会保障

三地均基本建立了全覆盖、保基本、多层次、可持续的社会保障体系。在社会保险方面，养老、医疗、生育、工伤和生育保险的覆盖面均较高，尤其是余杭，其养老保险和医疗保险参保率一直走在全省前列(见表 4)。职工基本医疗保险和新型农村合作医疗、城镇居民基本医疗保险的待遇差距逐步缩小。在社会救助方面，三地均实施城乡最低生活保障制度，城乡低保标准实行动态调整。余杭和萧山的城乡低保标准在 2013 年实现统一(见表 5)。在社会福利方面，三地的农村五保和城镇“三无”对象集中供养率均较高，已提前达到浙江省“十二五”时期社会保障服务的基本标准。三地的养老服务体系不断完善，居家养老服务逐渐规范，养老事业已开始从传统养老向多元养老过渡。截至 2012 年，余杭区建立社区老年食堂 60 个，为 1000 户困难老人免费安装“一键通”呼叫器，建立居家养老服务站 326 个。萧山区已经实现村(社区)居家养老服务站基本全覆盖。鄞州区为本区户籍的 80 周岁以上的高龄老年人和 60 周岁以上的患病老年人免费安装“一键通”电话机。

**表 4　2011—2013 年三地养老保险参保率、医疗保险参保率**

| 区　域 | 养老保险参保率 | | | 医疗保险参保率 | | |
|---|---|---|---|---|---|---|
| | 2011 年 | 2012 年 | 2013 年 | 2011 年 | 2012 年 | 2013 年 |
| 余杭 | 90.07% | 92.09% | 93.01% | 99.7% | 99.7% | 99.72% |

续表

| 区域 | 养老保险参保率 | | | 医疗保险参保率 | | |
|---|---|---|---|---|---|---|
| | 2011年 | 2012年 | 2013年 | 2011年 | 2012年 | 2013年 |
| 萧山 | 88.4% | 91.6% | 94.4% | 96.2% | — | 99% |
| 鄞州 | — | 96.8% | — | 98.48% | 97.9% | — |

**表5 2011—2013年余杭、萧山城镇、农村低保标准**

| 区域 | 城镇低保标准(单位:元) | | | 农村低保标准(单位:元) | | |
|---|---|---|---|---|---|---|
| | 2011年 | 2012年 | 2013年 | 2011年 | 2012年 | 2013年 |
| 余杭 | 525 | 525 | 525 | 450 | 450 | 525 |
| 萧山 | 525 | 525 | 525 | 450 | 450 | 525 |

3)基本住房保障

就人均住房面积而言,萧山高于余杭和鄞州(见表6)。三地均建立了商品房、经济适用房、廉租房、限价房、人才房等多层次、多元化的住房保障体系。近3年来,三地通过创新保障性住房规划、建设、分配模式不断加大住房保障力度。2013年余杭区创造性地推出了具有"余杭特色"公租房政策,即以收储社会闲置房源为主,将房屋配租给住房困难家庭,并以政府租金补贴的形式给予补助,成为全国首创。三地住房公积金制度覆盖面不断扩大。2012年,余杭区净增住房公积金缴存职工人数11748人,萧山区新增住房公积金建制职工22300人,鄞州新增住房公积金缴存职工人数10663人,净增缴存职工人数8575人。

**表6 2011—2013年三地城镇居民人均住房面积、农村居民人均住房面积**

| 区域 | 城镇居民人均住房面积(单位:平方米) | | | 农村居民人均住房面积(单位:平方米) | | |
|---|---|---|---|---|---|---|
| | 2011年 | 2012年 | 2013年 | 2011年 | 2012年 | 2013年 |
| 余杭 | 32.8 | 32.9 | 33.34 | 73.9 | 69.1 | 68 |
| 萧山 | 40.12 | 40.52 | 48.9 | 78 | 77.6 | 80 |
| 鄞州 | 33.83 | 33.9 | 35 | 47.4 | 47.8 | 48 |

(2)基本发展服务

基本发展服务主要包括教育、医疗卫生、人口与计划生育、文化体育等内容,政府围绕"均衡发展"这一目标,提升教育、医疗卫生、人口与计划生育、文化体育等基本公共服务水平，保障公民的基本发展权利。

1)基本公共教育

从统计数据看，三地的基础教育比较均衡，义务教育普及率都达到了100%，学龄前儿童入学率和高中入学率也分别达到和接近99%，其中余杭的高中入学率已达到100%(见表7、表8)。2013年三地均创建成为全国首批义务教育基本均衡区。三地在义务教育阶段推行“阳光招生”，做到了“零择校”。在均衡义务教育阶段的城乡师资方面，三地也都采取了有效措施。余杭通过教育扶薄扶弱、学校结对互助和建立城乡学校互助共同体，帮助农村学校或薄弱学校提升和发展，通过教师的镇际、校际流动，不断优化教师队伍结构，并且每年有计划地安排城镇学校教师到农村中小学支教，选派农村优秀青年教师到城镇学校进修提高。萧山则加大校长教师轮岗交流和优秀教师农村支教力度，新建(重组)21个名校教育集团，实现义务教育阶段结对互助与名校集团化全覆盖。鄞州实行城乡教师交流制度，选派城区优秀教师到边远学校任职、任教，增加支教人数，促进城乡教师师资水平的均衡。三地均设立特殊学校保障残疾人同步接受教育的权利。由于三地都有大量的外来务工人员，为了保障外来务工人员子女的基本公共教育服务，三地均采取了有效措施。余杭以公办学校为主、进城务工人员子女学校为辅的原则，做好符合条件的进城务工人员子女入学工作，至2012年年底，47287名进城务工人员子女在全区义务教育段各类学校就读，占总数的85%以上。萧山区以全日制公办中小学为主渠道，创办民办公助、公办民助等形式的外来务工人员子女学校作为补充，解决外来务工人员子女接受义务教育问题。鄞州区在坚持“两为主”原则的同时，充分挖掘公办学校教育资源，接收外来务工人员子女入学。目前已有4.1万余名外来务工人员子女在公办学校就读，占总数的72%。

**表7　2011—2013年三地初中、小学入学率**

| 年　份 | | 2011 | 2012 | 2013 |
|---|---|---|---|---|
| 区域 | 余杭 | 100% | 100% | 100% |
| | 萧山 | 100% | 100% | 100% |
| | 鄞州 | 100% | 100% | 100% |

表 8 2011—2013 年三地学龄前儿童入学率、高中入学率

| 区 域 | 学龄前儿童入学率 | | | 高中入学率 | | |
|---|---|---|---|---|---|---|
| | 2011 | 2012 | 2013 | 2011 | 2012 | 2013 |
| 余杭 | 99.21% | 99.56% | 99.6% | 100% | 100% | 100% |
| 萧山 | 99.5% | 99.7% | 99.72% | 99.5% | 99.6% | 99.62% |
| 鄞州 | 99.9% | 99.95% | 99.97% | 98.3% | 98.3% | 98.85% |

2)基本卫生医疗

三地突出农村重点,完善区、镇、村三级医疗卫生服务体系。截至 2012 年年底,余杭有社区卫生服务中心 20 家,覆盖全区 19 个镇(街道)和 1 个经济开发区,诊疗病人 396.91 万人次,社区卫生服务站 167 家。萧山区的社区卫生服务中心也已实现了全覆盖。鄞州区基本建成了"十五分钟医疗圈"。从每千人拥有医疗总床位数、每千人拥有卫生技术人员数和每千人拥有医生数等数据看,余杭区人均享有的医疗服务要落后于萧山、鄞州(见表 9)。从传染病发病率、5 岁以下儿童死亡率和居民期望寿命三项指标分析,三地居民的健康状况良好(见表 10)。此外,三地的计划生育率均控制得很好(见表 11)。

表 9 2011—2013 年三地每千人拥有医疗总床位数、每千人拥有卫生技术人员数、每千人拥有医生数

| 区 域 | 每千人拥有医疗总床位数(单位:张) | | | 每千人拥有卫生技术人员数(单位:人) | | | 每千人拥有医生数(单位:人) | | |
|---|---|---|---|---|---|---|---|---|---|
| | 2011 | 2012 | 2013 | 2011 | 2012 | 2013 | 2011 | 2012 | 2013 |
| 余杭 | 3.63 | 3.66 | 3.61 | 6.22 | 6.58 | 6.42 | 2.22 | 2.31 | 2.51 |
| 萧山 | 3.41 | 4.89 | 5.5 | 4.99 | 5.59 | 7.96 | 2.086 | 2.137 | 2.94 |
| 鄞州 | 4.15 | 4.32 | 4.27 | 5.55 | 8.62 | 8.47 | 2.93 | 3.37 | 3.3 |

表 10 2011—2013 年三地居民期望寿命、5 岁以下儿童死亡率、传染病发病率

| 区 域 | 居民期望寿命(单位:岁) | | | 5 岁以下儿童死亡率(单位:‰) | | | 传染病发病率(单位:‰) | | |
|---|---|---|---|---|---|---|---|---|---|
| | 2011 | 2012 | 2013 | 2011 | 2012 | 2013 | 2011 | 2012 | 2013 |
| 余杭 | 81.29 | 81.6 | | 4.14 | 3.91 | 2.83 | 8 | 6.09 | — |

续表

| 区域 | 居民期望寿命（单位：岁） | | | 5岁以下儿童死亡率（单位：‰） | | | 传染病发病率（单位：‰） | | |
|---|---|---|---|---|---|---|---|---|---|
| | 2011 | 2012 | 2013 | 2011 | 2012 | 2013 | 2011 | 2012 | 2013 |
| 萧山 | 81.49 | | 82.53 | — | — | 4.82 | 8.1 | 7‰ | 6.96 |
| 鄞州 | — | 80.2 | — | — | 3.83 | — | — | — | —— |

**表11　2011—2013年三地计划生育率**

| 年份 | | 2011 | 2012 | 2013 |
|---|---|---|---|---|
| 区域 | 余杭 | 98.76% | 98.81% | 98.39% |
| | 萧山 | 98.3% | 98.3% | — |
| | 鄞州 | — | 97.77% | — |

3)公共文化体育

三地都建有公共图书馆，藏书量比较丰富(见表12)，建有公众博物馆，并免费对公众开放。在为城乡居民提供基本文化服务的基础上，三地不断扩大公共文化产品和服务的供给：余杭区开展“与您相约·周末剧场文化惠民活动”、“想约你我他·文化进万家”等相约系列活动，萧山区开展“周末剧场”文化惠民工程，鄞州区开展“天天演”、“天天乐”、“天天听”、“天天读”等“天天系列”基层公共文化惠民工程。余杭区获2011年度全省基层公共文化服务绩效考核第一名(不含宁波地区)，并被省文化厅定为浙江省公共文化服务观测点。鄞州区自2008年始，连续四年公共文化建设全省第一。三地的广播覆盖率和电视人口覆盖率均达到100%。在体育方面，三地不断加强公共体育服务体系建设，全民健身设施发展较快，并广泛开展全民健身活动来推动群体活动的全民化。

**表12　2011—2013年三地公共图书馆图书总藏量**　(单位：万册)

| 年份 | | 2011 | 2012 | 2013 |
|---|---|---|---|---|
| 区域 | 余杭 | 83 | 88 | 101 |
| | 萧山 | 94.81 | 168.2 | 226.67 |
| | 鄞州 | 101.97 | — | 434.98 |

(3)基本环境服务

基本环境服务要求政府以“全面协调”为核心，通过加快生活基础设施、公共信息基础设施建设，提升环境保护等公共服务水平，为居民生存发展创造整洁、便捷、舒适的环境。

三地以居民需求为导向，全面提升交通、通信、供水供电等基础设施水平，方便城乡居民日常生活。公交发展成绩明显。三地均实现村村通公交，余杭、萧山与杭州主城区实现公交一体化，公交营运车辆较充足(见表13)。三地的农村自来水普及率接近100%，自来水水质检测率保持100%。电网、电信、邮政等公用设施建设走在全国前列，村村通网络，广播、电视人口覆盖率100%。

**表13　2011—2013年三地公交车辆数量**　(单位:辆)

| 年　份 | | 2011 | 2012 | 2013 |
| --- | --- | --- | --- | --- |
| 区域 | 余杭 | 1077 | 1129 | 1228 |
| | 萧山 | 1149 | 1269 | 1319 |
| | 鄞州 | 1181 | 1354 | 1600 |

(4)基本安全服务

基本安全服务包括生活生产安全和防灾减灾、应急管理等。政府以“和谐安定”为核心，立足加强社会管理，为公民生存与发展创造安全和谐的良好环境。

三地的药品安全抽检合格率较高，食品安全抽检合格率与省级标准90%还有一定距离，最近三年(2011—2013年)，三地均未发生重大食品药品安全事故。生产安全不断得到加强。余杭区2013年全年安全事故发生数、死亡人数、直接经济损失较上年分别下降1.4%、2.3%和6.3%。萧山区2013年全年各类安全事故发生数、死亡人数和直接经济损失三项指标，分别比上年下降3.2%、5.2%和29.3%。鄞州区2013年全年共发生各类安全生产事故764起，死亡人数、直接经济损失较上年分别下降3.6%和27.1%。

### 3. 三地基本公共服务均等化的比较分析

从上述比较看，三地基本公共服务均等化工作扎实推进，用《浙江省基本公共服务体系十二五规划》的标准衡量，三地的部分指标已经达到和超过了该标准设定的目标。但是，与三地的经济发展水平和基本公共服务需求相比，基本公共服务的供给能力和水平仍然滞后，城乡之间、区域之间、群体之间基本公共服务差距较大，很多影响公共服务均等化发展的深层次的问题亟待解决。

一是三地的基本公共服务非均等化还不同程度存在，表现为：

(1)城乡居民在基本公共服务的享有上存在较大差距。城市与农村在基本公共服务的软硬件投入、人才保障、体制机制等诸多方面的不均衡，造成了城乡之间公共服务供给能力的综合性差距。农村社会保障制度不够完善，保障水平低于城镇；农村的学校设施、教学环境、教师水平与城区相比存在差距；农村卫生资源配置不足，标准不高；农村文化事业在经费投入、设施数量及规模等方面均低于城市，农村文化基础设施普遍存在档次低、规模小、功能和技术装备落后等问题。

(2)区域间、群体间存在较大差异。由于区位特点、经济基础等的现实差异，余杭、萧山、鄞州三地均存在不同程度的区域经济发展不平衡，各区辖区范围内的不同镇街之间经济发展水平也存在较大差距，镇一级政府财力均等化程度差距较大。财力充裕的镇街提供基本公共服务的能力较强，财力欠佳的镇街基本公共服务供给能力较弱。同时，三地都有大量的流动人口，虽然政府做了很多努力，但是受到财政等因素的影响，户籍人口与流动人口这两大群体在享受基本公共服务方面也存在着巨大的差异。

二是基本公共服务的持续供给能力不足。从统计数据看，三地对基本公共服务的财政投入每年都在增加，然而由于三地的公共服务需求都进入了高速增长期，要求政府不断把更多财政资金投向公共服务领域。特别是城乡之间、区域之间、群体之间基本公共服务差距较大的现实，要求政府将更多的财力向农村、欠发达地区和低收入群体倾斜，而政府财力却缺乏有效的增长，财政收支平衡的压力较大。

三是政策体系构建和法制化运作问题突出，主要表现在两个方面：

(1)基本公共服务的规则立法不足。截至目前，在国家层面，虽然有《义务教育法》、《劳动合同法》等不同的基本公共服务领域的制度安排，但是零散性、非系统性、立法进程不一、立法层次不一等问题非常突出。2012 年出台的《国家基本公共服务体系“十二五”规划》对基本公共服务的门类、标准、保障等做了相应规定，但就性质而言，它属于阶段性计划的目标和任务，而非法律。法治的缺失使得公民平等地享有公共服务的权利得不到有效保护，地方政府在公共服务提供中的机会主义行为倾向比较明显。[①]

(2)基本公共服务的运行机制不完善。第一，基本公共服务的决策机制不健全。长期以来，我国政府实践的是"精英治理"模式下公共服务供给"自上而下"而非"自下而上"的决策机制。浙江省作为民主政治建设较好的省份，虽然在政务公开、公民参与和民主决策等方面发展较为充分，但是公共服务"供给决定需求"而非"需求引导供给"的情况仍然不同程度的存在，尤其是农村地区，显得尤为突出[②]。第二，推进基本公共服务的监管机制不完善。从笔者收集到的现有资料看，就评估机制而言，各市、县(市、区)基本公共服务均等化实现度评估机制尚未建立，极大地影响了政府对基本公共服务水平和质量的掌握以及对未来基本公共服务财政投入规模的测算；在对基本公共服务供给的绩效评价方面，虽然政府进行了定期考核，但是社会中介机构和公众的参与度小，导致评价结果欠缺客观性和说服力；在问责方面，对基本公共服务提供不力的问责机制也尚未真正建立。

## 三、区县基本公共服务均等化的思考

### 1. 夯实基本公共服务均等化的制度基础

(1)加快户籍制度改革，消除基本公共服务非均等化的制度性根源。基本公共服务的不均等主要表现为地区之间、城乡之间和不同群体之间的基本公共服务不均等，城乡二元户籍制度的存在是造成基本公共服务不均等的制度性根源。传统的城乡二元户籍制度的安排使得同一地区的居民不能均等地享有基本公共服务：城市户籍往往比农村户籍享有更优越的教育、医疗、交通等公共服务；本地户籍又比没有本地户籍的外来务工人员享受到更好的公共服务。要从根本上消除这一状况，需要政府通过加快户籍制度改革、统筹城乡发展等制度变革来推进，这将要经历一个相当长的时期。在这个变革时期，如何采取有效措施来稀释附着在不同户籍上的不均等的基本公共服务享有权，各县(市、区)政府应有作为，也大有可为。

---

① 王玮.我国公共服务均等化的困境及其化解[J].经济学家，2010(5).

② 2009年，宁波大学商学院副教授俞雅乖撰文"政府供给、农民需求、优先序与城乡基本公共服务均等化——鄞州实践"，以鄞州区为个案分析了这一问题。

(2)完善基本公共服务均等化的法治安排,加强基本公共服务均等化的法治保障。基本公共服务均等化关系到公民的生存权、劳动权、受教育权等基本权利的实现与否及其实现程度,可以说是一个社会公平正义问题,是民权问题,最终是基本人权问题。[①] 因此,基本公共服务均等化的实现最终以法律保障为依归。建议在国家层面,通过建立《公共服务法》,围绕义务教育、社会保障、公共就业服务等基本公共服务领域,整合现有的法律法规,提升法律层次,形成以《公共服务法》为核心、比较完善的基本公共服务法规体系;在地方层面,则通过地方立法来进行微观的制度安排。

(3)完善基本公共服务均等化的配套制度建设。一是建立标准调整制度。基本公共服务的范围和标准是动态的,应该随着地区经济社会的发展而相应调整。目前,省级层面已经制定出台的浙江省"十二五"时期基本公共服务标准是浙江省各区(县、市)在"十二五"时期所要参照的底线标准,作为经济社会发展走在全省前列的余杭、萧山、鄞州等地完全有能力在此基础上根据各自的区情制订具有地方特色的服务标准。二是要进一步完善数据采集和统计制度。不论是基本公共服务标准的调整,还是考核评价都要有准确的数据做支撑,因此,科学的数据采集和统计机制必须尽快完善。三是构建基本公共服务均等化实现度评价体系。建议在浙江省"十二五"时期基本公共服务标准的基础上,构建切实可行的基本公共服务均等化实现度评价体系,对各区(县、市)基本公共服务均等化实施情况进行量化评估并及时发布年度基本公共服务均等化评估报告,以利于准确把握基本公共服务均等化的推进情况、强化政府的考核责任和调动社会参与基本公共服务均等化的积极性。

**2. 创新基本公共服务均等化的运行机制**

(1)完善基本公共服务的需求表达模式,健全基本公共服务决策机制。基本公共服务的水平与质量,不光取决于服务提供者的主观愿望和努力程度,还取决于服务对象对其需求和了解程度。因此,在财政资金供给有限的背景下,进一步丰富、完善公民的需求表达模式,提高公共决策的公众参与程度,从而准确把握公众诉求,才能让基本公共服务均等化落到实处。

(2)创新基本公共服务的供给模式。政府作为提供基本公共服务的责

---

① 阳建勋.基本公共服务均等化之经济法路径[J].法学,2008(5).

任主体，是基本公共服务的主要提供者，但公民基本公共服务的多样化和个性化需求及政府本身的局限性决定了它不可能是唯一的提供者。因此，以政府为主体、多元化参与的供给模式是今后发展的取向。区县政府应营造良好机制，充分调动各种资源，逐渐形成“以政府为主体，以公益、互助型的民间组织和企业等营利组织为补充”的三元供给体制。

(3)完善基本公共服务均等化的监管机制。引入外部考评机制，引导社会中介机构和公众对基本公共服务供给的绩效进行考评，保障公众参与的权利，形成多元化考评主体。同时要落实问责机制，实现有效监管。

### 3. 加强基本公共服务均等化的财政支持

(1)优化财政支出结构。基本公共服务的水平取决于两个变量，一是经济能力，二是制度安排。就经济能力而言，余杭、萧山、鄞州三地的财政收入都较好，但三地的基本公共服务供需矛盾仍然突出，政府对基本公共服务的投入不足是重要原因之一。因此，政府要优化财政支出结构，加大财政支出向公共服务领域倾斜的力度，切实增强对基本公共服务领域的投入。

(2)调整财政资金的分配标准。制度经济学表明，政府也是“经济人”，中央政府和省级政府倾向于自我利益选择，即把事权下放，财权上移，结果造成基层政府“事多财乏”，难以有效提供充足的公共服务。① 要解决基层政府财权和事权安排不对称的问题，以各级政府的事权作为划分财政资源的标准是可行的选择。

(3)完善转移支付制度。加强对欠发达地区、农村地区在基本公共服务方面的转移支付力度，建立实施转移支付的长效机制。

---

① 张开云. 农村社区公共服务：现实困境与理性选择[J]. 马克思主义与现实，2010(1).

# 区县法治建设的模式探析[①]

## ——以余杭、萧山、鄞州三地为研究对象

**内容提要** 地方法治建设是国家整体法治建设的重要组成部分，应该高度重视地方法治建设，对地方法治建设进行经验提炼和实践引导。本报告从法治建设的动力源泉、建设力量、主要内容、方式方法等方面，对余杭、萧山、鄞州三地的法治建设模式进行分析比较，并提出，加强组织领导是推动区县法治建设的前提、公民主动参与是区县法治建设的持续动力、培育法治文化是区县法治建设的根基、凸显地方特色是推动区县法治建设的关键。

**关键词** 区县法治；模式；比较

地方法治建设是国家整体法治建设的重要组成部分，中国法治的整体状况在很大程度上取决于地方法治建设的综合水平。围绕着党的十八届三中全会提出的“完善和发展中国特色社会主义制度，推进国家治理体系和治理能力现代化”的总目标，应该高度重视地方法治建设，发挥地方主动性、积极性，对地方法治建设进行经验提炼和实践引导。为此，本课题选取了浙江省内经济相对发达、民主基础较好的余杭、萧山、鄞州三地进行比较研究，探索区县法治建设的路径，期待能为地方法治建设提供参考。

---

【作者简介】章秀华，杭州市委党校余杭区分校社会培训科科长，讲师；单凯，杭州市委党校余杭区分校办公室主任，讲师。

① 本文获得 2014 年全省党校系统理论研讨会二等奖。

## 一、地方法治建设的概念、发展和意义

区县法治建设是地方法治建设的重要组成部分和主要实施者，要了解区县法治建设，先要了解地方法治建设。

### 1. 地方法治建设的概念

关于地方法治的概念，学者们曾从不同角度对其下过定义。主要有三类：

(1)否定说

有学者直接否定地方法治的概念，认为地方在国家政治法律建设中的影响和推动力极其有限①，并且这种提法会破坏法律体系的完整性和统一性②。

(2)有限肯定说

有学者将地方法治建设局限在地方立法的层面，认为地方法治的概念"应当限于省(自治区、直辖市)一级"，"地方法治是指在依法治国建设社会主义法治国家的总体框架下，各地(省、自治区、直辖市)落实依法治国方略执行国家法律并在宪法、法律规定的权限内创制和实施地方性法规和规章的法治建设活动和达到的法治状态"③。

(3)肯定说

随着地方法治实践的蓬勃发展和对地方法治建设研究的深入，地方法治的概念为大多数学者承认，内涵也不断得到丰富。孙笑侠、葛洪义、徐邦友④、陈柳裕、王坤、汪江连⑤、朱未易等学者都提出了各自的观点，其中学者朱未易的观点较全面，认为地方法治建设是由制度构建和理念确立相互支撑和互动互恰的有序发展的社会公共治理的系统工程：一方面，地方要在保证法制统一的框架下，从地方实际出发，发挥创造性，对全国性法律制度进行具体化，进一步补充和发展上位法律制度体系，形成既与全国性法律、法

---

① 刘治斌. 法治路径选择中的地方法治(法制)问题[J]. 宁夏师范学院学报(社会科学),2011(10).

② 杨解君. 走向法治的缺失言说(二)[M]. 北京：北京大学出版社,2005:9－18.

③ 李燕霞. 地方法治概念辨析[J]. 社会科学战线,2006(6).

④ 徐邦友. 地方法制建设是国家法治化的有效路径[J]. 中国党政干部论坛,2009(8).

⑤ 陈柳裕,王坤,汪江连. 论地方法治的可能性[J]. 社会科学战线,2006(2).

规相一致，又有地方特色的地方性法规规章和政策制度体系；另一方面，地方要确立社会的公德意识、行为的规则意识、开放的民主意识和环境的和谐意识，形成依法办事、人际和睦、人与自然和谐的社会氛围和生态环境。[①]

笔者赞同学者朱未易的观点，笔者认为所谓区县法治建设是指区县在依法治国建设法治国家的基本框架内，在保证国家法制统一和法律法规在地方贯彻实施的前提下，从地方实际出发，就依法限制公共权力、保护公民自由与权利、调节各领域社会关系和培育公民的法治文化理念所作出的建设性努力及相应的制度安排。

### 2. 地方法治建设的发展

地方法治建设起步于普法教育活动。1985 年 11 月，中共中央、国务院转发了中宣部、司法部《关于用五年左右时间向全体公民基本普及法律常识的五年规划》，以此发端，全国上下开始轰轰烈烈的普法教育。在“二五”普法初期，一些地方就开始了地方法治建设，进入“四五”普法时期，地方开始推进依法治理工作，“五五”普法以来，各地紧紧围绕经济、政治、文化和社会建设，及时制定了依法治省（市、区）规划。梳理地方法治建设发展历程，一些特征值得关注。

（1）由被动回应向主动推进演进

在“依法治国”战略提出以前，地方法治建设更多着力于“加强法制”和普法教育；在 1997 年党的十五大提出“依法治国”战略后，各地法治建设从“加强法制”演变为“依法治省（市、区）”，开始注重对公权力的约束和规范；从 2004 年开始地方法治建设由“依法治省（市、区）”向“法治某省（市、区）”转变，比如 2004 年、2005 年江苏省、浙江省先后提出建设“法治江苏”和“法治浙江”的战略目标，2008 年广东省提出建设“法治广东”，“这不仅仅是表述形式上的改变那么简单”[②]，地方党委成为地方法治建设的发动者和主要推动力，并在一定程度上左右了地方法治建设的进程，而地方法治建设也实现了由“自上而下的顺向滴灌”模式向“法治建设地方化与本土资源化背景下的自下而上的反向回馈”模式并最终到“法治建设上下并举、动力双核化”

---

① 朱未易. 地方法治建设的法理与实证研究[M]. 南京：东南大学出版社，2010：8.

② 熊文钊，郑毅. 地方法治建设渐成试验田 配套制度完善是当务之急[J]. 瞭望，2011(9).

模式的转身[①]。

(2)地方性特征逐步显现

地方党委开展法治建设的最初动力来源于解决地方发展中的制度问题,改善地方发展环境,增强地方发展竞争力,因而,地方法治建设更多地体现为对地方现实问题的回应,并通过与其他工作结合开展来推动法治建设。比如,"法治广东"的"深入推进公正司法"、"强化对权力的制约与监督"、"大力推进社会管理创新"就是与"维护社会稳定与和谐"工作结合并进;"法治湖南"的"深化行政管理体制改革"、"完善行政决策与行政执法体制和机制"、"创新政府管理方式"则与地方行政体制改革紧密结合。

(3)地方法治建设正逐渐成为国家法治建设的"试验田"

经过一段时间的积累,地方开始在不违反上位法的前提下,以"先行先试,以点带面;立足地方,辐射全国"为目标进行法治建设创新。比如,浙江杭州市的余杭区于2006年委托高校设计了"法治余杭量化评估体系",尝试制订标准来考量一个地区或是城市的法治状态和水平;湖南省在2008年率先出台了我国第一部地方行政程序法规《湖南行政程序规定》。

### 3. 地方法治建设的意义

从一般的理论逻辑来看,一个国家真正成功有效的法治改革和政治发展不仅应当自上而下的提出和部署,同时应当自上而下并且全国统一划一的实施和实践,但从中国改革的实践逻辑看,中央和全国法治建设不可能全面推进,[②]因此,通过地方法治推进法治国家建设是实现国家法治化的基本路径。

从我国《宪法》第三条规定看,中央和地方的国家机构职权的划分,遵循在中央的统一领导下,充分发挥地方的主动性、积极性的原则。地方是社会问题的直接面对者和一线管理者,所以,地方是国家法治领域最具活力的场域,有地方法治,才会有法治国家。[③] 在国家法治统一的原则下,发挥地方

① 熊文钊,郑毅.地方法治建设渐成试验田 配套制度完善是当务之急[J].瞭望,2011(9).

② 李林.建设法治国家必须大力加强地方法治建设——中国地方法治丛书序[M].北京:社会科学文献出版社,2012.

③ 付子堂.地方法治建设评估机制的全面探索[N].法制日报,2012-08-08.

的积极性和主动性，从地方实际出发探索地方层面法治的发展路径，为国家法治发展积累经验是建设法治中国的现实选择。

## 二、三地法治建设模式比较

区县法治建设模式是指区县法治建设过程中所体现的一系列可以抽象的特征，包括法治建设的动力源泉，法治建设的推动主体，法治建设的主要内容，以及由规划、目标、方式、方法等构成的法治建设演进路径。

余杭、萧山、鄞州三地的法治建设是在“法治浙江”的框架下展开的，因此，三地的法治建设有着不少共性，特别是萧山和余杭，作为杭州市的两个区，两地法治建设的共同点更多。而由于区情不同，发展战略、工作重心的差异，三地的法治建设又有各自的特点。下面，我们从区县法治建设模式的角度对三地法治建设的进行分析和比较。

### 1. 动力源泉

余杭、萧山和鄞州都是浙江省内经济相对发达、民主基础较好的区县，开展地方法治建设是经济社会发展到一定阶段的必然结果。一方面，法治社会建设的基本条件已经具备。国际上普遍认为，法治社会建设必须具备三个条件：市场经济条件、民主政治条件和法治文化条件。从经济条件来看，作为市场经济的先发地区，三地均具有良好的市场基础，发达的民营经济和较高的生活水平，2006 年，三地人均 GDP 均突破了 6000 美元。较好的经济基础为法治建设提供了强有力的经济支撑。从民主政治条件看，随着民主法治村（社区）创建、电子政务信息化等工作的开展，基层民主政治基层不断夯实。就法治文化而言，“一五”普法教育到“五五”普法教育等多种形式的普法教育和多年依法治区（县、市）工作的开展使公民的遵法守法用法意识和公职人员的法治思维不断增强，为法治的发展奠定了良好的思想基础。另一方面，地区发展的困境也倒逼着这些地方以法治建设来推动地方经济社会的可持续发展。作为省内发达区县，三地的发展面临的同样的难题：经济的快速发展要求政府依法行政，大幅减少审批，减少对微观经济干预；社会矛盾凸显，征地拆迁等带来的不稳定因素迅速增加，外来人口蜂拥而入，对社会管理提出严峻挑战；教育、卫生、社会保障等需求的增加，要求政府提供充分和公平的公共服务。

2006 年，浙江省委做出《中共浙江省委关于建设“法治浙江”的决定》，同年，三地党委分别做出建设“法治余杭”、“法治萧山”和“法治鄞州”的决定，把依法治区工作与民主政治和平安建设结合起来，与社会稳定及和谐社会建设结合起来，按照“三者有机统一”原则把党委领导法治工作与政权机关的民主法治建设统筹起来，更加体现三地法治建设的主动性思维[①]。

**2. 建设力量**

(1)组织领导机构

三地均建立了法治建设的领导机构。余杭区成立了由区委、区政府主要领导任组长，区四套班子分管领导为副组长、各部门“一把手”为成员的“法治余杭”建设领导小组。各镇(街道)、部门也相应成立了法治建设领导小组和工作机构，落实工作人员。与萧山、鄞州相比，余杭法治建设的工作机构下设了依法行政组、公正司法协调组、规范性文件审查组等8个专项小组，推进具体工作落实，更有利于促进资源整合和工作统筹。

萧山区成立建设“法治萧山”工作领导小组，由区委书记任组长，由区委、区人大常委会、区政府、区政协和区级有关部门的主要或分管领导组成。领导小组下设办公室，负责日常工作。

鄞州区委成立“法治鄞州”建设领导小组，由区委书记担任组长。领导小组下设办公室，具体负责指导协调各地各部门的有关工作。各镇乡(街道)、各部门结合自身实际，成立法治工作相关协调指导机构，配强专兼职人员。

(2)工作机制

三地的党委每年都会听取法治建设的工作汇报，解决法治工作中的重大问题；法建办通过制定年度法治建设工作要点和按照单位职能分工分解年度工作目标，明确各主体的法治建设任务；各镇(乡)、街道和机关部门围绕各自职能开展法治实践；人大、政协对法治建设工作进行视察调研、跟踪督导和建言献策。在公众参与方面，三地均通过推进政府信息公开、完善行政决策程序等积极推动公民参与法治建设，余杭更是建立了“法治量化考核评估体系”(关于“法治量化考核评估体系”，会在本文的第二部分详述)，为公众参与法治建设提供有效途径，并且聘请了10位全国和省内法学界知名专

① 熊文钊，郑毅．地方法治建设渐成试验田 配套制度完善是当务之急[J]．瞭望，2011(9)．

家学者组成“法治余杭”专家委员会，为“法治余杭”提供理论支撑和智力保障。

(3)制度建设

为了促进“法治余杭”各工作机构议事规范化、科学化，提高工作效率，余杭区制定出台了《“法治余杭”建设相关工作制度》，明确了领导小组、办公室及八个专项组职责和议事规则；制定了联络员工作制度和专家咨询等制度；建立完善了年度考核机制，以量化评估体系为标准，对各镇街道和部门实行工作年度考核，并将考核结果直接按权重比例折算作为部门和镇街年度综合目标考评得分，直接与干部奖惩挂钩。萧山区制定了《杭州市萧山区依法治区普法教育领导小组工作职责》等工作制度，明确规定了法治建设的领导小组及其办公室的工作职责，并按不同对象确定了法治建设工作的标准。

从上述三方面的比较来看，三地均期望建立“党委领导、政府实施、人大和政协监督支持、全社会参与”的工作运行机制，并且也有意识地在朝这方面努力，但是三地公众参与法治建设仍是一种被动行为，党委政府才是法治建设的主导者和推动者。表现为：1)三地的法治建设均是区委回应社会经济发展需求主动做出的战略选择，通过区委下发地方法治建设的意见(决议)启动，并由党委为法治建设提供最终的领导保障(法治建设过程中遇到的组织协调问题、经费问题、编制问题、公众参与问题等重大问题均靠党委组织协调解决)。2)法治建设工作的组织体系主要依托党委、政府的科层式组织体系建立。3)法治建设规划执行和任务落实通过领导小组将工作目标任务按照单位职能分工，分解给相关部门、镇乡、街道，并借助于自上而下的绩效考核体系得以实现。

**3.** 主要内容

从三地法治建设的具体实践看，由于三地作为区级政府均不具备立法权，因而三地的法治建设主要围绕着民主政治建设、法治政府建设、公正司法建设与法律服务、法治文化建设等四方面展开。

(1)民主政治建设

三地均通过完善议事规则和决策程序、强化党务公开、深化干部人事制度改革、严格落实党风廉政建设责任制、扎实构建惩治和预防腐败体系等举措来推动党委依法执政，提高党委的执政水平和执政能力。通过完善村民自治、社区居民自治和企事业单位民主管理制度，开展各种创建活动，推进基层民主建设。三地均开展“民主法治村(社区)”创建和“诚信守法示范企业”创建活动,2013 年,根据杭州市的要求,余杭、萧山两地还增设了“法治镇(街)创建”活动,鄞州区开展“依法治校示范校”活动,余杭区出台国内首个农村社区公共服务地方标准《农村社区公共服务规范》。

(2)法治政府建设

三地均通过规范行政程序、改革行政审批、加强行政监督、推动政务公开等措施完善依法行政体制机制,规范政府行政行为。

1)规范行政程序,推进政府科学决策

余杭区制定出台《余杭区机关部门行政决策制度试行办法》和《余杭区镇街重大行政决策程序规定》,统一规范机关部门和镇街行政决策程序,形成了“公众参与、专家论证与政府决定相结合”的行政决策机制。萧山建立了萧山区经济社会发展重大事项行政决策规则、程序和风险评估制度,建立政府投资项目否定与完善、产业投资项目准入与评估制度。鄞州区建立了区、镇(乡)街道、村(社区)三级政府法律顾问制度和重大决策法律咨询制度,使重大事项在决策上实现了公众参与、专家论证、集体讨论、法制机构合法性审查相结合的行政决策机制。

2)加强规范性文件管理

余杭区出台了《余杭区行政规范性文件管理办法》,建立了行政规范性文件合法性审查机制和后续评估机制。萧山区出台了《萧山区行政规范性文件管理规定》,制定行政规范性文件“三统一”制度。鄞州区制定了《鄞州区行政规范性文件制定和备案规定》,严格执行规范性文件合法性审查、备案及清理规定。

3)深化行政审批制度改革,推进政府职能转变

三地均通过全面清理行政审批事项,积极推进非行政许可事项清理和规范工作,构建行政服务体系,来推动政府职能转变。三地均建立了区、镇乡(街道)、村(社区)三级行政服务体系,并建立了网上行政审批平台和电子监察系统。其中,余杭区在区级层面建立了市民之家(市民之家除了拥有综合办事窗口的功能外,还有政社互动和资讯交流的功能),并在 4 个组团(中心镇)建立了市民之家,形成了以政府为主导,独具特色的区级、镇街、村(社区)三级加组团(中心镇)“3+1”行政服务体系。萧山区在区级层面建立了萧山区人民政府办事服务中心,提供各种审批服务。鄞州区正在新建市民中心。

4)注重通过行政复议、行政应诉化解行政纠纷和行政争议

三地均全面推行行政机关负责人出庭应诉制。余杭建立了行政复议互动机制,区政府法制办与法院、信访局、监察局等部门互动合作,使行政复议工作与行政诉讼、信访工作等形成合力。鄞州建立了行政复议案件实地调查制度、案件和解调解机制、行政复议与行政审批联席会议制度。

5)政府信息公开

三地均深入实施《政府信息公开条例》,依法编制政府信息公开目录和指南,建立政府信息公开平台和查阅场所,完善政府信息公开的各项制度,每年出台政府信息公开报告(见表1)。

**表1　2012年三地政府信息公开情况**

| 区　域 | 政府信息公开数量 | 公开方式 |
|---|---|---|
| 余杭 | 10301条 | 政府网站、公开查阅点、新闻发布会、热线电话 |
| 萧山 | 10661条 | 政府网站、公开查阅点、新闻发布会、热线电话 |
| 鄞州 | 7834条 | 政府网站、公开查阅点、政府公报、新闻发言人 |

(3)公正司法建设与法律服务

通过推进司法改革、规范司法行为和提高司法效率加强司法公正建设。

1)法院

三地法院积极推行审务公开,健全人民陪审员制度,加强审判流程、案件质量管理,进一步提高审判的质量和效率,加大对生效裁判的执行力度。余杭法院2008年被省高院授予"全省优秀法院"等称号,2010年被最高人民法院授予"全国优秀法院";萧山法院2006年被最高人民法院授予"全国优秀法院";鄞州法院2010年获得"全省优秀法院"和"全国优秀法院"称号,2011年荣获"全国模范法院"称号。

2)检察院

三地检察院积极推行检务公开,探索司法权力制约机制,健全侦查、公诉、诉讼监督工作机制,保障诉讼参与人合法权益,加大查办和预防职务犯罪工作力度,努力从源头上减少和预防职务犯罪的发生。

3)法律服务

三地均通过构建相关机制引导各类法律人才提供法律服务。

余杭建立了村(社区)法律顾问队伍,为村社区提供法律服务;建立微小

企业法律顾问团，为广大微小企业和行业协会会员提供团体法律服务，组织开展“服务民生法治行”、“百名律师进百企”等活动；积极开展法律援助活动。

萧山构建了比较完善的法律服务体系，建立了两中心一团队，针对特定群体提供多样化的法律服务。两中心是指萧山区司法行政法律服务中心和萧山法律服务产业发展中心。其中，萧山区司法行政法律服务中心提供法律咨询、法律援助、人民调解、法制宣传、社区矫正、安置帮教、律师公证、司法鉴定、司法考试、受理投诉等综合性的“一站式服务”。萧山法律服务产业发展中心是律师与企业对接的综合性法律服务机构，为企业提供法律咨询、法律服务、法律培训等服务。一团队是指新农村建设法律顾问团，为新农村建设提供法律服务。

鄞州实行政府法律顾问、村（社区）法律顾问制度，建立律师参与信访问题处理机制；鼓励、倡导律师为重大项目投资、金融证券、知识产权等重点领域提供法律服务，积极引导律师参与服务中小微企业和“三改一拆”等专项活动；试点“小巷法官”，区法院法官以居住地为轴心，利用业余时间开展业外法律服务，多渠道解决所在社区的纠纷；鄞州法院从2008年起每年发布审判执行白皮书，发送到政府、企业和媒体，为政府部门依法行政、企业完善人事制度、加强百姓法律意识提供帮助。[①] 检察院制定出台《关于充分运用职务犯罪预防职能积极服务民营经济发展的意见》，推进民营经济健康发展。

在法律援助方面，三地均建有区、镇乡（街道）、村（社区）三级法律援助网络，建立了“半小时法律援助圈”。

在社会矛盾预防化解方面，三地通过建立区、镇乡（街道）、村（社区）三级调解组织网络，深入推进诉调、检调、交调、医调等“多调对接”机制，全面构建以人民调解为基础的社会矛盾纠纷大调解体系，依法有效化解各类矛盾纠纷。余杭建立以“源头预防、矛盾排查、诉调衔接、宣传指导、法律救助、考核保障”六大工作机制为主要内容的涉诉矛盾纠纷综合化解工作体系，被市委列入《杭州市加强和创新社会管理典型案例》，省高院齐奇院长在全省

---

① 2008年，鄞州法院首次发布了《2005年至2008年行政案件司法审查情况报告》。截至2013年，鄞州法院已陆续发布了行政案件、知识产权案件、劳动争议案件、道路交通案件等9本审判执行白皮书。

矛盾纠纷大调解工作电视电话会议上要求各地学习借鉴。萧山在建立区、镇乡(街道)、村(社区)三级调解组织网络体系的基础上还进一步延伸,建立了个人调解室。

(4)法治文化建设

1)法制宣传

通过加强法制教育的队伍建设,建立全方位立体化的普法模式,狠抓法制宣传教育的制度建设和组织开展形式多样、各具特色的"法律六进"(进机关、进乡村、进社区、进学校、进企业、进单位)等活动,三地公民的法律意识和法律素质普遍提高,法治化管理水平明显增强。

在队伍建设上,三地均建立了普法联络员队伍和普法志愿者队伍,成立了普法讲师团,并为中小学聘请法制副校长。

在普法模式上,三地采用电视普法、网络普法、报纸普法、广播普法、基地普法等全方位立体化的普法模式(见表2)。在此基础上,余杭在建立区级法治网站的同时,还探索建立了"法治仁和网"、"小古城村网"、"方家山社区网"等镇、村级网站,并开通了普法微博。萧山区打造了"普法十姐妹"①这一普法品牌。鄞州区则制定了《关于加强鄞州区公益广告管理的若干意见》,明确将"法制宣传"纳入区公益广告范围进行统一规划,由区公益广告管理联席会议实行联合管理,也开通了普法微博。

在制度建设上,余杭针对普法重点对象制定了《领导干部学法用法制度》、《公务员学法用法制度》、《青少年学法用法制度》、《企事业经营管理人员和职工学法用法制度》、《村民学法用法制度》、《来余杭创业者学法用法制度》,针对不同人群采用不同的方式方法。萧山制定《萧山区法制宣传教育评估指标体系》,从制度上促进普法教育依法治区规划的落实。鄞州建立了《宁波市鄞州区人民政府"区长学法日"制度》、《公务员学分制管理办法》等制度,突出抓好领导干部和公务员学法用法工作。

---

① "普法十姐妹"来自全区的公、检、法、司、教育、共青团、妇联和新闻单位。她们依托各自的工作岗位,运用自身的专业特长,在法制宣传、未成年人教育、服刑人员帮教、心理疏导、预防未成年人犯罪调研等多方面开展工作。

表 2 三地普法模式

| 区县 | 电视 | 广播 | 网络 | 报纸 | 基地 |
| --- | --- | --- | --- | --- | --- |
| 余杭 | 《学法看法》、《法律援助》 | 《小米说法》 | 余杭法治网 | 《城乡导报》、《情与法》 | 杨毕馆等 |
| 萧山 | 萧山法治 | 走进法律 | 萧山法治网、中国法务产业网 | 《萧山日报》萧山法制宣传 | 萧山凤凰法制教育基地、青少年法制与廉洁教育展馆 |
| 鄞州 | 鄞州电视台“平安关注”栏目、“法系乡邻 | “105 阳光热线” | 鄞州法治网 | 《鄞州日报》“12348 法律热线”和“今日说法”专栏、法制专版 | 正在建设 |

2)法治文化阵地建设

余杭充分挖掘法治文化资源,利用鸬鸟镇山沟沟景区的旅游文化资源,着力打造“法治景区”。萧山建立了萧山凤凰法制教育基地、“烟之非福”杭州市法制宣传教育基地、萧山区青少年法制与廉洁教育馆等三大普法基地,成为萧山区法治文化建设的主阵地。鄞州区通过筹建“区法治文化中心”,开展“一镇(街道)一地”法治文化基地建设,各村、社区因地制宜开展法治文化阵地创建,积极建立以“区法治文化中心”为龙头,区、镇(乡)街道、村(社区)三级齐头并进、各有特色的法治文化阵地。

3)法治文化品牌建设

余杭将法治文化与地方传统文艺相结合,组建村(社区)法治文宣队等群众文艺团体,创作一系列具有浓郁地方特色、群众喜闻乐见的法治文艺作品。萧山联合浙江大学、浙江工商大学和浙江工业大学共同建立了“东方法学讲堂”,围绕重点工作开设法制讲座和实用法律法规知识培训班。鄞州创作普法动漫宣传片和贴近实际、贴近需求的法治文艺作品。

### 4. 方式方法

三地均通过制定发展战略和规划方案,建立组织体系和工作机制来开展地方法治建设。但是在具体实施路径上,三地具有各自鲜明的特点。

(1)余杭区以法治量化考核评估提升区域法治化水平。余杭的法治建设非常注重理论的引导作用,技术特征明显。

一是注重专家的智库作用。早在 2006 年 4 月,在区委做出了“法治余杭"的战略决策后,余杭就聘请十位全国知名法学家和实务部门的同志组成的法治余杭专家委员会,为"法治余杭"提供理论支撑和智力保障。2006年10月,余杭与浙江大学法学院合作成立法治余杭量化考核课题组,并于2007年出台了《法治余杭量化考核评估体系》。

二是注重理论成果的运用。根据专家的建议和现实的考量,余杭形成了用一个量化的指数来衡量余杭的法治建设水平的思路,出台了《法治余杭量化考核评估体系》。《法治余杭量化考核评估体系》将余杭法治建设的9个目标进行分解量化,对区本级、机关部门、镇乡(街道)、村(社区)4个层面的法治建设实施量化考评,同时设计了党风廉政建设、政府行政工作、司法工作、权利救济、社会法治意识程度、市场秩序规范性、监督工作、民主政治参与、社会治安等9张调查问卷,进行群众满意度调查。在此基础上,出台年度余杭"法治指数",并且非常注重指数成果的运用,通过法治指数的评审,及时发现法治建设中的突出问题和薄弱环节,并由相关责任单位整改落实,有效推动了法治建设。法治指数的评审也成为公众参与法治建设的一个有效载体,通过吸收公众进行问卷调查,促使公众关注法治、参与法治,感受法治工作的进程,也促使各机关公职人员强化对法治工作的关注,使其时刻注意将法治理念运用到实际工作中。

三是注重法治课题研究。从开展"法治余杭"建设以来,余杭先后完成国家行政学院课题"杭州市余杭区法治指数的实践和研究"、"春风化雨、创新为民,余杭区完善五大体系生动推进法治建设"、"科学运用'法治指数'全力助推项目建设"、"提升领导干部法治理念 推进法治余杭建设的思考"等课题,并配合完成《法治的增长点——区域法治评估的实验》、《法治的先行试验——学者官员谈法治和法治指数》等书稿的编撰工作。2012年,为了系统总结、推广"法治余杭"的成功实践与经验成果,余杭区与中国社科院法学研究所合作建立了"中国社科院法学研究所法治国情调研余杭基地",成为我国首个国家级法治科研机构与区县级法治建设部门联合推进依法治国方略实施的战略合作基地。

(2)萧山法治建设的特点在于通过充分而有效的法律服务的供给,回应法治需求、传播法律知识、强化法治理念,进而推动法治进程。

萧山区明确提供基本公共法律服务是政府的责任,通过建立完善的公共法律服务网络,提供法制宣传、法律援助、法律顾问、人民调解等有效法律服务,形成了覆盖城乡的区、镇(街道)、村(社区)三级公共法律服务体系。

1)通过建立完善的公共法律服务网络,实现服务对象的广覆盖。以法律援助中心为依托,有效整合法律援助、人民调解、律师、公证、咨询投诉等功能,建立区司法行政法律服务中心;创建区法律服务产业发展中心,成为全国首个律师与企业对接的大型综合性法律服务平台,为企业提供法律咨询、法律顾问、法律培训;建立新农村建设法律顾问团,形成了具有萧山特色的区、镇(街道)、村(社区)三级法律顾问体系,在服务村级经济发展、推动基层民主法治建设、维护社会和谐稳定方面发挥了积极作用;建立普法讲师团、普法志愿者,积极开展法律六进活动。

2)注重法治文化的培育和普法品牌打造。联合浙江大学、浙江工商大学和浙江工业大学共同建立了"东方法学讲堂",围绕重点工作开设法制讲座和实用法律法规知识培训班,为全区市民学法用法提供常驻平台;建成了萧山凤凰法制教育基地、"烟之非福"法制宣传教育基地、萧山区青少年法制与廉洁教育馆三大普法基地;形成了普法十姐妹等普法品牌。

3)按类别开展形式多样的法律服务活动。建立了全区首个"学生心理关护中心"助力青少年学生健康成长;针对农民工、老年人等特定群体开展"农民工讨薪"、"工伤职工帮扶"、"夕阳红工程"等专项行动;举办"法律服务夜市"、"法律服务直通车"等大型公益法律咨询活动,推城乡基本公共法律服务均等化发展。

(3)鄞州区主要以社会管理创新为突破口推进法治建设。

鄞州的法治建设是在宁波市从整体上把创新社会管理作为推动经济社会协调发展的战略举措的背景下展开的。社会管理创新与法治建设虽然侧重点不同,但是两者也有着交叉融合之处:法治建设的核心是要通过有效转变政府职能,建立依法行政、高效廉洁、公正透明的法治政府,保障各方权利的实现,可为社会管理创新营造良好的环境。而社会管理创新能通过改变政府的服务方式,培育社会组织和转移政府的部分职能,推动法治政府的建设,维护社会稳定。因此,鄞州的法治建设的一个鲜明特征是以社会管理创新这一中心工作为载体和突破口来全面提升建设水平。

1)通过加强社会组织培育和规范管理,转移政府部分职能,进一步明确政府的职责。鄞州区制定出台了《关于进一步加强城乡社区社会组织培育发展的实施意见》、《鄞州区城乡社区社会组织备案管理暂行办法》等制度,并通过创新社会组织登记管理制度,加强对社会组织培育;通过政府购买社会组织服务,引导扶持社会组织向公用事业和社会工作专业服务领域拓展服务。

2)通过加强社会管理的制度建设,提高政府管理能力。鄞州区开展网络舆情监管引导体系规范化建设和基层社会服务中心规范化建设,使社会管理有章可循;建立公共事务呼叫中心,优化政府公共服务的供给能力、供给水平和公共整理绩效。

3)通过构建相关机制将政府维护社会稳定纳入法制的轨道。形成了公众参与、专家咨询和政府决策相结合的决策机制,加强透明政府建设,保障公众的知情权和参与权;通过建立重大事项社会稳定风险评估制度,从源头上预防、减少社会矛盾和不稳定隐患;通过建立"三级联调、五调联动、专兼互补"的社会矛盾联调机制,引导纠纷在法律框架下解决。

## 三、经验与启示

### 1. 加强组织领导是推动区县法治建设的前提

余杭、萧山、鄞州三地法治建设的有效开展与这三个地方始终坚持由地方党委统一领导,并由区委书记担任法治建设领导小组组长分不开。中国的法治建设是在有几千年封建专制传统的历史背景下展开的,历史上缺少民主法治传统,因此法治建设在很大程度上必须凭借领导人的作用来推进和实现[①]。一方面,法治建设的重点在于限制权力,而以领导人为首的公职人员能否切实依法执政、依法立法、依法行政、公正司法和依法办事则是关键。因为只有做到这一点,依法执政和法治政府才能真正实现,而由领导人的表率作用产生的示范效应,也会促使全社会遵法守法用法。另一方面,领导的重视能顺利解决法治建设推进中的各种困难,在很大程度上确保效率。因此,区县法治建设必须要争取当地一把手的重视和支持,充分发挥党委"总揽全局、协调各方"的作用。

### 2. 公民主动参与是区县法治建设的持续动力

认可并强调组织领导在区县法治建设中的作用也不能否定其存在的问题——区县法治建设的可持续发展。在党委政府主导推进的区县法治建设

---

① 李林.建设法治国家必须大力加强地方法治建设——中国地方法治丛书序[M].北京:社会科学文献出版社,2012.

模式下，领导人的意识和权威成为推动法治建设的主要动力，区县领导的人事变动会直接影响区县法治建设的进程。因此，如何加强公民的主动参与，形成党委政府组织领导和公民参与合力推进的法治建设模式成为摆在我们面前的一个问题。在公民参与上，余杭、萧山、鄞州三地都做了一些努力，比如三地都积极推进政府信息公开、完善行政决策程序，余杭更是建立了法治量化考核评估体系来推动公民参与地方法治建设。在肯定这些努力的同时，我们更要从发展的视角正视公民参与地方法治建设的现实问题：公民参与地方法治建设既没有实体性的制度安排，也没有程序性的制度设计，已经影响到公民参与的秩序、效率和质量。而要实现地方法治建设的可持续发展，需要地方在积极开展公民参与法治建设的实践中，逐步厘清公民参与法治建设的原则和规则、权利和义务、范围和程度、渠道和路径、内容与形式、步骤与方法、保障与救济等，构建公民参与法治建设的制度体系。这也是区县法治建设大有可为的一个地方。

**3. 培育法治文化是区县法治建设的根基**

"法律必须被信仰，否则它将形同虚设。"法治的实现程度与人们对法律的信仰程度息息相关。从"一五"普法教育到"六五"普法教育，多年的普法教育使三地公民的法律知识水平有所提高、法治意识有所增强，但是至今，法律信仰的缺失仍在三地不同程度地存在。要确立良好的法律观念和法律信仰，不光需要普法教育，更需要培养法治文化。由于不同的地方文化和地方实际，各地的法治文化建设会有不同的内容与形式，但是有几点是需要地方把握的：(1)结合地方文化制定本地法治文化建设规划，加强法治文化建设的前瞻性、计划性和系统性；(2)坚持法治惠民原则，要明确政府是公共法律服务的提供者，建立完善的法律服务网络，让公民在接受充分而优质的法律服务的过程中养成依法办事的习惯；(3)在普法教育中，更应当注重阐述法律条文背后的法律价值、法治精神等公民法律信仰教育，使全民在价值理念上认同法律。

**4. 凸显地方特色是推动区县法治建设的关键**

法治不是写在纸上的空中楼阁，而是现实生活中的利益博弈。余杭、萧山、鄞州三地的法治实践证明：区县法治建设要有成效的关键在于立足本地、服务本地。立足本地要求区县法治建设要从本区域实际出发，充分考虑本区域的传统、现实及发展；服务本地要求区县法治建设围绕地方的发展定位和设立目标，体现本区域经济社会文化建设的实际需要，回应本区域人民群众的愿望和要求。这就要求区县法治建设在遵循法治建设的基本规律、国家法治基本框架的基础上，立足本地区的实际，深入调查研究，科学论证和设计地方法治建设的发展战略和规划方案，与本地实际相结合，循序渐进地推进。

# 余杭、萧山、鄞州党建工作创新比较

**内容提要** 如何围绕发展抓党建，抓好党建促发展，余杭、萧山、鄞州三地结合本地实际，勇于探索实践，在保持经济突飞猛进的同时，党建工作也实现了诸多创新，形成了品牌林立、亮点纷呈的态势。本文通过比较三地党建工作创新的异同，总结和挖掘创新的规律，希冀为促进党的建设科学化提供可供参考的建议。

**关键词** 余杭；萧山；鄞州；党建工作创新

党的十八大报告要求我们以改革创新的精神全面推进党的建设新的伟大工程。作为改革发展前沿阵地的余杭、萧山、鄞州，有必要在新的时期进一步总结党建工作，比较创新举措，相互吸收借鉴，不断提高党的建设的科学化水平，从而做到更好地贯彻党的十八大精神。

## 一、三地党建工作创新的基础

我们党与时俱进地创新自身的建设，领导全国人民取得了辉煌的成就，积累了丰富的经验；同时，当前世情、国情、党情发生了深刻变化，各种考验更加尖锐地摆在全党面前，这是党建工作的总体时局。各区县须以此为前提，并结合各自经济与组织发展的具体情况，推进党建工作创新。

---

【作者简介】石翼飞，杭州市委党校余杭区分校教育科科长，讲师。

### 1. 创新的经济基础比较

一个地区经济发展是其各方面工作创新的动力源泉和物质基础，可以为创新提供必要的物力和财力保障。余杭、萧山、鄞州三地是浙江区县经济较为发达的地区，拥有较为雄厚的经济实力（见表1）。

**表1　三地地方经济实力**

| 年　份 | 区　县 | GDP（亿元）绝对值 | GDP浙江排名 | 人均GDP（美元） | 人均GDP浙江排名 | 地方财政（亿元） | |
|---|---|---|---|---|---|---|---|
| | | | | | | 总　计 | 浙江排名 |
| 2007 | 余杭 | 420.77 | 6 | 6889 | 6 | 36.79 | 3 |
| | 萧山 | 842.86 | 1 | 9320 | 2 | 53.88 | 1 |
| | 鄞州 | 520.84 | 3 | 8705 | 3 | 52.9 | 2 |
| 2009 | 余杭 | 527.33 | 5 | 9179 | 5 | 59.67 | 3 |
| | 萧山 | 1044.85 | 1 | 12600 | 3 | 69.53 | 2 |
| | 鄞州 | 709.9 | 2 | 12998 | 2 | 83.3 | 1 |
| 2012 | 余杭 | 834.94 | 5 | 13036 | 5 | 104.65 | 3 |
| | 萧山 | 1611.72 | 1 | 18297 | 3 | 122.68 | 2 |
| | 鄞州 | 1038.1 | 2 | 17913 | 2 | 136.2 | 1 |

从国民生产总值及人均值两项指标的排名看，余杭、萧山、鄞州三地经济总量处于浙江区县第一集团；从地方财政收入看，三地位列浙江前三。其中，萧山在国民生产总值上为全省第一，其创新的经济实力首屈一指；鄞州紧随萧山，位列第二；余杭经济实力名列三地最末，但增长速度最快。

### 2. 创新的组织基础比较

党的组织机构不仅是党建工作创新的对象，也是其赖以开展工作的途径和抓手，为创新提供必要的组织基础与人力保障。从区域面积、行政区划、户籍人口以及支部与党员的数目上看，余杭、萧山、鄞州三地都具有较好的组织基础（见表2）。

表 2　三地区域面积、人口分布、基层组织等情况

| 区　县 | 区域面积（平方公里） | 村（个） | 社区（个） | 年　代 | 户籍人口（万人） | 支部（个） | 党员（人） |
|---|---|---|---|---|---|---|---|
| 余杭 | 1228.23 | 188 | 146 | 2006 年 | 81.90 | 1911 | 44593 |
| | | | | 2009 年 | 84.84 | 2648 | 51689 |
| | | | | 2013 年 | 90.33 | 3384 | 63239 |
| 萧山 | 1420.22 | 411 | 140 | 2006 年 | 118.53 | — | 69381 |
| | | | | 2009 年 | 120.99 | 3901 | 80235 |
| | | | | 2013 年 | 124.38 | 4326 | 91967 |
| 鄞州 | 1381 | 393 | 69 | 2006 年 | 78.37 | 2010 | 39253 |
| | | | | 2009 年 | 80.30 | 2217 | 43427 |
| | | | | 2013 年 | 84.00 | 2584 | 53319 |

从党的组织设置来看，三地基层组织数量呈有规律的增长态势，且基层组织数目、党员人数与户籍人口数比例相当。以 2013 年为例，余杭平均每 267 个户籍人口中设有 1 个党支部，萧山、鄞州则分别为 287 人和 325 人，数值落差小于 60；余杭平均每 14 个户籍人口中有 1 名党员，萧山、鄞州则分别为 14 人和 16 人，数值落差不大于 2。由此可见，三地创新党建工作的组织基础相去无几，余杭略有优势。

## 二、三地党建工作创新的亮点

30 多年来，余杭、萧山、鄞州坚持“围绕发展抓党建，抓好党建促发展”，在保持经济突飞猛进的同时，党建工作的创新也实现了诸多飞跃，形成了品牌林立、亮点纷呈的态势。

### 1. 余杭党建工作创新的亮点

(1)村务公开民主管理制度

余杭区统一编制村务公开目录，确保政务、村务、财务、社区服务“四公开”，并按照议题提出、受理公开、两委协商、民主恳谈讨论、村民代表表决、动态监督实施的流程制定“六步法”，做到决策程序民主；同时，实施“村务管理 12345”工程，突出财务重点，完善村事务、财务两个报告，深化民主议事协商、集体财务审计监督、承诺评议三项制度，规范村民代表会、村务公开民

主监督理财会、民情恳谈会、联席会四个会议，健全部门协助、监督检查、考核奖惩、宣传培训、农村社区建设五项机制。一系列创新举措，实现了村务公开民主管理由“随意公开”向“规范公开”转变，由“结果公开”向“过程公开”转变，由“单向公开”向“互动公开”转变，由“内部公开”向“社会公开”转变。

(2)街道协商议事会议制度

余杭区出台《街道民主协商议事会议制度的实施意见》，规范协商议事会议的召开时间、任务，代表的构成、条件、职权、产生程序等，并从建立民主协商议事目录、规范民主协商议事程序、落实民主协商议事评估三个方面，确定协商议事会的运行规则，同时完善专题协商制度、代表活动制度、联系接访制度、意见建议制度、列席会议制度、工作监督制度、信息通报制度、代表培训制度的制度体系。系列创新举措，开通了基层党员群众参与街道各项事务的渠道，保障了党员群众的知情权、参与权、表达权和监督权，弥补了民意“断层”，调动了积极因素，整合了社会资源，确保了有序参与，推进了信息公开，密切了党群干群关系，夯实了党的执政基础。

(3)非公企业“红领职业通”

余杭区打破传统思维方式，将党务工作作为非公企业管理体系特殊的职业岗位，通过“红领职业通”加强对非公企业现有队伍的培养，形成以内选外聘为前提、以人才集聚为基础、以资质认证为核心、以考核补贴为保障的党务工作者职业化模式。其中，资质认证采取“培训＋考试＋评审”的模式，通过360度测评法，突出量化评审权重，突出考察实际能力，并从入口、认证、管理、保障和监督五方面对认证制度逐一规范，打通非公企业党务工作者初、中、高三级资质逐步晋升的职业通道，搭建非公企业党务工作者与区管领导干部之间的桥梁，实现了党务人才要素在不同非公企业间的配置。

(4)党员服务驿站群建设

余杭区打破传统“单位党建”模式，建立以基础较好的非公企业党组织为核心的党员服务驿站群。驿站群在运行管理方式上，推行“1＋N”驿站组团模式，即以1家党员服务驿站统筹周边区域内N家企业和社区，打造10分钟服务圈；在党员教育上，通过党员培训计划、党员大联欢、“心灵港湾”、“站长接待日”、“党员服务周”等载体，确保活动经常化；在区域资源整合上，发挥驿站群在政策宣传、党建咨询、就业推荐、创业交流、学习培训方面的作用，实现功能多元化；在创新组织作用方式上，建立企业党组织与经营管理层双向进入、交叉兼职制度，采取会议列席、工作协同等形式为企业发展献计献策，通过牵线结对，搭建起社区与企业“共驻共建”平台。

**2.萧山党建工作创新的亮点**

（1）党员民主听证会

以传化集团为代表的萧山非公企业实行党员民主听证会制度，在代表构成上，赋予非公企业党员和职工代表参与企业决策的权利和机会；在议题产生上，可以由企业党组织提出，可以由党员联名提出，也可以由企业主提出，还可以由职工自下而上提出；在听证过程上，确保每个听证代表都能发言，企业主参与讨论和辩论，但没有决定权；在结果执行和反馈上，利用宣传窗公布听证结果，给每个听证代表回函或打电话，说明意见的采纳和处理情况；在旁听上，允许职工旁听和适当发言。一系列创新做法，改变了企业主独断和决策层单方决策的状态，促进了传统家族式决策模式向现代企业的民主决策模式转型，有利于职工表达和聚合利益，形成和谐的劳资关系。

（2）党员示范岗制度

萧山区在非公企业中普遍推广党员示范岗制度：企业党组织制定党员示范岗的一般标准和义务要求，再根据党员各方面表现，从中择优选出党员示范岗岗位人员，在其工作岗位上公开立“党员示范岗”牌；定期对党员示范岗的绩效进行考核评价。该制度的推行为企业党员确立了先进性的具体标尺，增强了整个基层党组织的战斗力和影响力；同时，将党员队伍中的优秀分子置于公众面前，使公众对共产党员的先进性和党组织的战斗力有切实体认；再则，将党员干部置于公众视野之中，接受周边群众的监督和检验，为他们始终保持共产党员先进性提供了持续的外在动力和压力。

（3）党组织班子成员与企业管理人员交叉任职制度

萧山区非公企业党组织班子成员与企业管理人员交叉任职制度有三种实现形式：一是本人是党员的企业老总或副总兼任党组织书记或副书记；二是党组织书记或副书记兼任企业人力资源管理部门负责人；三是党组织书记兼任企业工会主席。该项制度的推行，有助于企业在同等条件下优先录用党员应聘者，扩大企业党员队伍；有利于在骨干中发展党员，在党员中选拔干部，确保党员事业发展和价值实现，增强党组织的凝聚力；有利于将党组织工作和工会组织工作统筹计划，形成了扩大党组织影响力与促进企业生产经营互利共赢的局面。

(4)思想政治工作制度创新

萧山区非公有制企业党组织开拓了思想政治工作责任区制度和“四必谈五必访”制度。责任区制度以一名党员为责任主体，以部门、车间或班组为责任区域，以一定数量的员工为思想政治工作对象，党员在责任区内发挥上情下达和下情上报作用，履行宣传贯彻党的路线、方针政策和企业规章制度，了解掌握责任区内员工思想、工作和生活情况，针对各类思想问题及时开展谈心、沟通和帮助工作等具体职责。“四必谈五必访”即党支部发现职工言行有错必谈，完不成任务必谈，有思想问题必谈，违法违纪必谈；职工生病住院必访、情绪反常必访、家人困难必访、受到处分必访、与人发生纠纷必访。两项制度的推行，实现了党组织内部凝聚力和外部影响力的共同增强。

**3. 鄞州党建工作创新的亮点**

(1)“和邦模式”楼宇党建

鄞州和邦大厦党委楼宇党建的主要做法：一是按照“行业相近、楼层相邻、方便工作”的原则，设置组织网络，推动横向联系；二是专项投入，建成楼宇党员驿站，设立办公区域，建设党建阵地，免缴租金，划拨活动经费；三是开展“幸福党建”工程，精心打造虚实结合的“党员驿站、图书馆、远程教育网、QQ群、论坛、微博”六个阵地；四是强化服务理念，为入驻企业搭建政企桥梁和银企桥梁；五是以“大厦党委—行业党支部—楼层党小组”三级组织网络为依托，每周定期接待有困难的党员、员工，开通诉求热线和网上诉求通道；六是通过“敬业之星”、和邦志愿者队伍以及IT、外语、金融等5个特色分队，积极参加各类公益事业。这些措施解决了大厦党员的党组织关系挂靠问题，也为入驻企业与地方党委、政府之间架起了一座联络的桥梁。

(2)“两区一带”社区党建

鄞州首南街道通过实践探索出一条文化引领党建工作的有效途径。主要做法：一是组建“街道党工委—社区党支部—楼栋党小组”的“立体式”社区党组织建设网络；二是组建由“党支部书记—党务工作者—党务联络员”组成的专业工作团队；三是制订预算，细化党建工作经费，改善社区办公环境；四是社区牵手高校、牵手楼宇、牵手国企，扩大区域联动覆盖；五是掌握社区党员的动态信息，注重社区党员培训，丰富社区党员活动；六是坚持社区党建与群建同安排、同实施、同考核，推进群团组织建设，通过推行1名党员分别带1名工青妇骨干的“1+3”工作法，保持队伍的先进性，通过多种载体开通居民反映情况、诉求和咨询政策的方便之门。这些措施,使体制外民众的诉求纳入到了体制内,同时也使体制内的组织资源嵌入到了社会中,起到了引领社会的作用。

(3)社区党建队伍建设

鄞州通过创新探索,逐步形成了一支以专职社工为骨干、社区党员为主体、志愿者队伍为补充的社区党建工作力量。具体做法:一是选聘分离,突破"一当选就上班、一上班就领薪"的用人模式,按照德才兼备要求,以"每300户配1名"的比例,公开招考社区专职工作者,建设精干务实的专职社工队伍;二是管用并重,抓好党员发展、在职党员社区报到、流动党员接力管理、党员积分考核四项工作,打造创先争优的社区党员队伍;三是依托群团组织,在全区部署开展"爱心志愿者,万人领万岗"活动,发动广大群众和驻区单位立足自身实际,参加社区义工队伍,对志愿者服务技能、服务次数、时长、内容等进行记录,培育具有阳光活力的社区义工队伍。

(4)党员成长指数管理

鄞州区按照"控制总量、优化结构、提高质量、发挥作用"的总体要求,以入党积极分子和预备党员为主要对象,全面试行发展党员成长指数管理办法,着力健全党员成长培育和发展质量评价体系,从源头上提升党员队伍的先进性和纯洁性。主要做法是:通过党群共推、考察选优、集体面谈等形式,择优确定入库对象;通过分层分类定标准、量化指数定分值、全程记录定等级,科学设置考评标准;通过组建党员预备班、开展"2+1"模式培养、推行设岗培养机制,严格发展管理程序;实行联合政审、分类指导帮扶、完善责任体系,强化积分结果运用。这些措施,在推优模式上,实现了公推与公考的无缝对接;在培育模式上,实现了从单一到多元的转变;在考评模式上,实现了从"凭印象、凭感觉"到科学量化积分管理的转变。

## 三、三地党建工作创新的异同

从创新的主体、创新的对象、创新的内容上看,余杭、萧山、鄞州关于党建工作创新的亮点不尽相同,然而,上升到大党建工作规律的高度,扩展到全省或全国的范畴来说,这些异彩纷呈的亮点有其内部的共通之处。

### 1. 创新的基础相同,但优势各异

余杭、萧山、鄞州在经济实力上,同属浙江省第一方阵,虽然国民生产总

值及人均值略有差别，但落差不大；在地缘上，都紧邻大城市的主城，面积、人口、城市化进度相近；在发展上，都面临经济转型升级、统筹城乡发展、社会管理创新的三大任务；相同的背景下，三地在党建工作创新上却各有优势：萧山经济实力位居三地之首，非公经济活跃，比较早地探索了企业民主管理制度，积累了较为丰富的经验；余杭的比较优势则来源于"法治余杭"建设实践所形成的组织和理论资源；鄞州楼宇经济、商务经济较为发达，具备发展楼宇党建的优越条件。

**2. 创新的焦点相同，但切点各异**

改革开放以来，东部发达地区城市化进程加快，余杭、萧山、鄞州三地都面临新城市党建问题，须不断探索流动党员管理、"两新"组织及社区党建的新办法，它们在党建工作的创新上，不约而同地聚焦在了"两新"组织党建方面。但是，三地选择的切入点不尽相同，萧山较早地将切入点定位在非公企业的民主决策层面；余杭利用后发优势，将精力投射在非公企业党务工作上；鄞州则选取与其经济体系关联度较高的楼宇党建作为其打造亮点的切入点。

**3. 创新的肇始相同，但路径各异**

与所有创新实践一样，党建工作的创新同样以经济社会的发展为动力源泉，创新做法源自最基层，产生于实践的最前沿。如萧山的党员民主听证会、余杭的党员服务驿站群、鄞州的楼宇党建均产生于具体的非公企业，肇始于企业的自主创新行为。但在创新行为产生后，各自亮化创新的途径不同：萧山注重树立党建先进典型，通过典型的示范形成整个行业的集体认同，采取的是由下到上提升、由点到面扩散的路径；余杭注重梳理整合，并通过整体的制度设计来规范创新做法，使之统一实行，采取的是先提升，然后由上而下指引、由面到点推行的路径；鄞州介于二者之间，一方面打造创新典型，形成具体模式，另一方面又有对于模式的升华和推广。

**4. 创新的主体相同，但作用各异**

从创新的实施主体来看，无外乎党委、企业、社区、党员个人。然而，仔细辨别这些主体，它们各自在创新的过程显示出了不同的地位和作用：萧山在党建工作的创新过程中，充分发挥企业的作用，而党委的作用在于保护企业创新模版的原生态，通过树立典型，积极宣传示范，凸显的是企业主导创新的作用；余杭在党建工作创新品牌的生成过程中，虽然尊重企业主体的原创性，但是更多地发挥党委的引导作用，并通过引导形成规制；鄞州一方面注重企业的主导地位，另一方面也发挥党委的中介和服务功能。

**5. 创新的理念相同，但目的各异**

从创新党建的理念来看，余杭、萧山、鄞州都不约而同地强调了以人为本的理念，而且在创新的过程都十分注重管理理念的先进性。如，余杭的非公企业“红领职业通”，彰显的是对于非公企业党务工作人员的人文关怀，为其职业晋升开通渠道，为其自我价值的实现提供便利；萧山的“四必谈五必访”制度，彰显了对于党员的日常工作与生活的人文关怀，二者在创新的过程都注重采用现代管理学的先进理念。虽然终极目的一致，但停留在某个阶段或某个层面来看却不大相同：余杭的人文关怀更多在于激发党务人员的从业热情；而萧山的人文关怀在于形成党员对于组织的认同感。

**6. 创新的效果相同，但起点各异**

从创新的效果来看，这些亮点无一例外地丰富了党的建设工作经验，拓展了创新思路，对于推动社会事业的发展都具有积极的意义，而且一定程度上都具有普适价值。然而，回溯这些创新实践的时间起点，以及展望效果开始生成的时间节点，却不能保持一致：同样是加强“两新”企业党建，余杭非公企业党务资质认证制度开始于 2012 年，对于党务人员个体而言，创新红利可在 1 年中有所体会，而作为非公企业党务工作者整体而言，创新红利的全面呈现预计需要 5 年时间；而萧山的党员思想政治工作责任区制度和“四必谈五必访”制度已经实行 10 余年，作为“四必谈五必访”对象的党员个人而言，其对于组织的认同感可在当下成生，但作为基层党员整体而言，则需要一个潜移默化、日积月累的过程。

## 四、三地党建工作创新的启示

通过比较三地党建工作的异同，我们不难发现，虽然各地创新的亮点不同，但是这些亮点从不同的角度共同映照了党建工作创新规律性的东西，具有普适价值。

### 1. 区县党建工作的创新应契合时代主题

世界在变化，形势在发展，党的建设也要与时俱进，突出时代性，把握规律性，富于创新性。区县党建工作创新要紧跟时代步伐，紧扣时代主题，准确把握当代中国社会前进的脉搏，为推进社会进步做出有益探索。三地党建工作创新举措，之所以能成为闪亮点，就是因为它们恰当其时地回答了时代主题，一定程度上都为党的建设发展的探明了前进道路。如，余杭关于街道协商议事会议制度创新尝试，对于党的十八大提出的"健全社会主义协商民主制度"做出了及时回应。

### 2. 区县党建工作的创新应服务发展需要

党的建设是党的各项事业不断取得胜利的重要法宝，为各项事业发展和社会进步提供坚强的政治和组织保证，创新党的建设就是要确保这个法宝继续发挥功效，从最终目的讲，就是更好地服务于发展需要。区县党建工作要树立"围绕发展抓党建，抓好党建促发展"的理念，不能为了创新而创新，而要通过创新为解决现实问题提供切实可行的策略和方案。如，萧山关于党员民主听证会的创新尝试，就是立足于萧山传统家族企业较为发达的现实背景，为传统家族企业向现代企业的转型，在决策机制层面提供了解决方案。

### 3. 区县党建工作的创新应关照工作全局

虽然党的建设工作涉及面广、内涵丰富，各方面又相互交叉，互为影响，但是在具体事务层面具有相对独立性，工作的内容具有相同的特点和相通的规律，因此，关于党建工作某一方面的创新一定要把握该层面的共同规律，在具体工作上要做到关照全局，涵盖该事务的方方面面。上述三地党建工作的创新之所以成为亮点，是因为它们对于创新所涉及的事物做了全方位的设计安排，是一个全方位的解决策略。如鄞州进行的楼宇党建的创新，不仅仅涉及楼宇党建工作的某个局部，而是涵盖楼宇党建的组织建设、阵地建设、载体建设、队伍建设各方面的整体方案。

### 4. 区县党建工作的创新应采取系列措施

党的建设工作的任何一个方面，从时间看，一般都要经历相互联系的程序和流程，因此，党建工作的创新，如果只从该项工作的某一环节入手，而不着眼全程，则难以取得成功。三地党建工作的创新亮点的一个共同之处，是它们并不只是单个的措施，而是关于涉及问题的一揽子措施。如，余杭为破解非公企业党务工作人员流动性不足、职业发展受限问题而进行的“红领职业通”创新举措，从时间流程上看，由入口到认证、到管理、再到保障直至监督，层层把关，由初级资质到中级资质、再到高级资质、最后到区管副职后备干部，每个环节都有相应的创新举措，是具有连续性的解决方案。

**5. 区县党建工作的创新应整合地方优势**

创新是项复杂工程，从创新突破口的选择，到创新方式的采用，再到创新抓手的确定，每一步都要以优长为下手处，注重有效利用现有资源，否则，创新的时间成本、精力成本、财力成本将会大大增加，这也与创新精神本身相违背。区县党建工作的创新也应如此，要结合本地实际，找准切入点，从基础好、条件成熟的方面下手。三地党建工作的创新亮点都体现了这一点。萧山关于党组织班子成员与企业管理人员交叉任职制度创新尝试，是因为其区内非公企业较多，相关经验积累也比较丰富；余杭的“阳光村务”工程，较好地利用“法治余杭建设”的成果；鄞州“两区一带”社区党建，则有效地发挥了首南街道的地缘优势。

**6. 区县党建工作的创新应利用现代手段**

21 世纪是科技日新月异和知识信息爆炸的时代，党的建设工作要做到突出时代性，就应与时俱进不断更新理念，掌握现代科技手段。党建工作的创新更是如此，因为，一方面现代科技的发展使党的建设面临新的情况，成为推动创新的原因，另一方面，现代科学理念的采用、高科技手段的使用本身构成了党建工作创新的内容。因此，区县党建工作的创新要利用现代手段，特别是要掌握和应用现代信息技术，采用迅捷高效、新颖生动的信息化手段，创新思想理论，创新方式方法，推动党建工作向深度和广度发展。如，余杭的非公企业“红领职业通”借鉴了现代管理学、萧山的党员民主听证会采用了现代企业的管理办法，余杭的党员服务驿站群建设以及鄞州的楼宇党建、“两区一带”社区党建均使用了微博、微信等现代网络工具。

### 7. 区县党建工作的创新应加强借鉴吸收

我们要尊重首创精神，但是也要取长补短、借鉴吸收，因为，创新的目的不是为了打造一道仅供他人瞻仰的美丽风景，而是要通过首创和示范，使得风景不再只是一边独好，实现创新价值的最大化。三地党建工作的创新亮点各不相同，各为其本地首创，但并不为该地独有。如余杭的“阳光村务”工程的相关具体措施，萧山和鄞州也在使用；萧山的党员民主听证会，余杭和鄞州的非公企业也有实行；鄞州的楼宇党建模式也存在于余杭和萧山的楼宇中。我们可以肯定，三地党建工作互相启发促进、互相借鉴吸收，必将推动浙江全省党建工作水平的整体提升，同时也为三地在更高层次上继续创新奠定了基础。

# 现代性视角下的浙江区域公共文化服务指标评估的构建与绩效评估①
## ——以余杭、江干、桐庐、鄞州为样本

**内容提要**　现代公共文化服务体系突出了公共文化服务体系建设的时代性、创新性和开放性要求。本文根据公共文化服务现代性内涵特征，构建浙江省区域公共文化服务体系新型的指标评估体系，并对2012年度杭州市余杭区、江干区、桐庐县、宁波市鄞州区等四地的公共文化服务体系进行评估，提出提升现代公共文化服务体系的路径选择。评估结果比较作为评判浙江区域公共文化服务水平的主要判断标准，也为政府在今后决策、财政投入和文化资源配置等提供直接的参考依据。

**关键词**　现代性；区域；公共文化服务；比较分析

"现代公共文化服务体系"是党的十八届三中全会第一次明确提出的，加上"现代"两字，突出了公共文化服务体系建设的时代性、创新性和开放性要求。这是党中央对新时期公共文化服务体系建设提出的新任务，也是对新时期文化建设理论和发展方向的新表述，更是对新形势下公共文化工作的全新概括。

### 一、现代性的内涵把握是从传统向现代公共文化服务体系转型的逻辑起点

当前我国公共文化服务体系的"现代性"，主要体现为文化领域内基于

【作者简介】邵建，杭州市委党校公共管理教研室副教授。

① 本文获得2014年度浙江省党校系统青年学者学术研讨会一等奖。

市场经济结构的制度体系替代计划性制度体系的制度嬗变过程，也可以理解为国家文化治理方式和公共文化供给和分配方式的重构过程(傅才武，2013)。从历史发展的角度看，改革开放以来我国文化体制改革进程既是国家文化现代化的过程，又是文化体系"现代性"的建构过程(陈立旭，2010)。现代公共文化服务体系应具有政府主导，公共财政提供基本支撑，公共文化单位发挥骨干作用，以基层群众为主体、全社会积极参与，权职统筹协调、资源高效配置，及时应用现代科学技术成果等特征，它是基于基本公共文化服务体系的深化和发展(巫志南，2013)。由于公共文化服务体系的现代性体现在理念、体制机制、内容建设、服务方式、管理模式等方面与传统体系的不同(杨永恒，2013)，要构建十八届三中全会提出的现代公共文化服务体系则需从现代性角度深刻认识现代公共文化服务体系的现实逻辑。

**1."现代性"视角下构建我国现代公共文化服务体系的现实逻辑**

(1)现代公共文化服务体系大力促进国家治理能力现代化

党的十八届三中全会提出推进国家治理体系和治理能力现代化，明确构建现代公共文化服务体系的目标任务，表明公共文化服务已经成为党中央全面深化改革战略部署中的重要战略任务，成为"推进文化体制机制创新"的一项重要内容①。构建现代公共文化服务体系任务的提出，为我国公共文化服务体系建设指明了新的目标和方向，使我国公共文化服务体系建设站在了新的起点上，把公共文化纳入基本公共服务当中，坚持以人民为中心，把满足人们日益增长的文化需求当成文化治理体系基本的出发点、落脚点。因此，公共文化服务体系不仅是现代化国家治理体系的组成部分，也是构成国家治理能力现代化的必要条件。

(2)理想和现实的差距决定了现代公共文化服务体系构建的艰巨性

总所周知，衡量一个国家或地区是先进还是落后，比较直观的就是公共文化服务，只需看看它的图书馆、美术馆、文化馆、博物馆等公共文化设施的数量、服务和分布，其经济社会发展水平就大致清楚。当前国家界定的基本文化服务范围在现阶段主要包括看电视、听广播、读书看报、进行公共文化鉴赏、参与公共文化活动等六方面，体现的仅仅是全国性的"底线"，离"覆盖

---

① 党的十八届三中全会审议通过的《中共中央关于全面深化改革若干重大问题的决定》报告。

城乡、结构合理、功能健全、实用高效”的公共文化建设化服务体系还有一段距离。对于中国这样一个拥有13亿人口、8.5亿农民的大国而言，公共文化服务体系建设不仅是为了保障人民群众六项基本文化权益，更重要的是要提升全民的科学文化素质。充分认识公共文化服务体系的“现代性”建构，既要看到微观生产者的独立主体性重塑，又要正视宏观管理体制的结构变迁。理想和现实的差距决定了现代公共文化服务体系构建的长久性、艰巨性。

(3)传统公共文化产品及公共空间的供给不足急需提升现代公共服务体系

当前我国公共文化服务体系建设还处于起步阶段，不完善、不均衡、不协调、不可持续的问题仍很突出。浙江乃是经济发达的沿海地区，公共文化设施建设位居全国前列，但仍出现夏天游泳馆爆满和高尔夫场人丁稀少现象并存，广场舞大妈占领“杭州火车东站”[①]及广场舞扰民时有发生，以上困境折射出当前公共文化产品和公共空间的供给不足和短缺。公共文化产品供给短板反映了公共文化资源的稀缺和人们日益增加的精神文化需求之间的深层次矛盾。要解决公共文化服务方式单一、效率低下、活力不足、供给不足、体制滞后等问题(祁述裕，2012)，就必须实现统一认识，把握内涵、创新机制和提升现代公共文化服务体系有机统一。

**2. 公共文化服务体系的现代性内涵特征把握**

现代公共文化服务体系的核心特征是其现代性。其内涵把握需在价值导向、服务内容、能力、方式等方面体现出公共文化服务体系建设的时代性、创新性和开放性要求，主要体现在以下方面：

(1)价值导向的现代性——服务目标均等化

现代公共文化服务体系以培育具有时代精神和全面发展的社会主义公民为目标，塑造社会主义核心价值观，着力于塑造能代表时代精神的、有创造性的、积极健康的公共文化。体现在政府服务目标上就是均等化的价值导向。

---

① 广场舞大妈“占领”杭州火车东站，紧急购隔离带划区域[EB/OL]. http://roll.sohu.com/20140825/n403740943.shtml

(2)服务内容的现代性——供给主体多元化

随着我国市场经济体制成长起来的"政府—市场—文化组织"模式逐步取代计划经济体制下确立的"政府—文化单位"模式,文化生产机构所依赖的社会环境已经发生了重大变化,这就要求改革政府公共文化管理模式,为民营和社会力量进入公共文化领域提供制度支撑。在公共文化产品和服务生产中引入竞争,调动社会力量参与公共文化服务体系建设,鼓励符合时代精神、为公众喜闻乐见的文化产品的生产和供给。

(3)服务能力的现代性——公共服务高效化

以结果为导向的高效的服务能力是现代公共服务体系的立足点,最终受益者是百姓,让百姓得实惠,群众满意度是服务的最高标准。同时,运用市场机制,深化体制改革,增强公益性文化事业单位的内在动力和服务能力,适应公共文化服务体系建设的时代发展。

(4)服务方式的现代性——管理技术的数字化

构建现代公共文化服务体系,在传统的基础上使公共文化服务体系升级换代,以适应当代人民群众的需求,以运用现代科技手段丰富文化产品服务的生产和供给,如实现公共文化服务体系的数字化和实现城乡一体化的要求,这就是现代公共文化服务的着力点。要以科技创新为动力,重视文化与科技的结合,综合运用现代传播手段推进公共文化服务体系建设。

## 二、现代性视角下的区域公共文化服务指标体系构建及创新点

### 1. 应遵循的原则

构建现代公共文化服务指标模型既要遵循统计数据的易得性、可测性、系统性等基本原则之外,还要针对公共文化服务现代性内涵,遵循便利性、基本性、均等性、发展性、国际性、前瞻性等行业原则。本文认为区域现代公共文化服务体系评估主要取决于公共文化服务的财力和人力投入力度、设施和产品供给规模、参与主体、高科技手段、服务质量等方面能力的强弱。为此,浙江省区域公共文化服务能力评价指标体系由公共文化服务投入、服务能力、公共参与机会、服务质量等四级指标和 29 个二级能力指标构成(见表 1)。

**表 1 浙江省区域现代公共文化服务评估指标体系及权重**

| 序号 | 指标维度 | 二级指标 | 计算方法 | 性质 | 来源 | 指标权重 |
|---|---|---|---|---|---|---|
| 1 | 服务投入20% | 公共文化文物占财政支出比重[①](%) | | 正向 | 统计局 | 8 |
| 2 | | 公共文化文物事业费同比增长率(%) | | 正向 | 统计局 | 2 |
| 3 | | 人均文化文物事业费(元) | | 正向 | 统计局 | 8 |
| 4 | | 人均公共文化支出与居民生活消费之比(%) | | 正向 | 统计局 | 2 |
| 5 | 服务能力22% | 千人拥有基层公共文化设施面积(平方米/千人) | | 正向 | 统计局 | 8 |
| 6 | | 县级图书馆、文化馆面积 | | 正向 | 统计局 | 4 |
| 7 | | 每万人拥有公共文化机构数量(个) | | 正向 | 统计局 | 4 |
| 8 | | 公共文化从业人员占总人口数比重(%) | | 正向 | 统计局 | 2 |
| 9 | | 大专学历以上占公共文化事业从业人员比重(%) | | 正向 | 统计局 | 1 |
| 10 | | 中级以上职称占公共文化事业从业人员比重 | | 正向 | 统计局 | 1 |
| 11 | | 每千人每年的图书采购量(本) | | 正向 | 统计局 | 1 |
| 12 | | 图书库存量和周转量(本) | | 正向 | 统计局 | 1 |
| 13 | 参与机会32% | 千人借书证数(本/千人) | | 正向 | 统计局 | 4 |
| 14 | | 千人阅览座位数(座/千人) | | 正向 | 统计局 | 4 |
| 15 | | 参加业余文艺团队人数占总人口的比重(人次/万人) | | 正向 | 统计局 | 8 |
| 16 | | 组织培训人数占总人口的比重(人/万人) | | 正向 | 统计局 | 6 |
| 17 | | 文化走亲次数与乡镇(街道)数比例(次/个) | | 正向 | 问卷调查 | 4 |
| 18 | | 送书下乡册数与总人口比例(册次/万人) | | 正向 | 问卷调查 | 2 |
| 19 | | 送戏下乡次数与行政村(社区)数比例(次/个) | | 正向 | 统计局 | 2 |
| 20 | | 送讲座展览与乡镇(街道)数量比例(场次/个) | | 正向 | 问卷调查 | 2 |
| 21 | | 十五分钟内可以到达的体育运动场所及其设施状况(个) | | 正向 | 统计局 | 2 |

① 公共文化文物事业费指地方财政支出中的文化和文物两项合计,不包括上级补助。

续表

| 序号 | 指标维度 | 二级指标 | 计算方法 | 性质 | 来源 | 指标权重 |
|---|---|---|---|---|---|---|
| 22 | 服务质量 24% | "两馆一站"评估等级① | | 正向 | 统计局 | 6 |
| 23 | | 地方特色重大文化活动次数与乡镇(街道)数量比例(次/个) | | 正向 | 统计局 | 4 |
| 24 | | 社会各界对公共文化事业投入经费与总人口数比例②(元/人) | | 正向 | 统计局 | 4 |
| 25 | | 居民对文化部门艺术表演团体的满意度(%) | | 正向 | 主观感受、满意度调查 | 2 |
| 26 | | 居民对体育娱乐设施的满意度(%) | | 正向 | | 2 |
| 27 | | 居民对图书馆服务的满意度(%) | | 正向 | | 3 |
| 28 | | 居民对博物馆、美术馆、科技馆的满意度(%) | | 正向 | | 3 |

### 2. 现代性视角下浙江省区域公共文化服务评估指标体系设计

公共文化服务的绩效评估,应以保障公民基本文化权利的实现为核心,以浙江省各省区确定的公共文化发展战略及"文化名城"、"文化强市"战略为导向,以落实公共部门提供公共产品和服务的职责为目标,来设计评估的模式和重点。同时,评估结果作为地区公共文化服务水平的主要判断标准,也是新的公共文化决策、财政投入和文化资源配置等提供直接的参考依据。根据这样的指导思想,本课题组提出如表 1 所示的评估指标体系。

### 3. 公共文化服务体系指标设计的创新点

浙江省区域现代公共文化服务能力评估,共设置了四大维度 29 项指标。主要创新点如下:

(1)参与机会和服务质量占的比重最高

参与机会和服务质量占的比重最高,占 56%。参与机会即"公共文化服务"产生的社会效益,对它的考察是评估的重中之重。服务质量是"公共文化服务"绩效的质量和层次得以提升的外向性指标。这两个指标比重最

---

① "两馆一站"评估等级=图书馆和文化馆,一级 2 分,二级 1.5 分,三级 1 分;文化站(特级站个数×2 分+一级站个数×1.5 分+二级站个数×1 分+三级站个数×0.5 分)/文化站总个数。

② 社会各界对公共文化事业投入经费与总人口数比例(元/人)=社会各界对公共文化事业投入/常住人口。

大，既体现了公共文化服务考核的结果导向，也体现了公共文化服务的公共性、公平性、均等性的价值导向。

(2)公共文化投入和服务能力两大维度指标中注重动态同比增长率和人均服务能力

它对切实提升公共文化财政投入和供给能力，弥补现实杭州市公共文化服务的有效供给不足起积极推进作用，真正体现绩效导向。此外，指标里有关人均的数字都采用的是常住人口而不是户籍人口，符合国际惯例和社会发展潮流。

(3)突出服务质量的效果和效益

评估指标坚持政府绩效的公共参与和社会顾客满意度测评。实施公共服务评估指标体系就是引导政府部门更注重提供高质量的公共文化服务和均等化的公共文化产品。

(4)指标体系和指标权重分别采用比较先进的 APH 层次分析法和德尔菲法确定

德尔菲法(又称专家访谈法)。通过专家群体与普通公众的问卷调查确定指标权重，体系设置总分 100 分，其中去掉部分数据不易采集的指标(第四维度含有 4 项满意度测评共 10 分)，刚性评估总分为 90 分。

(5)数据来源

本研究利用 2012—2013 年浙江省文化及相关产业统计概览、浙江省基层公共文化服务评估指标数据(2012 年度)、浙江统计年鉴、中国信息年鉴提供的能够科学评价公共文化服务能力的统计数据，运用人均指标对 2012 年浙江省区域公共文化服务能力位势差异进行实证比较分析。[①]

## 三、现代性视角下的公共文化服务体系绩效比较——以余杭、江干、桐庐、鄞州为样本分析

### 1. 样本典型性和代表性分析

加强公共文化服务体系建设，保障人民群众基本文化权益，是近几年浙江深化文化体制改革、建设“文化强省”、打造“文化名城”的重点工作。本课

① 其中乡镇(街道)数、行政村(社区)数以省民政厅公布的 2012 年年底的数据为准；常住人口数以全国第六次人口普查数据为准。

题采取典型城市抽样调查法，综合选取杭州市余杭区、江干区、桐庐县、宁波市鄞州区共 4 个区(县)的公共文化服务体系作为研究样本。之所以选取这 4 个城市为样本城市，一是这 4 个城市的公共文化服务体系有一定的理论和实践基础，在浙江省具有一定的影响力和典型性。尤其是宁波市鄞州区在 2010—2012 年浙江省基层公共文化服务评估中连续名列第一，2011 年鄞州列入浙江省首批创建公共文化服务体系示范区(项目)公示名，2013 年年底成功创建为全省唯一的"国家公共文化服务体系示范区"，具有一定的示范意义和推广价值。二是杭州市桐庐、余杭、江干在 2012 年浙江省基层公共文化服务评估分别排名为第 2、第 4、第 6，位居全省、全市前列，不少创新举措具有引领示范意义，值得推广学习(具体数字详见表 3)。三是四地分布浙江西部、北部和东部区域和浙江东部沿海，分别是浙江省城市老城区、新城区、县级市、经济强区的缩影和典型。该四个区域经济和公共文化带有区域代表性。

**2.** 四地公共文化服务体系综合评价

(1)综合经济实力

余杭区、江干区、桐庐县、鄞州区四地除桐庐县属于发达地区二类一档地区之外，其他三个都属于发达地区的二类三档。其中余杭区属于杭州市新城区，位于杭嘉湖平原南端，从东北西三面拱卫杭州主城区，面积 1226 平方公里，辖 19 个镇(街道)[①]，常住人口 117 万，2012 年实现财政总收入 167 亿元，其中地方财政收入 105 亿元，为创建公共文化服务体系打下坚实的经济基础。江干区南临钱塘江，北靠皋亭山，西依西子湖，东接下沙开发区和大学城，是杭州市 5 个老城区之一，行政区域面积 210 平方公里，下辖 4 镇 4 街道，常住人口 36 万，暂住人口 42 万，2012 年，全区实现生产总值 385 亿元，财政总收入 86 亿元。桐庐县位于浙江省西北部，县域面积 1825 平方公里，总户籍人口 40.47 万，县域人口和财政收入都处于全省中等水平，2012 年，全县实现生产总值 262.25 亿元，财政总收入 34.01 亿元，其中地方财政收入 19.51 亿元。下辖 4 个街道、6 个镇、4 个乡。鄞州区地处浙江省东部沿海，是宁波市最大的市辖区域，全区总面积 1346 平方公里，下辖 25 个镇乡(街道)，常住人口 80 万，2012 年全区公共财政收入 237.4 亿元，蝉联浙江省各县(市)区第一，具体数据详见表 2。

① 杭州市钱江开发区托管 9 个村没纳入余杭行政村总数中。

表 2 余杭、江干、桐庐、鄞州综合经济实力分析(2012 年)

| | 面积(公里²) | 下辖镇(街道)(个) | 常住人口(万) | 财政总收入(亿元) | 地方财政(亿元) | 文化建设投入(亿元) | 人均公共文化文物事业费(元) | 千人拥有公共文化设施面积(米²/千人) |
|---|---|---|---|---|---|---|---|---|
| 余杭区 | 1226 | 19 | 117 | 167 | 105 | 2.3908 | 204.34 | 278 |
| 江干区 | 210 | 8 | 36 | 86 | 52.91 | | 90.88 | 270 |
| 桐庐县 | 1825 | 14 | 40.42 | 34.01 | 19.51 | 0.5592 | 137.6 | 268 |
| 鄞州区 | 1346 | 25 | 80 | 237.4 | 136.2 | 3.56 | 163.8 | 597 |

(2)总分排名客观分析

2012 年，在文化强省建设热潮的推动下，四地公共文化服务整体水平快速提升，居于全省前列。公共文化服务评估体系 29 项指标中都实现了不同程度的增长，其中有 6 项指标增长速度超过了 50％ 。鄞州区在 2010—2012 年全省、全市总排名中连续名列第 1，老大地位不容动摇，公共文化建设处于“全国领先、全省领跑”地位，属于公共文化建设的排头兵①。余杭分别名列全省 70 个县(区、市)第 4、第 4、第 10；桐庐分别名列第 2、第 6、第 23；其中余杭、桐庐三年杭州市总排连续名居前三。江干公共文化服务水平属于后起之秀，2010 年位居全省第 52 位后，痛定思痛，奋起直追，加大财政投入和基础设施建设。2011、2012 年跑步进入全省第 8、第 6，投入成效明显②。具体数据见表 3。

表 3 余杭、江干、桐庐、鄞州公共文化服务评估总分及总排名(2010—2012)

| 序号 | 区 县 | 类 别 | 2012 评估总分 | 2012 全省排名 | 2012 全市排名 | 2011 全省排名 | 2011 全市排名 | 2010 全省排名 | 2010 全市排名 |
|---|---|---|---|---|---|---|---|---|---|
| 1 | 桐庐县 | 二类一档 | 70.35 | 2 | 1 | 6 | 2 | 23 | 5 |
| 2 | 余杭区 | 二类三档 | 67.29 | 4 | 2 | 4 | 1 | 10 | 1 |
| 3 | 江干区 | 二类三档 | 66.59 | 6 | 3 | 8 | 3 | 52 | 8 |
| 4 | 鄞州区 | 二类三档 | 78.57 | 1 | / | 1 | / | 1 | / |

① 2012 年鄞州公共财政收入 237.4 亿元，地方财政收入为 136.2 亿元，实力雄厚，位居全省第一。

② 江干出台《关于加强公共文化体育服务体系建设的实施意见》等政策，从 2012 年起每年设立 2000 万元专项经费，并确保区本级文体事业经费增幅高于区级财政经常性增长水平。

### 3. 现代性视角下的四地公共文化服务体系绩效分析

(1)公共文化投入保持良好增长势头,完善的政策保障建成全覆盖、高效能的服务体系

公共文化投入是公共文化服务保障的重中之重。资金保障是推进公共文化服务体系建设的前提,既是公共文化服务获得政府资助和公共文化资源分配的重要依据,又是"现代公共文化服务"进一步发展的前提保障。这个维度由公共文化文物事业费同比增长率、文化、文物事业费占财政支出的比重、人均文化事业费投入、公共文化支出与居民生活消费之比等 4 个二级指标组成(具体数据详见表 2、表 4)。四地公共文化投入保持良好增长势头,归根于政府通过政策制度建设加大公共文化的投入力度。鄞州区的公共文化文物事业费总数为 3.56 亿元,位列全省第 1[①]。但是公共文化文物事业费占地方财政总支出比重(指标 1)还是余杭、桐庐领先于鄞州。四地公共文化文物事业费同比增长率(指标 2)余杭、江干、桐庐、鄞州分位居全省第 61、26、4、33 名,桐庐 2012 年公共文化文物事业费同比增长率领先跟政府投资了 4100 余万元的城北老年体育活动中心项目开工建设有关。而余杭、鄞州公共文化文物事业费增速较 2011 年( 32.7% )有所放缓,但公共文化文物事业费的总量和人均水平增长速度均超过了 90 个县( 市、区)的财政总支出增长速度( 7.9% )。余杭、江干、桐庐、鄞州四地人均公共文化文物事业费指标比较,分别位居全省第 7、31、14、10 名,余杭[②]和桐庐领先。

---

① 鄞州 2012 年通过实施财政资金补助、以奖代补等政策,以 3.56 亿元财政资金撬动 15 亿元社会资金投入公共文化建设。

② 余杭 2012 年出台《关于进一步加强农村文化建设的实施意见》,文化建设发展专项资金逐年增加。2010 年为 4000 万元,2012 年为 4500 万元。

表 4　余杭、江干、桐庐、鄞州公共文化设施等重要指标评估及总排名(2012)

| 分类 | 指标名称、权重 \ 区县及全省排名 | | 余杭 | 全省排名 | 江干 | 全省排名 | 桐庐 | 全省排名 | 鄞州 | 全省排名 |
|---|---|---|---|---|---|---|---|---|---|---|
| 公共文化投入 | 公共文化文物事业费占地方财政总支出比重(%) | 8 分 | 7.29 | 9 | 4.80 | 37 | 6.67 | 16 | 5.60 | 28 |
| | 公共文化文物事业费同比增长率(%) | 2 分 | 0.67 | 61 | 1.44 | 26 | 1.93 | 4 | 1.29 | 33 |
| | 人均公共文化文物事业费(元) | 8 分 | 7.47 | 7 | 5.33 | 31 | 6.84 | 14 | 7.20 | 10 |

(2)公共文化服务能力提升明显,服务创新能力突出

公共文化服务能力是提供公共文化服务的客观保障,公共文化工作人才的稳定性是服务能力提高的重中之重。此维度包括公共文化设施规模、工作人员结构规模及图书的藏量、流转率等三维度 8 个二级指标组成。公共文化设施指标包括千人拥有基层公共文化设施面积、县级图书馆、文化馆面积、每万人拥有公共文化机构数量(个)等三个指标;公共文化服务人员的素质和能力也彰显了公共文化的服务能力。图书馆的年读者流量与常住人口之比、图书库存量和周转量则是动态指标。鄞州在推进城乡文化设施一体化、均等化、数字化建设亮点频出,在前三个指标居前列①。桐庐余杭次之,展现了较强的公共服务能力。值得称赞的是余杭公共文化服务能力提升与其在工作人员结构规模重视有关②。余杭以 2006 年乡镇机构改革为契机明确文体服务中心(即乡镇综合文化站)的编制和职数,明确文体服务中心为正科级全额事业单位,为全省首创。江干区在公共文化服务能力 3 个关键指标中排名 40 位以下。究其原因跟 2012 年江干九堡、丁桥、艮北三大片区级文体中心项目建设项目选址和功能定位虽已明确,但没有全部竣工使用有关。最后需指出的是鄞州在公共文化服务人员的结构和数量这两个指标有待提高,中级以上职称占公共文化事业从业人员比重位居全省第 77 位(详细数据见表 5),这个指标远低于全省平均水平,也和鄞州经济总量

① 鄞州以“公共文化明珠镇”工程为抓手,按经济状况将镇乡、街道划分为一、二、三类,区财政按 30%、50%、70% 比例分别予以补助,解决了困难镇乡文化设施建设资金不足的问题。

② 在调研中,余杭区文广新局局长冯玉宝说,如今余杭的公共文化事业做到了“五有”:有钱、有人、有阵地、有活动、有制度政策。

县级全省第一的形象有所距离。四地在公共文化服务创新方面能力突出。如鄞州建设公共文化服务配送平台。实施"天天演"文化惠民工程，依托和盛文化公司，建立完善文化演艺产品和演艺设施的服务配送平台。实施公共文化服务数字化工程，建设地方特色数字资源库，与智慧鄞州创建相结合，依托全国文化信息资源共享工程和国家数字图书馆工程，建设网上博物馆、名人馆、非物质文化遗产等地方特色数字资源库。

**表5　余杭、江干、桐庐、鄞州公共文化服务能力等关键指标评估及排名(2012)**

| 维度 | 指标名称、权重（区县及全省排名） | | 余杭 | 全省排名 | 江干 | 全省排名 | 桐庐 | 全省排名 | 鄞州 | 全省排名 |
|---|---|---|---|---|---|---|---|---|---|---|
| 公共文化服务能力 | 千人拥有基层公共文化设施面积(平方米/千人) | 4分 | 4.53 | 40 | 4.36 | 42 | 4.27 | 43 | 7.64 | 5 |
| | 县级图书馆、文化馆面积(平方米) | 4分 | 3.20 | 19 | 2.00 | 46 | 3.24 | 18 | 4.00 | 1 |
| | 公共文化从业人员占总人数比重(人/万人) | 2分 | 1.38 | 29 | 0.69 | 60 | 1.73 | 13 | 1.84 | 8 |
| | 中级以上职称占公共文化事业从业人员比重(%) | 1分 | 0.33 | 61 | 0.20 | 73 | 0.68 | 30 | 0.16 | 77 |

(3)拓宽公共文化服务的参与机会，文化惠民精彩纷呈

参与机会即主要评估公共文化服务产生的社会效益，对其考察是现代公共文化服务评估的重中之重。该维度既体现了公共文化服务考核的结果导向，又展现了公共文化服务的公共性和公平性。该维度指标包括：千人借书证数(本/千人)、千人阅览座位数(座/千人)、文化走亲次数与乡镇(街道)数比例(次/个)、组织培训人数占总人口的比重、送戏、送书、送展览下乡次数与行政村(社区)数比例、十五分钟内可以到达的体育运动场所及其设施状况、参加业余文艺团队人数占总人口的比重(人次/万人)等9个二级指标组成。鄞州、余杭在公共参与维度中千人借书证数指标评估分别位居全省第2、第3名。尤其是鄞州在其他体现群众实际文化感受的指标方面也名列前茅：千人借书证量达256.37本[①]。四地在文化惠民方面各呈亮点。鄞州参加业余文艺团队人数占总人口数比重达2.88%，组织培训人数占总人

① 鄞州2012年新开民办博物馆2座，累计已建成22座、在建7座、筹建7座博物馆。新发展区图书馆分馆43家，新增"汽车图书馆"一辆。

口比重达 2.51%，送戏下基层活动次数为 3.18 次/村[①]（详细数据参看表 6）。这些稳定的文化队伍常年活跃在基层，成为繁荣农村文化的生力军[②]。江干完善工作机制，全面提升各类公益性文化场馆服务和水平。区文化中心的管理运作模式被评为浙江省文化创新项目奖[③]。

**表 6　余杭、江干、桐庐、鄞州公共文化参与关键指标评估及排名(2012)**

| 维度 | 区县及全省排名 / 指标名称、权重 | | 余杭 | 全省排名 | 江干 | 全省排名 | 桐庐 | 全省排名 | 鄞州 | 全省排名 |
|---|---|---|---|---|---|---|---|---|---|---|
| 公共文化参与 | 千人借书证数（本/千人） | 4 分 | 3.91 | 3 | 3.07 | 22 | 3.24 | 18 | 3.96 | 2 |
| | 千人阅览座位数（座/千人） | 4 分 | 2.76 | 29 | 1.73 | 52 | 2.89 | 26 | 3.47 | 13 |
| | 参加业余文艺人数占总人口的比重（人次/万人） | 8 分 | 5.33 | 31 | 7.91 | 2 | 7.56 | 6 | 7.38 | 8 |
| | 组织培训人数占总人口数比重（人/万人） | 6 分 | 4.27 | 27 | 5.73 | 5 | 5.47 | 9 | 5.87 | 3 |
| | 送戏下乡次数与行政村（社区）比例（次/个） | 4 分 | 2.62 | 32 | 3.91 | 3 | 3.24 | 18 | 3.16 | 20 |

（4）公共文化服务的服务质量效果凸显，群众满意度提升

服务质量是公共文化服务绩效的质量和层次得以提升的外向性指标。这个维度包括社会各界对公共文化事业投入经费与总人口数比例、“两馆一站”评估等级、地方特色重大文化活动次数与乡镇（街道）数量比例以及居民对文化部门艺术表演团体、体育娱乐设施的满意度、居民对图书馆服务、博物馆、美术馆、科技馆的满意度等 7 个二级指标组成。鄞州 2012 年社会各界对公共文化事业投入经费为 48.93 元/人，全省排名第 3，其他三区有待提高（具体数据详见表 7）。在全省“两馆一站”评估等级指标中，余杭、江干、鄞州、桐庐分别名列第 1、第 3、第 21、第 9，四区在文化阵地成绩突出。值得称道的是余杭全区 19 个镇（街道）中，有 15 个综合文化站达到了省特

① 鄞州 2012 年“天天演”文化惠民工程共演出 1110 场次，惠及观众 120 万余人次；“千场戏剧进农村”活动全年送戏下乡 465 场次。“天天看”电影惠民工程电影 4000 场次。

② 余杭拥有各类业余文体骨干 1.7 万余人，配齐并培训全区 250 多名村（社区）文化宣传员，开展 553 支业余文体团队两年一次等级评定。

③ 江干文化馆推出“无障碍、零门槛”免费艺术培训，区图书馆全年举办各类讲座 50 场，受益人群两万余人，积极打造“第三文化空间”。

级站标准，4个达到了省一级站标准，是杭州13个县区市中等级最高的一个，此指标考核满分，究其原因跟余杭充分发挥了考核指挥棒的作用分不开[①]。杭州市采取国助民办、民企民办、合作联办等多种形式鼓励社会力量兴办博物馆，民办博物馆已有30多家，占全市博物馆数量的三成。另外本指标加入4个满意度的社会评价指标(比重10分)，并纳入杭州市区县综合考评社会评价项目，由第三方评估机构和社会参与来共同完成，满意度调查是广大老百姓得到实惠的客观保证。如桐庐老百姓享受常态化、均等化的文化实惠。桐庐定期举行新年晚会、闹元宵、"三月三"畲族文化节、山花节等，每年都举行1～2场国家级高水平体育赛事，新确定5月6日为"百姓日"，普及和夯实日常文化惠民活动，把实施文化惠民工程纳入到综合考核中和政府为民办实事工程，通过大力实施"2131"工程、广电惠民工程等工程，文化惠民得到全面铺开。

**表7　余杭、江干、桐庐、鄞州公共文化服务质量重要指标评估及总排名(2012)**

| 维度 | 区县及全省排名 / 指标名称、权重 | | 余杭 | 全省排名 | 江干 | 全省排名 | 桐庐 | 全省排名 | 鄞州 | 全省排名 |
|---|---|---|---|---|---|---|---|---|---|---|
| 服务质量 | 社会各界对公共文化事业投入经费与总人口数比例(元/人) | 2分 | 1.16 | 39 | 0.36 | 75 | 1.56 | 21 | 1.96 | 3 |
| | "两馆一站"评估等级 | 6分 | 5.79 | 1 | 5.63 | 3 | 5.21 | 14 | 5.41 | 9 |
| | 地方特色重大文化活动次数与乡镇(街道)数比例(次/个) | 4分 | 3.16 | 20 | 4.00 | 1 | 2.49 | 35 | 3.24 | 18 |

(5)社会化管理大势所趋，民间资本成为公共文化多元社会投资主体

提供公共文化服务是政府的基本职责，但这并不意味着政府是公共文化服务的直接提供者。事实证明开放、创新的公共文化服务体系才能适合现代性的要求，地方通过创新公共文化服务体系建设，推动公共文化服务社会化发展，吸引社会力量参与公共文化服务。民间资本成为公共文化多元社会投资主体。鄞州通过实施财政资金补助、以奖代补等政策，3.56亿元财政资金撬动15亿元社会资金投入公共文化建设，发挥财政资金"四两拨

① 余杭制定了三级服务网络考核机制，把文化建设作为单独的项目纳入对镇(街道)的年度工作实绩和任期目标考核，文化工作考核分值由原来占总分的2分提高到4分。

千斤”的作用;出台社会力量参与公共文化服务的指导意见、政策导向目录等政策,现已吸引社会投资4.6亿元,建成民办博物馆14座;同时探索市场化专业化运作机制和公共文化服务供给的社会化管理机制,引导民营企业参与运作大型公益文化活动①,政策鼓励民间资金助建公共文化场馆,在其缴纳企业或个人所得税时,允许在一定比例内予以扣除,并给予社会荣誉褒奖。此外桐庐等地社会化参与也很不错。②

**4.** 四地和现代公共文化服务体系的短板差距分析

现代性视角下公共文化服务评估对公共文化服务水平做出了客观评价,同时激发了公共文化建设的热情,发扬成绩,查找不足,从而全面提升了公共文化服务体系建设水平。但是客观讲仍然存在一些不足,需要提高:

(1)服务效能和国际先进城市差距依然较大

当前公共文化服务的考核,客观上讲基本上以供给产品的量为标准。公共文化服务的投入主要靠财政,服务的质量认定较难,现阶段,从现有的财力和投入以及基层从事公共文化服务的人员情况看,尚不能完全满足群众对公共文化服务的量的需求,更难从质上对部分公共文化服务项目予以保证。服务效能还表现在横向比较上(见表8)。我国中心城市与美国中心城市公共文化设施数量差不多。以公共图书馆为例,纽约公共图书馆为214个,上海为245个,但服务效能却相差甚远,纽约公共图书馆持卡人数占城市总人口的64.7%,上海占5.8%。余杭、江干、桐庐、鄞州分别是2.81%、0.63%、0.71%、3.76%,其中在全省区县中排名为第3、第22、第18、第2,应该说在全省90个县(市区)中位居前列,但和上海、深圳,尤其是纽约、巴黎、新加坡等国际城市还有很大差距。

(2)公共文化财政投入的城乡“二元结构”与“结构性失衡”仍然存在

比如在公共文化服务财政投入的“结构性失衡”问题上,据调查表明:在全国范围内,近10年国家财政收入以平均每年20%的速度增长,但对文化事业的投入一直保持在国家财政比重的0.39%～0.40%之间(发达国家和

---

① 鄞州“天天演”文化惠民工程由政府出资30%、民间投资70%共组建文化公司,统筹安排,免费面向公众巡演。实施至今,演出4025场,观众达437万人次。

② 2012年,桐庐县每年免费送电影下乡2400多场,各类艺术展览展示30场,送文化下乡200场,“相约周末·激情广场”文化活动30场,桐江人文讲堂10期。

表 8　2012 年杭州市公共文化服务供给情况

| 文化设施名称 | 杭州现状 | 浙江现状 | 上海现状 | 英国平均水平 | 美国平均水平 |
|---|---|---|---|---|---|
| 图书馆(人/个) | 580000 | 561000 | 75000 | 1000 | 15000 |
| 公共文化活动(音乐会舞蹈)参与率(%) | 6.85 | 1.43 | 7 | 26 | 63 |
| 公共文化中心展览(%) | / | / | / | 24 | 34.9 |

数据来源:浙江省文化及相关产业统计概览 2012 年。

地区通常大约将公共支出的 1%用于公共文化投入),文化事业基础建设投入总额占国家基础建设投资的比重则更少,近 5 年维持在平均 0.05%的水平,并有不断减少的趋势。

(3)公共文化服务难以有效应对区域和谐发展

作为浙江省发达地区的城市,四个地区提前遇到了发展过程中的纠结。如:余杭新城有 80 万户籍人口和 90 多万外来务工人员,两者因整体素质的不对称性和地域文化的差别,导致新老社区难以很好融合;社会形态快速转型,催生了一大批拆迁农民、外来务工人员,这些群体短时间内对新的生活环境难以很好融入;公共文化服务供给不足,存在本地人与外来者的“差别对待”,服务均等化还有待改善;在不同地区、不同人群中公共文化服务存在明显差异,尤其对残疾人、外来务工人员等特殊群体的服务仍有欠缺。江干区的相关调查显示,仅有约五成左右的场馆在近一年内开展过针对残疾人和农民工群体的文化活动。要针对不同文化需求做出专项调查,从而进行分类引导,促进文化需求和供给的真正对接,赋予外来人口的主体地位,解决当前公共文化服务的差别化对待。如何立足实际,发挥公共文化服务在提升人文素养、和谐群体关系、促进社会稳定中的独特优势,成为当前又好又快发展的现实问题。

(4)公共文化服务设施运营仍需规范

公共文化服务设施运营规范也是公共文化服务群众满意度调查中的突出问题。据统计,在被调查的场馆中有近三成未公示开放时间和服务项目,推迟开放或提前闭馆的情况时有发生,各类设施不按规定运营的情况也很普遍。

(5)标准化不足,规范性有待提高

标准化、均等化是公共文化服务体系建设的基本要求。所有公共文化设施都应制订规范化的标准，有的乡镇或者偏僻地区，缺少严格的规章制度，缺乏严格的标准。没有标准，设施的服务效能肯定会打折扣，更不可能达到优质的水准。

## 四、区域公共文化服务体系由传统向现代转变的路径建议

### 1. 注重公共文化服务的质量和效果，由规模扩张向质量充实转变

应该说浙江的公共文化服务基本覆盖率比较高，新的增长点应在现有覆盖成效上对公共文化供给和服务质量进行充实。例如，一些社区的图书室、文化站尽管完成了形式上的铺设覆盖，但是所提供的图书和文化资源很有限，有的甚至只保留了壳子而转作他用。同时，也存在资源使用不够集约和精细的问题。因此，从“扩张式增长”逐步转向“内涵式增长”是一个迫切任务。

### 2. 整合公共文化服务体系，由“配文化”向“送文化”转变

公共文化服务的体系化，使其带上了流水线作业的色彩，而这种服务体系也具有较多的政府统一配置文化的特征。基层群众“自下而上”的丰富的文化需求在现阶段尚未得到有效满足，而花大力气“配置”下去的文化产品和服务出现利用率不高乃至闲置的情况。改变服务“自上而下”的文化施舍心态，重视协调城市公共文化服务建设中物质性和人文性、政绩性和需求性之间的矛盾，是“推动文化惠民项目与群众文化需求有效对接”的题中之意。

### 3. 鼓励社会力量参加，公共文化服务以政府为主体向多元参与转变

现代公共文化服务不仅是政府作为公共主体的文化供给和服务，而且是一种更为深入而内在的文化公共性的理念和实现方式。西方的许多文化发达国家并无我国这种明确的“公共文化服务体系”的提法和政策规划，但是依然通过对于公共文化产品、公共空间、公众的文化参与而达到良好的文化服务效果。例如，作为世界文化名城的伦敦、巴黎，强调城市文化发展中的参与性和“民主化”；纽约并无专门的文化行政管理部门，但是通过各种政策法规对于文化主体或组织团体进行引导，使之在文化的市场竞争中兼顾公共文化的共享性和服务性。对于我国所强调的现代公共文化服务体系建设来说，公共文化服务体系不仅是一种制度安排，更应该激发和释放公共文

化活力。政府除了调动社会力量参与公共文化建设，推动公共文化服务社会化，探索政府采购、政府补贴、政府奖励等多种方式外，还应发挥本地文化龙头企业的作用，吸引社会力量参与公共文化服务，让开放竞争的市场化手段在公共文化资源配置服务中发挥更大的作用。

4. 加快公共数字文化服务体系建设，由保障基本文化需求向提高文化竞争力转变

总体上看，当前的公共文化服务体系建设，强调的是文化基本性和公众文化权益保障，或者说更多地具有“文化扶贫”特征。从世界其他国家和地区、城市的经验来看，公共文化体系也完全可以包含高质量、高竞争力的文化精品，例如世界级的公共博物馆、图书馆和文化会展等。在我国的发展中也出现了一些较为精致化同时也能很好地满足公共文化需求的产品和服务，但是公共文化服务体系仍是以基本性和均等性导向为主，层次差异性相对匮乏。在内涵式增长的基础上，现代公共文化服务体系不仅要成为文化普惠的工程，也要满足“文化强国”对更具品质的公共文化供给和服务的需求，打造现代化的更具竞争力的公共文化生产和传播系统。加快公共数字文化服务体系，适应数字时代的公众需求。要以科技创新为动力，重视文化与科技的结合，综合运用现代传播手段推进公共文化服务体系建设。实施文化数字化建设工程，推动文化资源、文化生产、文化传播和文化消费的数字化，培育新的文化业态，同时以技术创新促进管理创新、服务创新。

## 参考文献

[1] Michalos A C. Political culture and well-being: beyond government services[R]. Canada: Centre of Expertise on Culture and Communities, 2006.

[2]Sink D S, Tuttle T C. Planning and Measurement in your Organization of the future[M]. Norcross, USA: Industrial Engineering and Management Press, 1989.

[3]珍妮特·登哈特. 新公共服务[M]. 丁煌译. 北京：中国人民大学出版社，2004.

[4]陈立旭. 以全新的理念建设公狗狗文化服务体系——基于浙江经验的研究[J]. 浙江社会科学，2008(9).

[5]向勇，喻文益. 公共文化服务绩效评估的模型研究与政策建议[J]. 现代经济探讨，2008(1).

[6]窦亚南. 两岸三地公共文化服务绩效评估综述[J]. 科技信息，2007(11).

[7]高福安，刘亮. 国家公共文化服务体系建设现状与对策研究[J]. 现代传播.

# 浙江乡村现代化的个案研究

## ——基于安吉、桐庐两地“美丽乡村”样板建设的异同点研究

**内容提要** 安吉、桐庐两地作为浙江省前两轮“美丽乡村”建设的典型区域，为浙江省乃至全国新农村建设提供了现实样板和实践素材。本课题选取安吉、桐庐两地作为研究样本，横向总结两地“美丽乡村”建设的共同点，纵向对比两地“美丽乡村”建设的差异点，运用分析、归纳、总结等研究手段，力图实现对两地“美丽乡村”样板建设的异同点的素材梳理与理论升华，并以此总结浙江省“美丽乡村”建设为特征的新农村建设所取得的成效与经验，希望为全省新农村建设提供具有一定参考价值和指导意义的意见和建议。

**关键词** 美丽乡村；桐庐；安吉；异同点研究

## 一、安吉、桐庐两地“美丽乡村”建设概述

### 1. 安吉、桐庐县情概述

安吉县地处浙西北，属湖州市辖县之一，建县于公元185年，汉灵帝赐名“安吉”，取《诗经》“安且吉兮”之意。安吉距杭州市65公里、湖州市68公里、上海市209公里。全县人口45万人，辖9镇4乡1街道和1个省级经济开发区，187个行政村，面积1886平方公里，有“七山一水二分田”之称，是全国首个生态县和著名的“中国竹乡”。2012年，全县实现生产总值242

【作者简介】刘东海，中共桐庐县委党校干教部副主任，讲师。

亿元,比上年增长9%;全县财政总收入36.3亿元,其中地方财政收入21.08亿元,分别增长17.5%和22%;城镇居民人均可支配收入和农民人均纯收入分别达到32120元和16141元,均增长12%以上。

桐庐县亦位于浙西北,在钱塘江上游,是杭州市辖县之一。桐庐距杭州80公里、距上海250公里、距义乌市仅90公里。全县土地面积构成中山地丘陵占79.1%,平原10.35%,水域3.35%,辖6镇4街道4乡和1个省级经济开发区,183个行政村,面积1825平方公里,人口40.6万人,素有"八山半水分半田"之称。2012年,全县实现生产总值258.31亿元,比上年增长8.6 %;财政总收入34.01亿元,其中地方财政收入19.51亿元,分别增长12.2%和13.4%;固定资产投资141.20亿元,增长21.9%;城镇居民人均可支配收入30301元,农村居民人均纯收入15232元,分别增长11.7%和13.2%。

安吉、桐庐两地在地理位置、人口、县域面积、经济体量上有众多相近之处,基于两地"美丽乡村"建设中取得的突出成就,本文选取以上两县作为对比研究,以期深入探索"美丽乡村"建设取得的经验并总结一般规律。

### 2. 安吉"美丽乡村"建设概述

"美丽乡村"建设是安吉特色的新农村建设模式。2008年2月28日,安吉召开"中国美丽乡村"建设万人动员大会,拉开了"中国美丽乡村建设"序幕。安吉在充分发挥自身生态优势和产业特色的基础上,利用10年的时间,通过推进村庄环境的综合提升、农村产业的持续发展和农村各项事业的全面进步,把187个行政村都建设成为现代化新农村样板,打造成为全国生态环境最优美、村容村貌最整洁、产业特色最鲜明、公共服务最健全、乡土文化最繁荣、农民生活最幸福的地区之一。

安吉以"村村优美、家家创业、处处和谐、人人幸福"为总体目标,以"尊重自然美、侧重现代美、注重个性美、构建整体美"为主要原则,以"环境提升工程、产业提升工程、服务提升工程、素质提升工程"为基本路径,全面开展"中国美丽乡村"建设行动,呈现出一村一品、一村一韵、一村一景的大格局。"美丽乡村"已成为安吉"中国竹乡"、"全国首个生态县"之后的第三张国家级金名片。

2008年以来,全县187个行政村中已有近90%参与新农村创建,共有12个乡镇实现全覆盖,建成的"美丽乡村"已经涵盖了安吉四分之三的县域面积，覆盖到85%以上的行政村。2010年，安吉"中国美丽乡村"建设模式正式成为"国家标准"和省级示范，被授予全国唯一的县级最佳人居环境奖。安吉逐步探索出一条构建可憩可游、宜商宜居、且安且吉的全国新农村建设的"安吉模式"。

**3. 桐庐"美丽乡村"建设概述**

在安吉美丽乡村建设取得成功之后，省委省政府按照协调推进生态文明建设与新农村建设的要求，专门制定了《浙江省美丽乡村建设行动计划(2011—2015)》。作为全省第二轮"美丽乡村"建设排头兵的桐庐县在认真总结"安吉模式"经验的基础之下，结合自身实际，走出了一条具有自身特色的乡村建设之路，以"君山模式"丰富"美丽乡村"建设。

在乡村整治方面，桐庐县围绕"优美、甜美、秀美"，加快建设美丽乡村。坚持以提升农民生活品质为根本，做美环境、做强产业，努力建设社会主义新农村。突出人居环境优美，积极整合城乡统筹项目资源，进一步发挥农民主体作用，加大公共财政支持农村发展力度，加快完善农村基础设施和社会服务体系，扎实推进农村人口转移集聚；深入开展农村环境连片整治，按照"五化一拆"的要求，全面提升农民人居环境品质。突出农民生活甜美，牢固树立"建设新农村与经营新农村并重"理念，按照"宜农则农、宜游则游、宜工则工"原则，优化农村产业结构，大力发展生态高效农业，引导农家乐、农产品深加工、来料加工规模化发展，鼓励农民转移就业，不断壮大农村集体经济，促进农民持续稳定增收。突出乡村风景秀美，全面实施"潇洒桐庐·秀美乡村"统筹城乡精品工程，以点带面、连线成片，重点建设32个中心村和25个特色村，着力打造5条乡村风情带、5大乡村风情节，形成集生态休闲、观光度假、农事体验、运动养生等为一体的乡村风景线和旅游精品。

在环境保护方面，桐庐围绕"更绿、更清、更蓝"，加快建设生态文明。按照"生态经济共赢、人文景观相融、城市乡村互动"的原则，加强生态保护，发展生态经济，全力创建国家生态文明示范区，打造生态环境"金名片"。致力于山更绿，全面开展小流域水土流失和生态修复、矿山复垦复绿等治理工程，加大森林和山体资源保护力度，维护生态系统结构的完整性，努力提高森林碳汇功能。致力于水更清，切实加强农业污染源防治，推进富春江、分水江两岸生态景观保护与建设，以整治带开发、带旅游、带宜居，将沿线打造成生态走廊、景观大道和黄金旅游线。致力于天更蓝，坚决淘汰高污染、高能耗企业，严格执行工业废气排放标准，引导企业淘汰落后产能，大力发展绿色经济、低碳经济和循环经济，使春江两岸蓝天碧水相互映衬。

在农村经济发展方面，桐庐突出生态高效，全面提升农业层次。坚持规模化布局、标准化生产、产业化经营、园区化运作，加快转变农业发展方式，推动生态循环农业发展，建设都市型效益农业。按照"什么来钱种什么"的原则，把经营权下放给农民，科学规划调整县域农业发展布局，加快现代农业园区和"西北部山核桃、中部竹业、东南部香榧"三大经济林带建设，提升发展蜂业、名优茶、蚕桑、蔬菜等十大优势农林产业，培育发展油茶、中药材、食用菌三大新兴特色产业，创成全国优质蜜梨、绿茶区域发展重点县和省级生态循环农业示范县，到 2016 年，将建成一个省级综合农业园区、5 个省级主导产业园区、15 个省级特色农业精品园。深入实施农产品标准化工程，健全农产品质量安全监管体系，培育农业精品、打响区域品牌，提高农产品的附加值和竞争力。积极推进农业向二、三产业拓展延伸，大力发展观光农业、生态旅游业，推动农业生产经营形态多样化。高度重视标准农田建设，实施水利基础设施"八大工程"，完善农业自然灾害和重大动植物疫病预警体系，全面改善农业设施装备。

## 二、安吉、桐庐两地"美丽乡村"建设的共同点

### 1. 争取上级支持，调动一切利好因素

安吉、桐庐两地"美丽乡村"建设离不开省、市党委政府的大力支持。正是在省委、市委、市政府及相关职能部门的关心支持下，在注入大量专项资金、出台大量优惠政策的情况下，安吉、桐庐两地率先成为新农村建设"试点区域"。在省委"八八"战略和"创业富民、创新强省"总战略指引下，两地积极落实统筹城乡区域发展战略部署，紧紧围绕"美丽乡村"建设的总体目标，在统筹兼顾、发挥特色、城乡互动思想的指导下，取得了美丽乡村建设的巨大成绩。

为了确保"美丽乡村"建设的顺利进行，安吉、桐庐都建立健全了工作的推进机制。两地都成立了建设"美丽乡村"工作领导小组及办公室，领导小组下设工程组，分别由县分管领导牵头，主要职能部门负责，乡（镇）、村分别成立对应的领导班子和工作机构。实施县级领导、县级部门与"美丽乡村"创建村结对创业共建制度。此外，还聘请省市有关专家担任建设"美丽乡

村"顾问,成立建设"美丽乡村"专家指导组。各级党委政府还建立健全了工作督查制度,加强工作考核,出台了乡镇、部门工作考核办法,使各项建设工作的目标具体化和责任化。

**2. 制定目标规划,稳步推进项目落实**

安吉在制定《安吉县建设中国美丽乡村行动纲要》基础上,委托浙江大学编制完成了《安吉县中国美丽乡村建设总体规划》。创建乡镇(开发区)、村对照《安吉县建设中国美丽乡村行动纲要》和《关于 2008 年建设中国美丽乡村的实施意见》,从自身实际出发,坚持以规划为引领,将其他各类专项规划有机纳入美丽乡村建设整体规划,明确了发展目标和创建任务。2008 年,全县共投入规划资金 711 万元,请设计部门进行了县、乡镇、村的专项规划。

桐庐则明确提出,按照"一年有亮点、两年见成效、三年成示范"要求,于 2011 年完成风情特色村(点)的规划编制,并出台了《关于建设"潇洒桐庐·秀美乡村"统筹城乡精品工程的实施意见》(县委〔2011〕36 号),用三年时间,全面实施"5525"工程,即:打造 5 条秀美乡村风情带,开展 5 大乡村节庆活动,培育 25 个风情特色村(点),着力打造生态环境优美、基础设施配套、文化传承深厚、产业特色鲜明、乡村旅游活跃、农民增收致富的"潇洒桐庐·秀美乡村"。

2012 年桐庐还完成了《桐庐县生态文明建设规划(2011—2020)》编制,完成点线硬件基础设施建设、村容村貌全面整治、培育发展产业经济和其他各项软件建设,建设工作初见成效;通过加强规划指导、优化功能布局、加大资源整合、有序组织实施,三年内使桐庐县的乡村节庆活动实现主题内涵多元化、节庆活动常态化、宣传推广品牌化、节庆运作市场化和辐射带动有效化目标。

此外,桐庐还先后编制完成了县域总体规划、全县"美丽乡村"建设总体规划、县域村庄布局规划、183 个行政村村庄建设规划,并重点细化和重新编制了 32 个中心村规划、3 个风情小镇和 20 个精品村建设规划,形成了"覆盖全县、统筹兼顾、层次分明、彰显特色"的"美丽乡村"建设规划体系。在规划编制的过程中,桐庐始终做到"三个注重":一是注重规划的阳光民主;二是注重规划的落地可行;三是注重规划的项目支撑。

### 3. 落实配套政策，确保财政补助到位

安吉县大力整合支农项目，使各类建设项目和资金优先安排于实施“中国美丽乡村”建设的乡村。采取了由县发改局、县农办、县财政局等五部门牵头的“5＋X”办法清理整合建设项目，会同项目实施主管部门，对支农项目申报、立项、实施、考核验收、资金拨付全面审核把关。实行财政以奖代补，在县级财政已有的支农政策和资金保持不变的基础上，对纳入“中国美丽乡村”年度创建计划的村，按照《安吉县建设中国美丽乡村考核指标与计分办法》实行百分制考核，分档考核评定为精品村、重点村和特色村，对经考核验收达到标准的乡镇、村，根据人口规模大小实行以奖代补。

2008 年县乡镇二级财政以奖代补资金 7000 万元，带动各类基础设施建设投资 3.2 亿元。与此同时，社会工商资本 1.1 亿元积极投入“美丽乡村”建设之中，拓宽了建设资金来源，达到了共建、共赢、共享。县本级建立 200 万元专项考核奖励基金，对在实施“中国美丽乡村”建设工作中的先进单位和个人进行奖励表彰，起到了很好的示范带动作用。此外，乡镇制定了相应的配套补助激励政策，创建村制定了相关的奖励补助措施。在建设过程中，县级财政共向乡镇（开发区）预拨启动建设资金 1500 万元，并通过乡镇财政配套下拨创建村建设资金和村集体向农户补助资金的办法，有效推动了建设进程。

桐庐县财政每年安排不少于 1 亿元资金用于“潇洒桐庐 · 秀美乡村”统筹城乡精品工程建设，其中已被列为统筹城乡中心村或重点示范特色村建设的村（点），按中心村、特色村的规定统筹安排建设资金；其余未被列为中心村或重点示范特色村的村（点），县财政每年每村（点）安排不少于 100 万元的“潇洒桐庐 · 秀美乡村”统筹城乡精品工程建设资金，并将资金统筹整合的范围扩大到交通、环保、卫生、教育等领域。同时，加强资金使用管理，出台专项资金使用管理办法，努力做到项目业主、乡镇（街道）、县级财政三位一体、整合联动，真正体现县级财政的带动牵引作用。

县委县政府相继出台了《桐庐县美丽乡村实施意见》（县委办〔2012〕100 号）明确了县财政对中心村、“美丽乡村”精品村、“美丽乡村”培育村建设的扶持政策；制定了《桐庐县城乡统筹专项资金管理暂行办法》（县委办〔2012〕112 号），规范城乡统筹发展专项资金管理，提高资金使用的科学性、公正性、规范性和安全性，确保发挥专项资金应有的作用。

2011年,省市县三级财政用于"美丽乡村"建设的扶持资金共计26500万元。其中县财政补助15208万元,杭州市补助10771.6万元,省财政补助520.4万元。2012年县财政安排"美丽乡村"建设专项县级财政补助资金1.225亿元,下拨县级补助建设资金2710万元(其中中心村50万元/村,培育村10万元/村,"5525特色村"30万元/村)。杭州市下拨的市级精品村建设补助资金3000万元(300万元/村)。补助的标准是:对于中心村(32个),市县安排资金5年(2011年至2015年),每村共计1700万元左右(其中4年按每年275万左右补助,1年被列为重点中心村,补助资金为600万元);对于精品村(每年10个),市县安排资金700万元~760万元/村(10个村中评选4个合格村,700万/村;4个良好村,720万/村;2个优秀村,760万/村);对于风情小镇,市县两年共计安排资金1000万元(每年500万元);对于培育村(127个),每村3年安排资金不少于100万元。2012年还实施市、县两级"联乡结村"项目126个,到位帮扶资金2189万元。

**4. 寻求项目支撑,实现经营富民转变**

安吉县各部门把建设美丽乡村项目的落实放在突出位置,对建设美丽乡村的重点项目实行整体策划、分口包装,加大了与上级部门的项目对接和对外招商引资工作,吸引全社会力量投入"美丽乡村"建设。安吉积极向省市申报重点建设项目,县级部门努力向省市主管部门争取专项建设项目,乡镇、村主动规划具体建设项目,形成上下联动、内外合作,层层抓项目落实和项目建设的机制。建设通过招商项目运作,不仅使村庄更为美丽,而且拓展了集体经济的收入来源,促进了工业化、城镇化水平的大大提升。

桐庐积极实施"农村生态经济推进行动、农村生态人居建设行动、农村生态文化培育行动、农村生态环境提升行动",把村庄建设成富有桐庐特色的"水碧山青、村美民富"的美丽乡村,探索出一条科学化、个性化、品牌化的以打造综合环境优势为核心的新农村建设路子。

桐庐在全面推进32个中心村建设的同时,重点实施"5+4"重点中心村、特色村和10个"美丽乡村"精品村建设。与此同时,以"全国休闲农业与乡村旅游示范县"创建为载体,每年整合各类涉农资金2000万元以上,重点扶持八大乡村旅游产业发展,全力打造长三脚乡村旅游目的地。目前,全县上规模农家乐147家,其中三星级以上51家。2012年,农家乐接待游客157.43万人次,实现营业收入9630万元,分别增长45%和42%。

### 5. 注重舆论宣传，大力发展旅游产业

安吉县推进建设“中国美丽乡村”万人动员大会以后，各创建乡镇、村和重点职能部门以创建工作为抓手，结合各自工作职责，精心设计工作载体，合力推进美丽乡村建设。宣传部门积极筹办中国美丽乡村论坛、开展“中国美丽乡村安吉行”外宣活动，实施“美丽乡村文化繁荣”工程，进一步扩大创建工作影响，引起《人民日报》、新华社内参和焦点访谈等新闻媒体的高度关注；群团部门以开展“美丽家庭”创评、社区广场文化演出、征文评比等活动，进一步激发基层主体活力；县委统战部、工商联创新开展“村企心连心、共建美丽乡村”活动；在“2008 安吉·中国美丽乡村节”上，54 家中外媒体聚焦安吉“中国美丽乡村”建设，并作了特别报道，“中国美丽乡村”建设的知名度和美誉度得到了全面提升，基层群众创建主体的创建积极性也随之不断被调动起来。

桐庐则在 2011 年成功召开全省“建设美丽乡村，深化千万工程”现场会，吸引了国内外数百家媒体，这为桐庐的宣传带来了极大的促进作用。桐庐借助《富春山居图》合璧展出之际，先后前往台湾、北京、南京、宁波等地召开旅游推介会，不遗余力地推介桐庐县的旅游资源，并成功举办首届中国休闲乡村旅游季、“画城之夜”主题晚会、中国休闲乡村发展（桐庐）峰会、乡村音乐会等系列活动，荣获国际休闲乡村示范区、中国养生保健基地和华夏养生福地称号。2012 年接待游客 757.01 万人次，实现全社会旅游业总收入 73.50 亿元，分别增长 11.9%和 12.5%。此外，新华社、人民日报、中央电视台、浙江日报等中央及省级主流媒体都对桐庐县美丽乡村建设作了专题报道，各类报纸、电视台等媒体宣传报道达到百余篇次，极大地提高了桐庐“美丽乡村”在全国的知名度和影响力。

## 三、安吉、桐庐两地“美丽乡村”建设的亮点

### 1. 安吉“美丽乡村”建设体现“美”字

安吉在“美丽乡村”建设中，坚持“四美”原则。

在尊重自然美上，充分彰显依山傍水、因势因地而建的生态环境特色，抓自然布局，融自然特色，不搞大拆大建，避免不伦不类。

在侧重现代美上，坚持把生产发展放在首位，把生活富裕作为美丽乡村

的前提和基础，融现代文明于自然生态之中，体现全方位开放理念，可憩可游、宜商宜居、且安且吉。

在注重个性美上，因地制宜，因势引导，因村而异，分类指导，分层推进，分步实施，根据产业、村容村貌、生态特色、人本文化等不同类别，进行适当分类，每个类别中又错位建设，体现差异化、多元化，少追求洋气和阔气、少搞整村集聚，不搞一刀切，不求千篇一律、千人一面，做到移步换景、看景辨村，彰显一村一品、一村一景，给人以“十里不同景，人在画中游”的视觉冲击，体现“土洋结合、雅俗共赏”的效果。

安吉强化全局战略思维，把全县当作一个大乡村来规划，把一个村当作一个景来设计，把一户人家当作一个小品来改造，致力于推进环境、空间、产业和文明相互支撑，一、二、三产整体联动，城乡一体有机链接，力求全县美丽、全县发展。

### 2. 桐庐“美丽乡村”建设突出“精”字

桐庐牢牢把握“精致、精细”的要求，和“不以规模拼大小、只以精致论高低”的建设理念，以景点的要求来规划建设每一个村庄。围绕突出体现特色，注重历史文化的挖掘与弘扬传统人居文化中的生态理念，依托山水资源，精心设计载体，形成“一景、一业、一貌、一品”的精品村；按照“全域景区化”和“全覆盖、可持续、出精品、出形象”的要求，实现生活污水处理设施、美丽庭院、大树进村、安全饮用水、文体活动场所全覆盖来建设培育村。

桐庐打造了一批精品村及精品产业。比如横村镇阳山畈的桃产业、山花经济，江南镇环溪的莲产业、莲花经济，深澳、荻浦的古建筑保护区，还有富春江镇芦茨、茆坪和石舍的慢生活体验区，等等。此外，根据县第十三次党代会和县第十五届一次人代会提出的新农村建设要“普惠、效益、特色、可行”，“围绕‘优美、甜美、秀美’，加快建设‘美丽乡村’”，实现“‘美丽乡村’建设覆盖全县、惠及全民”的要求，突出重点、兼顾一般、分类建设、全面推进，重点推进 32 个中心村建设，建成 50 个杭州市“美丽乡村”精品村，对其他行政村按照“普惠制”原则培育建设，实现“美丽乡村”全覆盖。

### 3. 桐庐“美丽乡村”富民主打“游”字

桐庐通过加强规划指导、优化功能布局、加大资源整合、有序组织实施，三年内使桐庐的乡村节庆活动实现主题内涵多元化、节庆活动常态化、宣传推广品牌化、节庆运作市场化和辐射带动有效化目标。桐庐计划用三年时间，全面实施“5525”工程，着力打造生态环境优美、基础设施配套、文化传承深厚、产业特色鲜明、乡村旅游活跃、农民增收致富的“潇洒桐庐·秀美乡村”。

桐庐在“美丽乡村”建设的过程中，较好地融入了乡村旅游概念，深度开发旅游资源。以“潇洒桐庐·烂漫山花”主题，从3月桃花盛开持续到7月蜜梨采摘，分项举办“潇洒桐庐·幸福农村”新闻文学摄影采风、“潇洒桐庐·品味生态”农副产品展示展销会、“潇洒桐庐·崇尚低碳”自行车漫游山花、“潇洒桐庐·风情畲乡”杭州·莪山“三月三”畲族文化节、“潇洒桐庐·传统庙会”横村三月初八文化经贸活动、“潇洒桐庐·春华秋实”闭幕式暨蜜梨开摘仪式等系列分项活动，充分运用山花(桃花、梨花、油菜花、杜鹃花、兰花)这一乡村特有元素，丰富大地艺术，发展“赏花经济”，延伸特色农业产业链，促进农业产业结构调整，提高农民收入，打响“烂漫桐庐”的品牌。

此外，桐庐还重点扶持乡村度假型、依托景区型、文化村落型、农业观光型、城郊休闲型、红色经典型、美食体验型、民俗风情型等八大类乡村旅游产业的发展，全力打造长三角乡村旅游目的地。2012年县委县政府对环溪、荻浦、芦茨、阳山畈、新丰等村实行县领导和相关部门重点联系推进乡村旅游开发机制，推出的“4+1”美丽乡村游项目，真正实现村美民富。

## 四、安吉、桐庐两地“美丽乡村”建设的差异点

安吉、桐庐两地在美丽乡村建设过程中各有特点，在各自着力的领域取得了不小的成绩。总的来看，安吉、桐庐分别侧重横向和纵向两个维度的“美丽乡村”建设。

### 1. 安吉模式在于横向到面，具有推广意义

在现有新农村建设的基础上，以建设“中国美丽乡村”为载体，抓建设质量提升、抓综合配套延伸、抓品牌效应攀升，目标是建成全省新农村建设的示范试点和对外第一形象品牌，为全国新农村建设起到一定的示范借鉴作用。安吉县提出的建设“中国美丽乡村”，高度凝聚了农村物质文明、精神文明、政治文明和生态文明元素，集聚了农村经济实力、文化活力和环境魅力因素，全面彰显了品牌产业、品位村镇和品质农民特色，整体营造了一、二、三产协调发展、农村城市共建共享、现代文明与自然生态高度融合优势，成

为新农村示范区的提升工程和精品载体。在建设过程中，安吉又着重体现地方的生态特色和产业特点，通过对新农村建设整体化实施、品牌化经营的探索，把“中国美丽乡村”品牌的打造成为全国性品牌。

安吉作为全省“美丽乡村”建设第一批探索者，以打造国内首个县域大景区为契机，成功创建全省城乡一体化优秀示范城市，其成功的经验非常值得各地借鉴学习。

**2. 桐庐模式在于纵向到点，具有示范意义**

桐庐作为“美丽乡村”建设“2.0 升级版”的排头兵，无论在村建体量、投资规模、设计理念、建设质量上，都更具优势。如果说安吉“美丽乡村”建设是从无到有，从小到大的话，那么桐庐县“美丽乡村”建设则是从有到精，从大到强。桐庐在“美丽乡村”建设中，较好地实现了乡村建设、古迹保护、历史传承等纵深、多维度开发。在明确建设内容的同时，以打造 5 条乡村风情带、提升 5 大乡村节庆活动、培育 25 个风情特色村(点)来推动“美丽乡村”建设。

相比安吉而言，桐庐更是充分借助外力加快发展。通过“区县协作”，“结对帮扶”，加快融入步伐，不断深化与拱墅、滨江两区交流合作，构建五年协作纲要、制定资金管理、项目建设和干部交流等具体办法，实施以道路、文体、教育、水利等基础设施为主的协作项目 77 个，实施“农产品进城”等联乡结村帮扶项目 110 个，成立拱墅区桐庐循环经济产业园、滨江区桐庐高新技术产业园，两区向桐庐转移项目 36 项，总投资约 105 亿元(已投入 6.85 亿元)。2012 年又将 127 个一般村庄建设发展作为一项协作项目，实施普惠工程，并安排协作资金予以支持。

**3. 桐庐探索“美丽乡村”建设的“君山模式”**

并非所有的村庄都有一定的自然风光和历史人文底蕴，因此，因地制宜地进行符合自身特色的村庄发展模式更为可取，桐庐正是依托特色鲜明的村庄底蕴，形成了一套较为完善的村庄保护、发展模式，桐庐在保护村落与发展经济方面的成功做法值得同类地区借鉴。

桐庐的美丽乡村建设的“君山模式”具有以下三方面特征：

一是抓示范，打造精品亮点。在成功建设阳山畈、荻浦、芦茨等“5＋4”精品样板村的基础上，推行“1＋1＋N”模式，即重点推出一批“自己家园自己建、自己家园自己管"理念体制机制创新的示范村(如君山村、三合村、子胥村),一批能体现桐庐山水人文特色的村(如环溪村、荻浦村、梅蓉村、茆坪村)和N个有特色的培育村。

二是有侧重,分层分类推进。中心村突出人口集聚、产业带动和公共服务辐射能力的建设。精品村建设突出体现特色,注重历史文化的挖掘与弘扬传统人居文化中的生态理念,依托山水资源,以景点的要求,精心设计载体,形成"一景、一业、一貌、一品"。培育村围绕村庄环境提升、村容村貌改善进行整治提升,实现生活污水处理设施、美丽庭院、大树进村、安全饮用水、文体活动场所全覆盖。

三是重创新,破解要素瓶颈。莪山乡中门村在中心村建设中严格一户一宅,大力开展旧村拆迁安置,有效破解土地瓶颈难题;钟山乡大市村结合土地综合整治,多渠道、多形式安置拆迁户,成功解决中心村建设"钱从哪里来、地从哪里来"的难题。瑶琳镇桃源村实行统一户型、立面和庭院布局,引导农户"自己的家园自己建,自己家园自己管",打造"世外桃源"。瑶琳镇永安村利用紧靠分水小城市的区位优势,超前谋划,新建安置点全部实行排屋式与公寓式安置相结合;分水镇儒桥村由村里为安置房村代建安置房,集聚建房不影响农户打工赚钱。

## 五、结　语

"美丽乡村"建设是社会主义新农村建设在安吉、桐庐的具体实践,也是两地新农村建设的精彩之作,两地都确立了"以人为本、城乡统筹、科学发展、生态文明、合作共赢"的基本理念,并在此基础上形成了"以科学促进发展,以市场激活发展,以合作带动发展,以统筹保障发展,以制度持续发展"的"五位一体"的发展模式。

安吉、桐庐两地的农口及涉农部门有责任、有义务借鉴先发、先进地区的成功经验,结合自身新农村建设、"美丽乡村"建设的实际情况,在政策安排、制度设计、机制保障等方面,尽快制定兼具巩固已有创建成果与拓宽未来经营富民的导向措施。

安吉、桐庐不但应成为"美丽乡村"源起的创业创新模式,更应成为"美丽乡村"承继的守业壮业模式。如果说创业创新需要时任领导的远见卓识的探索话,那么守业壮业更需要当下干部的制度设计。这样才能在既巩固已有成果的同时又提出具有持续性的保障措施,真正做到"不因领导人的改